집밥 먹고 살기 프로젝트 **문성실**의
아침 점심 저녁

recipe 209

집밥 먹고 살기 프로젝트 문성실의

아침 점심 저녁

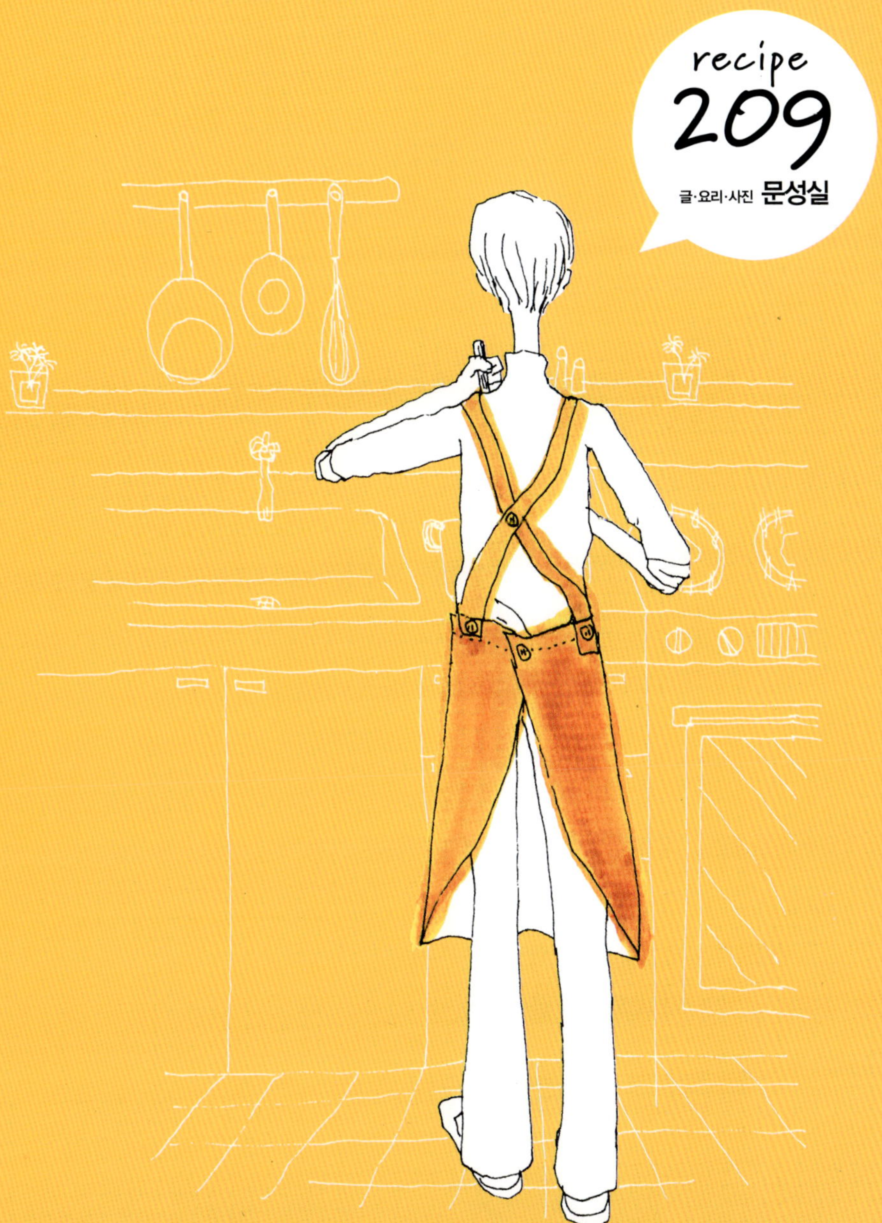

recipe
209
글·요리·사진 문성실

RHK
알에이치코리아

[프롤로그]

밥벌이에 몸 축내며 사는 이들을 위한
가장 한국적인 식단을 소개합니다!

아침에는 무슨 국을 끓일까? 점심에는 어떤 별식을 먹지?
저녁에는 어떤 반찬으로 식탁을 차려야 하나?
명절 요리는 어떻게 하지? 집들이, 손님상에는 어떤 요리들로 차려 내면 좋을까?
주부라면 1년 365일 늘 하는 고민입니다.

가끔 하는 고민거리지만 주부님들의 머릿속을 어지럽게 만드는 골칫거리입니다. 이런 고민 하나하나를 같은 주부라서 너무나도 잘 알기에 이번에 크게 욕심을 내서 야심차게 한 번 만들어 보았습니다.

제게는 지금도 잘 보는 요리책이 있습니다. 결혼한 지 10년이 넘었어도 내게 요리할 때마다 큰 지침이 되어준 요리책은 다름 아닌 신혼 시절 처음 구입한 백과사전과 같은 두꺼운 요리책이랍니다. 오래 두고 봐도 질리지 않고, 또다시 들여다봐도 정말 새롭고 재미나고 말이죠.

감히 욕심을 내어보건데, 제가 10년 넘게 보아온 그 오래된 책처럼 항상 곁에 두고 매일매일 식단을 짤 때나, 또 특별하게 요리를 해야 하는 상황에서나 집들이 등 다양한 모임에서 이 책이 유용하게 사용되어지길 진심으로 바랍니다.

벌써 제가 블로그를 한 지도 만 3년이 되어갑니다. 나의 일상이 녹아 있고, 또 내가 지나온 발자취이기도 하고, 내가 수없이 만들어본 요리들을 집합해놓은 보물창고 같은 나의 블로그. 많은 분들의 사랑과 관심을 받으면서 행복하고, 즐겁고, 정말 벅찬 보람을 느끼며 그동안 꾸려온 것 같습니다. 저와 함께 변화되어가는 사람들의 모습을 보면서 앞으로 쉼 없이 요리하고, 연구하고 도전을 멈추지 말아야겠다는 생각을 해봅니다. 나를 변화시켜준 블로그와 그리고 늘 나를 관심 있게 지켜봐주신 분들이야말로 지금의 저를 있게 해준 큰 공신이라고 감히 말씀드리고 싶습니다.

제게 요리라는 달란트로 우리 가족과 여러 사람들을 기쁘게 할 수 있는 재능을 주신 하나님께 먼저 깊은 감사를 드립니다. 언제나 아내가 만든 음식이 최고라며 칭찬을 아끼지 않는 친구 같은 남편, 엄마는 이 세상에서 가장 맛있는 요리를 만들어내는 최고 요리사라고 늘 엄지손가락을 치켜들어 나를 기쁘게 해주는 우리 쌍둥이 형제 보윤이와 보성이, 그리고 늘 사랑과 관심으로 끊임없는 기도로 후원해 주시는 시부모님과 친정 엄마에게 사랑과 감사의 마음을 가득 담아 전해 드립니다.

사람들이 제게 어떻게 하면 요리를 잘하느냐고 많이들 물으시더군요. 그 해답은 요리는 많이, 자주, 그리고 열심히 경험을 해봐야 한다고 말씀드리고 싶습니다. 요리 뿐 아니라 무엇이든 다 같은 이치일 테지요.
평소에는 잘 하지도 않다가 어쩌다 한 번 하는 요리가 맛있길 기대하거나 다른 사람의 레시피를 따라하면서 맛이 없게 되면, 본인의 내공 대신 레시피 제공자를 탓하는 것은 왠지 앞뒤가 안 맞는다는 생각이 듭니다. 자꾸 만들어보고 실패를 거듭해도 항상 도전해 보시라고 말씀드리고 싶어요.
아~ 그리고 요리에 꼭 필요한 '사랑' 과 '정성' 이라는 양념도 팍팍 넣으셔야죠.
이 책을 믿고 구입하신 독자 여러분, 매일매일 차리는 여러분의 아침, 점심, 저녁이 날마다 새롭고, 맛있고, 건강한 식탁이기를 진심으로 바랍니다. 맛있는 요리와 함께 늘 건강하고 행복하세요.

문성실

[CONTENTS]

프롤로그 4
밥벌이에 몸 축내며 사는 이들을 위한
가장 한국적인 식단을 소개합니다!

Special page 성실댁의 푸드 다이어리 15

[고수로 가는 기본기 다지기]
One Step. 밥 짓기 16
Two Step. 식재료 썰기 18
Three Step. 맛있는 육수 만들기 20
Four Step. 알뜰 장보기 노하우 24
Five Step. 재료별 장보는 노하우와 보관법 26
Six Step. 요리 돕는 기특한 도구들 30
Seven Step. 칭찬받는 손님상 차리기 34

밥숟가락 계량법 재료 계량, 이렇게 했어요 40
성실댁네 양념장 구경 맛있는 밥상의 주인공은 비밀 양념 42

Part 1
밥심에 산다! 밥

그리운 학생식당의 밥맛 김치 참치덮밥 50
톡톡 터지는 재미로 먹는 매운 김치알밥 51
맛있게 맵다! 낙지덮밥 52
게으른 주부를 위한 구원 투수 두부덮밥 54
함께 비벼볼까요~ 새싹비빔밥 55
성실주부표 화제의 밥 새송이버섯덮밥 56
우리집 럭셔리 메뉴 새우 마늘볶음밥 58
엄마의 사랑을 표현하는 밥 오므라이스 60
삭힌 고추 양념 간장에 비벼 먹는 콩나물비빔밥 62
불 쓰지 말고 요리하고 싶을 때 참치회덮밥 63
집에서 즐기는 롤 파티 참치 맛살롤 64
★ 덤 요리 | 명란초밥
보는 재미, 먹는 재미 모두 합격 흑미김밥 66
당신은 나의 웰빙 밥 흑미 고구마밥 67
성실네 알뜰 맛 케이크 미니 초밥케이크 68
든든하게, 뻥 튀긴 보약 요리 두부볶음밥 70

Part 2
시원한 국물 맛~
국·탕·찌개·전골

바쁜 아침에 후다닥 감자 어묵국	74
시원하게 한 그릇 뚝딱! 굴 된장국	75
이런 별미국도 있다우~ 김국	76
국물이 끝내주는 김치 콩나물국	77
입맛 살리는 원기 회복제 명란 두부국	78
속풀이 대표 주자 북어 콩나물국	79
감탄사 절로 나오는 시원한 국물 맛 쇠고기 대파국	80
아우~ 맛있어 아욱국	81
시원한 바다 맛 홍합 미역국	82
★ 덤 요리	홍합 미역죽	
땀 뻘뻘 흘리며 먹어야 제 맛 매운 콩나물국	83
낙지볶음과 세트 메뉴 조갯국	84
속 편한 국 배추 들깻국	85
보들보들 넘어가는 맛 김치 연두부국	86
겨울 추위가 반가운 매운 무국	87
술술 넘어가는 순두부 명란알탕	88
아이들이 더 좋아하는 새우탕	89
우리 남편 몸보신 요리 특제 갈비탕	90
친정 엄마의 손맛이 그리울 때 감자탕	92
매콤한 맛이 당길 때 닭매운탕	94
무더위 물리치는 여름 보양식 한방 삼계탕	96
★ 덤 요리	닭죽	
통통하게 오른 홍합살 빼 먹는 재미 홍합탕	98
꼬치에 끼워야 제 맛 어묵탕	99
한국인이라면 모두 좋아하는 한국식 해물짬뽕	100
완벽 마스터해야 주부 명함 달아주는 된장찌개	102
된장에 푹 빠진 꽃게 꽃게 된장찌개	103
육지와 바다 대표가 만났다 오징어 김치찌개	104
달콤하고 또 매콤한 참치 고추장찌개	105
일 년 내내 즐기지만 겨울이 제철 해물 순두부찌개	106
★ 덤 요리	연두부 해물탕	
더운 여름을 시원하게 즐기는 버섯 육개장	108
초간단 후다닥 찌개 순두부 바지락찜 찌개	110
1천 원 한 장으로 끓이는 애호박 새우젓찌개	111
담백하고 깊은 국물 맛이 일품 애느타리버섯찌개	112
맛은 그대로, 절반 값에 즐기는 우리집 샤브샤브	114
즉석에서 푸짐하게 즐기는 국수 만두전골	116

Part 3 입맛대로 골라먹는 건강반찬

다른 반찬이 필요 없는 돼지고기 김치말이찜	120
감자의 맛있는 재발견 감자조림	121
우리집 상비 음식 고등어통조림 김치찜	122
★ 덤 요리 | 고등어 김치찜	
고구마보다 더 맛있는 고구마순볶음	124
고깃 맛 나는 채소 반찬 고사리나물	126
성실네의 전통이 깃든 명품 반찬 고추볶음	127
만만한 두부의 화끈한 변신 두부 고추장조림	128
참치와 김치가 활약한 사랑말이 김치참치 달걀말이	129
집에서 맛보는 별미 깐소두부	130
중독성을 지닌 매콤한 맛 마늘종무침	132
대한민국 대표 건강 나물 도라지나물	133
친정 엄마 손맛 그대로 오징어 도라지초무침	134
★ 덤 요리 | 도라지초무침	
간편 만만한 퀵퀵 반찬 모둠 채소구이	136
겨울에 더 맛있는 무나물	137
향긋한 채소 반찬 미나리 고추장무침	138
세상에서 제일 간단한 반찬 상추겉절이	139
달달한 반찬이 생각날 때 알감자조림	140
찰떡궁합 재료가 내는 맛의 향연 애호박 새우젓볶음	141
5분 만에 뚝딱! 오이 양파무침	142
찬밥에 물 말아 먹을 때 오이지무침	143
향에 취하고, 맛에 취하고 마른 취나물	144
뒤늦게 참맛을 알아 미안하다 쪽파 김무침	146
콩나물 요리의 새로운 바람 콩나물 매운볶음	147
우리집의 영원한 단골 메뉴 콩나물무침	148
나를 닮은 사랑스런 그대 콩장	149
꿀꺽꿀꺽 잘 넘어가는 호박잎쌈	150
★ 덤 요리 | 맛있는 참치쌈장	
꼭꼭 숨겨두고 싶은 버섯 요리 버섯무침	152
고기 생각 절대 안 나는 느타리버섯 양념구이	153
남자들이 더 좋아하는 다이어트 메뉴 버섯샐러드	154
우리집 날씬 음식 표고버섯잡채	155
두부 요리계의 슈퍼 스타 새싹채소 연두부 샐러드	156
손이 많이 가도 맛있어서 용서한다 두부 쇠고기조림	157

보글보글 뚝배기에 뚝딱 **뚝배기 달걀찜**	158
새색시처럼 단아한 명품 두부 요리 **두부선**	160
★ 덤 요리	두부장아찌	
척척 걸쳐 먹으면 최고야! **고구마순 고등어조림**	162
★ 덤 요리	고구마순무침	
국물 한 방울까지 맛있다 **남대문 갈치조림**	164
군침 돌게 하는 노릇노릇한 반찬 **동태전**	165
쫄깃쫄깃 야들야들 **새송이버섯전**	166
삼삼한 밥도둑 **삼치조림**	167
은은한 깻잎 향을 머금은 **깻잎 고기전**	168
초간단 버전 **북어구이**	170
아이들을 위한 성장식 **닭다리 양념구이**	171
짭조름한 도시락 반찬 **고기완자조림**	172
생강 먹은 돼지 **돼지고기 생강조림**	174
아이 같은 당신에게 보내는 선물! **오징어채볶음**	175
사계절 밑반찬계의 최강자 **쇠고기장조림**	176
밑반찬계의 스터디셀러 **마른 새우 고추장볶음**	178
없으면 허전한 단골 밑반찬 **멸치 고추장볶음**	179
칼슘이 듬뿍 들어 있는 **뱅어포구이**	180
홈쇼핑 최고 인기 메뉴로 등극한 **꽃게무침**	181
짜면 낭패 **미역줄기볶음**	182
대충 볶아도 맛있는 고마운 반찬 **새송이버섯 호박볶음**	183
초간단 장금이표 요리 **청포묵무침**	184
볶은 오이의 참맛 **쇠고기 오이볶음**	186
삼치구이가 입에 물리면 **삼치데리야키**	187
마늘 먹는 재미에 자주 상에 올리는 **닭고기 통마늘조림**	188
한식으로 만나는 서양 식재료 **브로콜리 된장무침**	189
찌개만 끓이나요, 조려도 먹는 **동태 무조림**	190
어른, 아이 입맛 사로잡는 든든한 밑반찬 **꼬마쥐포볶음**	191
매일 먹고 싶어지는 **꿀간장 닭조림**	192
친정 엄마의 숨겨진 반찬 **콩 땅콩 멸치볶음**	194
김장김치가 물릴 때 먹는 **콩나물 파채무침**	195
과식 주의보 내리는 **깻잎 오징어채무침**	196
맛 좋고 간단하고 저렴한 음식 **깻잎절임**	197

Part 4
내 손으로 직접 담근 김치·장아찌·피클

당신 없으면 못 살아 배추김치	200
아삭아삭 씹히는 초보자용 김치 깍두기	202
깊은 감칠맛에 중독되는 파김치	203
봄이 왔네~ 봄이 와 봄동겉절이	204
★ 덤 요리 | 미나리김치	
짭조름한 밥도둑 조개젓무침	205
입맛 확 살리는 우리집 저장식 고추 마늘피클	206
맛들이면 안 먹고는 못 배기는 마늘종장아찌	207
선물하기에 좋은 양파장아찌	208
기름진 고기 요리와 세트 메뉴 모둠피클	209

Part 5
외식보다 맛있다! 우리집 특별 요리

고기 요리의 대명사 불고기와 채소무침	212
보기 좋은 떡이 맛도 좋은 떡갈비	213
명절에 빠지면 섭섭한 소갈비찜	214
결혼기념일용 특별 만찬 안심스테이크	216
쇠고기가 울고 가는 돼지갈비찜	218
날 보쌈해 가소 보쌈과 무생채	220
진수성찬 고기 요리 LA돼지갈비	222
보기만 해도 군침 도는 립 바비큐	224
★ 덤 요리 | 웨지감자	
상큼한 소스로 힘을 준 오렌지탕수육	226
중국집 차려볼까 찹쌀탕수육	228

은근히 튀겨야 제 맛 치즈롤가스	230
누워서 떡 먹는 중국 요리 고추잡채	232
소동파가 사랑한 당신 동파육	234
또 하나의 결혼기념일 메뉴 연어말이쌈	235
너무 매운 당신의 이름은 매콤달콤 불닭	236
집에서 만들어 먹는 교촌치킨	238
콩나물이 더 맛있는 해물 콩나물찜	240
색이 곱고 단아하구나 색색 구절판	242
백인백색 색다른 음식 초간단 월남쌈	244
세상에서 제일 맛있는 부침개 녹두부침개	246
중국집을 옮겨놨나 양장피	248
조기 한번 쳐다보고 밥 한술 뜨고 조기찜	250
식은 죽 먹기보다 쉬운 왕새우구이	252
꼬들꼬들 씹는 맛 해파리냉채	253
참치의 색다른 변신 참치스테이크	254
아이, 어른 모두 좋아하는 베스트 메뉴 립강정	256
새우로 샐러드가 가능해? 새우튀김 샐러드	258

입이 심심할 때, 특별 간식 — Part 6

출출할 때 고마운 요깃거리 **감자 참치샐러드**	262
바쁜 아침 든든한 한 잔 **단호박셰이크**	263
비가 오면 생각나는 **김치 오징어부침개**	264
아이들이 너무 좋아하는 **고구마 찹쌀도넛**	266
비 오는 날 화끈하게 **비빔만두**	268
원조보다 맛있어 미안한 **신당동떡볶이**	269
우리집 선데이 브런치 **B.E.L.T 샌드위치**	270
당신도 스테이크로 임명하노라 **두부스테이크**	271
리사이클링 푸드의 지존 **채소부침개**	272
입맛 사로잡는 황금 자태 **호박죽**	273
동짓날 이웃들과 나눠 먹어야 제 맛 **팥죽**	274
스타일이 다르면 맛도 다른 **새우튀김**	276
우리집 피로회복용 간식 **마늘조림**	278
터지지 않게 조심조심 **오징어순대**	279
사랑을 부르는 맛 **훈제연어 양상추카나페**	280
깔끔 담백한 것이 좋아 **참치회무침**	281
긴긴 겨울밤 배를 채워주는 **도토리묵 김치무침**	282
호화스런 달걀 요리 **달걀 채소오믈렛**	283
패스트푸드점보다 맛있는 **옥수수샐러드**	284
울트라 초간단 **두부도넛**	285
사각사각 소리가 더 맛있는 **고구마튀김**	286
상큼함의 극치를 맛본다 **방울토마토 샐러드**	288
브런치 메뉴로 딱 좋은 **훈제연어 샌드위치**	290

part 7 진수성찬, 게 섯거라! 한 그릇 요리

후루룩 후루룩 소리 내어 먹는 김치말이국수	294
우리 맛 그대로 구수하게 된장칼국수	295
고추기름이 맛을 낸 매운 잡채볶음	296
★ 덤 요리 | 고추기름 만들기 특강 297	
매워도 자꾸만 손이 가는 매운 볶음우동	298
국물 없어도 맛있는 짬뽕 해물 볶음짬뽕	300
맹숭맹숭한 면발과는 차원이 다른 비빔우동	302
성실네 분식점 간판 메뉴 가정식 쫄면	303
스파게티계의 슈퍼 스타 토마토 소스 스파게티	304
느끼해도 사랑받는 메뉴 버섯크림 소스 스파게티	306
까만 건강 국수 검은콩국수	308
포크에 척 휘감겨 올라오는 꼬들꼬들 라볶이	310
달콤함을 더한 콘옥수수 스파게티	312
으랏차차 힘 내게 하는 낙지 얼큰수제비	314
한 그릇 먹어야 비로소 여름을 넘기는 메밀국수	316

part 8 음식으로 정을 나눠요! 선물 요리

진한 바나나 향이 입맛 돋우는 바나나 파운드케이크	320
진한 사랑의 전령사 초코브라우니	322
오밀조밀 앙증맞은 초콜릿 요구르트머핀	324
파이의 최고봉 피칸파이	326
달콤한 사과가 씹히는 애플파이	328
경주에만 있는 게 아니야 경주빵	330
온 집 안에 진동하는 고소한 향 아메리칸 쿠키	332
우지직 크랙이!~ 초코볼쿠키	334
사과의 달콤함을 살린 사과 오트밀쿠키	336
어르신들께 선물하고 칭찬받는 호두강정	338
Index	340

Food Diary

special page

성실댁의 푸드 다이어리

요리 고수들에게는 그들만의 비법으로 가득 찬 다이어리가 있습니다. '며느리도 몰라'라는 말은 이제 잊으세요. 진정한 고수는 누구에게나 자신의 모든 노하우를 공개하는 법! 대한민국에서 아이 키우며 밥해 먹고, 일까지 하는 열혈 주부의 다이어리를 남김없이 귀띔해 드려요.

[고수로 가는 기본기 다지기]

밥 짓기

밥을 주식으로 하는 우리나라에서 요리 고수가 아니냐는 밥 짓기로 가름된다고 할 수 있습니다.
그럼 밥 짓기의 기본부터 시작할까요.

좋은 쌀 선별하기

가장 먼저 할 일은 좋을 쌀을 고르는 것입니다. 쌀은 그해에 수확해 막 도정한 것을 최고로 쳐요. 백미일 경우에는 쌀이 투명하고 윤기가 나는 것, 금이 가지 않은 쌀, 쌀알에 반점이 없는 것으로 고르세요. 현미는 도정 일자를 확인하고 구입하시고요. 요즘 대형마트나 백화점에 가면 그 자리에서 도정을 해주니까 조금 부지런하면 몸에 좋은 쌀, 맛있는 쌀을 살 수 있어요.

쌀 씻기

그럼 다음 단계로 넘어가 볼까요? 쌀은 씻는 과정도 중요해요. 쌀을 볼에 담고 물을 넉넉히 넣은 후 볼을 살살 흔들거나 손으로 쌀을 몇 번 뒤적인 뒤에 재빨리 물을 따라 버리고, 두 번째와 세 번째 씻을 때는 가볍게 씻어서 물을 버리세요. 보통 물에 씻는 과정을 여섯 번에서 일곱 번 정도 하면 된답니다. 주의할 점은 첫 번째 씻을 때 물에 오래 담가두거나 손에 힘을 주어 씻으면 영양도 손실될뿐더러 쌀에 붙어 있던 이물질이 흡착되어 맛이 떨어지거든요. 쌀뜨물을 받고 싶다면 두 번째 혹은 세 번째 물을 받으면 돼요.

불리기

이렇게 씻은 쌀은 그냥 바로 밥을 하면 자칫, 밥이 딱딱해질 수 있으니 반드시 물에 불려 사용을 하시는데요, 보통은 30분 정도 불리는 것이 가장 좋아요. 쌀이 충분히 잠길 만큼의 물을 붓고 보통은 30분, 겨울에는 1시간 정도 불리고, 시간이 없다면 미지근한 물에 10분간 불려 사용하셔도 돼요. 다른 반찬을 만드느라 정작 한식의 메인 음식인 밥 짓는 일에 소홀하기 쉬운데요, 모든 음식을 먹는 데 있어서 기본이 되는 것은 밥이니 먼저 쌀을 씻어놓고, 쌀을 불리는 동안 다른 음식들을 조리하면 된답니다.

One step

밥물 잡기

초보 요리사들이 가장 힘들어 하는 게 밥물 잡기죠. 고수들은 눈대중이나 손으로 물을 잡는데요, 초보 주부는 쌀의 양으로 물량을 잡으면 돼요. 쌀이 1컵이면 일반 냄비는 1.5배, 압력솥이나 전기밥솥은 1.2배, 그리고 기능이 좋은 압력솥일 경우는 1~1.1배 정도 물을 잡으면 적당해요. 그런데 요즘엔 똑똑한 전기밥솥이나 압력솥이 대거 등장했으니, 밥물 잡기에 스트레스 덜 받으셔도 될 것 같아요.
그렇게 씻은 쌀과 물을 함께 넣고 밥을 지으면 되고요. 밥물을 다시마 물이나 육수로 짓거나 또는 밥에 약간의 소금 간을 하거나 식용유를 몇 방울 떨어뜨리고 밥을 해도 윤기 있고 맛있는 밥을 지을 수 있어요.

밥 짓기

요즘에는 일반 냄비로 밥을 짓는 경우는 흔치 않지만, 혹 그럴 변수를 대비해 냄비밥 짓는 법을 알려드릴게요. 처음에는 강한 불로 끓이다가, 물이 끓기 시작해서 2분 정도 지나면 중산 불로 줄이세요. 중간 불로 끓이는 도중에 밥물이 넘치지 않도록 주걱으로 위아래로 두어 차례 섞어주고, 다시 약한 불로 줄여서 뭉근하게 끓이다가 밥 냄새가 나기 시작하면 더 약한 불로 줄여 은근히 뜸을 들이다가 불을 끄고 약 10분간 뚜껑을 닫고 그대로 두세요. 그렇게 뜸을 충분히 들여 위아래 전체가 고슬고슬하게 지어진 밥은 그대로 두면 떡이 될 수 있으니 주걱으로 살살 위아래로 뒤집으면서 밥알 사이사이 공간이 생기도록 꼭 한 번씩 밥을 섞어두셔야 해요.

[고수로 가는 기본기 다지기]
식재료 썰기

고수들의 요리는 맛보다 모양새로 사람들을 압도합니다. 특별한 그릇과 스타일링 없이 요리 자체에서도 맛의 향기가 뿜어져 나오는데요, 맛있는 모양의 기본은 썰기예요. 한 가지 요리 안에 들어가는 재료는 일정한 두께로 썰어야 보기에도 좋고, 균일하게 익혀낼 수 있어 맛도 좋아요.

채썰기

김치 소 재료인 무, 잡채의 채소에서 맹활약하는 썰기죠. 얄팍하게 썬 재료를 비스듬하게 눕혀 겹쳐놓고 가늘게 혹은 굵직하게 썰면 돼요. 채 굵기가 일정해야 간이 골고루 배고, 음식 모양도 예뻐요.

원형 썰기

호박이나 오이 등 동그란 재료의 모양을 그대로 살려 써는 방법이에요. 호박전을 부칠 때는 조금 도톰하게 썰고, 오이무침은 얄팍하게 썰어요.

반달썰기

보통 원형으로 써는 게 너무 크다 싶으면 반으로 잘라 반달썰기를 하면 돼요. 찌개나 탕에 넣을 재료 썰기에 좋아요.

편썰기

생강이나 마늘 등을 다지지 않고 얇게 써는 것으로 지저분하지 않게 마늘의 향을 가미할 때 주로 쓰는 법이에요. 기름에 편으로 썬 마늘이나 생강을 넣으면 기름에 마늘의 향이 배어나오고, 바삭하게 구우면 그 자체로도 먹을 수 있어요. 지저분하게 겉도는 것이 없어서 음식을 깔끔하게 만들 때 좋아요.

Two step

대파나 고추, 오이 등 가늘고 긴 재료들을 써는 법이에요. 보통 요리를 할 때 가장 쉽게 썰 수 있는 방법으로 많이 쓰인답니다. 썰고 난 단면도 예뻐서 모양을 내기에도 좋아요.

어슷썰기

깍두기 모양이라 깍둑썰기라는 귀여운 이름이 붙었대요. 카레밥, 자장밥, 볶음밥을 만들 때는 깍둑썰기가 필수랍니다.

깍둑썰기

나박김치를 담그거나 맑은 국물의 국을 끓일 때 무 등을 써는 법이에요. 깍둑썰기한 상태에서 더 얄팍하게 썬다고 생각하면 돼요.

나박썰기

아주 가늘게 채썬 재료들을 다시 채썬 방향과 반대로 잘라 곱게 다지는 것으로 다른 재료들과 잘 어우러지게 재료들을 섞을 때 주로 사용합니다. 햄버그 스테이크나 동그랑땡에 들어가는 채소들을 다질 때나 양념장에 들어가는 재료들에 주로 사용하지요.

다지기

[고수로 가는 기본기 다지기]
맛있는 육수 만들기

한국 사람이라면 국물 없이는 밥을 못 드시는 분들이 많으실 거예요. 맛있는 육수를 만드는 것은 국물 요리의 기본! 제가 소개하는 육수 내는 법만 기억해두면 화학조미료를 넣지 않고도 충분히 깊은 맛이 나는 국과 찌개를 만들 수 있어요.

국물 요리는 어떤 육수를 적재적소에 사용하느냐에 따라 국물 맛이 달라지는데요, 기본적으로 우리 가정에서 많이 쓰는 육수 만드는 방법에 대해서 알아볼게요.

쇠고기 육수 만들기

어느 음식이건 다 잘 어울리는 쇠고기 육수

시간이 오래 걸리므로 한 번 만들 때 넉넉히 만들어 우유팩에 담아 냉동 보관하거나 지퍼팩에 한끼 분량씩 나눠 담아서 평평하게 모양을 잡아요. 그런 후에 냉동실에 얼려 보관하면 편하답니다. 된장찌개나 떡만두국, 전골이나 무국 등의 육수로 사용하면 좋아요. 아이들 이유식 육수로도 많이 사용하지요.

1 쇠고기는 양지머리나 사태로 준비해 찬물에 3~4시간 담가 핏물을 빼세요. 중간에 물을 2~3번 갈아주면 더욱 좋아요.

2 고기 300g당 물 10컵을 붓고 찬물로 끓여요. 이때 대파(흰 부분) 1대, 마늘 2~3쪽, 통후추 20알 정도를 함께 넣고 끓이면 잡냄새 없는 시원한 육수를 만들 수 있어요. 처음에는 강한 불로 끓이다가 불을 줄여 뚜껑을 덮고 뭉근하게 끓이는데, 거품은 수시로 걷어내며 1시간 이상 뭉근하게 푹 끓이세요.

3 육수가 다 끓으면 자연스럽게 식히고, 면보자기에 밭쳐서 깨끗한 국물만 받고, 고기는 결대로 가늘게 찢어 양념을 해서 국물 요리에 곁들여 먹어도 좋아요.

tip 소량의 고기로 국을 끓일 때는 잘게 썬 고기를 냄비에 넣고 달달 볶다가 물을 붓고 푹 끓여서 국물을 우리고, 다른 재료들을 같이 넣어 끓이면 됩니다.

Three step

중국 요리와 궁합이 잘 맞는 닭 육수

칼국수, 카레, 닭계장 등의 요리에 넣어요. 저는 보통 닭의 살 부분은 따로 발라서 다른 요리에 사용하고 뼈와 주변의 잘 발라내기 힘든 살 부분을 함께 넣어 끓여 만들지요.

닭 육수 만들기

1. 닭 1마리는 살 부분은 발라내고 뼈만 남겨서 30분 가량 물에 담가 핏물을 빼요.
2. 파의 흰부분 2대, 마늘 4~5쪽, 통후추 20알 정도를 같이 넣고, 냄비에 닭이 푹 잠기도록 충분한 양의 물을 넣고 끓여요.
3. 살이 흐물거릴 정도로 푹 익고, 뼈에서 뽀얀 국물이 우러나올 때까지 푹 끓여 식힌 후 위에 뜬 기름기를 말끔히 제거하고 면보자기에 밭쳐 뽀얀 국물만 받아 사용합니다. 고기에 붙은 살은 발라내 국물 요리에 곁들이면 돼요.

시원하고 담백한 국물 요리에 조개 육수

조개로 우려낸 국물은 맛도 깔끔하고 시원하며 담백한 맛이 특징입니다. 해물찌개나 전골, 국수장국 등에도 다양하게 쓸 수 있어요. 조개의 해감을 토해낸 뒤 껍데기를 깨끗이 씻어서 사용합니다. 조개 종류가 참 다양하지요. 바지락이나 모시조개가 좋아요.

조개 육수 만들기

1. 조개는 껍데기를 깨끗이 씻은 뒤 소금물에 담가 어두운 곳에서 30분 가량 놔두어 해감시켜요.
2. 대파(흰 부분) 1대와 조개를 넣어 끓이다가 조개 입이 벌어지면 불을 끄고 위에 뜬 거품을 걷어내세요.
3. 면보자기나 체에 밭쳐 조개 국물을 깨끗이 걸러내고, 조개는 따로 건져두었다가 건더기로 사용해요.

육수의 지존 멸치다시마 육수

개인적으로 국물 요리나 조림 등 많은 요리에 두루두루 넣는 육수예요. 멸치다시마 육수에 들어가는 멸치는 연한 빛깔의 크고 넓적한 것, 다시마는 검고 도톰하면서 표면에 흰 가루가 묻은 것을 고르면 됩니다.

멸치다시마 육수 만들기

1. 멸치는 머리를 떼고, 배 안쪽에 있는 검은 내장을 제거해요.
2. 다시마는 표면에 묻은 흰 가루를 마른행주로 닦은 후 30분간 물에 불려요.
3. 기름을 두르지 않는 팬에 손질한 멸치를 넣어 강한 불로 달달 볶아요.
4. 냄비에 볶은 멸치를 넣고, 다시마와 다시마 우린 물을 함께 넣어 끓기 시작하면 다시마는 먼저 건져내고, 10~15분 정도 팔팔 끓여요.
5. 위에 뜬 거품을 걷어내고 면보자기나 체에 밭쳐 국물만 걸러내요.

이유식과 각종 수프 국물을 전담하는 채소 육수

집에 있는 모든 자투리 채소를 이용할 수 있는 채소 육수는 중간 불로 서서히 우려내야 제 맛이 납니다. 당근, 양파, 양배추, 무, 셀러리 등으로 끓이는데, 다시마를 넣어 우리면 더욱 깊은 맛이 나요.

채소 육수 만들기

1. 각종 채소와 다시마는 같은 크기로 썰어요.
2. 냄비에 채소와 다시마, 물을 넣고 중간 불로 끓이다가 약한 불에서 20~30분간 더 끓여요.
3. 거품은 걷어내고 면보자기나 체에 밭쳐 국물을 깨끗이 걸러요.
4. 간장을 넣어 색을 내고 소금으로 간해요. 채소는 잘게 다져 이유식에 넣어도 좋아요.

일본 요리에 꼭 필요한 가다랑어 다시마 육수

국물 맛이 깔끔하고 비린내가 없어 우동 국물이나 메밀장국, 각종 덮밥 등에 많이 이용됩니다.

가다랑어 다시마 육수 만들기

1 다시마는 표면의 흰 가루를 닦아내고, 냄비에 넣은 후 다시마가 잠길 만큼 물을 붓고 30분간 담가요.
2 다시마 우린 물을 불에 올려 끓기 시작하면 다시마는 건져내요.
3 다시 물이 팔팔 끓으면 가다랑어포를 넣고 국물에 노르스름한 색이 돌면 바로 불을 꺼요.
4 면보자기나 체에 걸러 국물만 받아내고, 육수에 맛술을 약간 넣어 비린내를 없애고 간장을 넣어 색깔을 내요.

tip 육수 내기가 번거롭지요. 한 번에 넉넉히 만들어 두었다가 냉장 혹은 냉동 보관해 사용하면 좋아요. 냉장 보관은 5일 이상 넘기지 마세요. 육수는 조림이나 볶음 요리에도 적절히 사용하면 더욱 맛있는 요리가 만들어지죠.

[고수로 가는 기본기 다지기]

알뜰 장보기 노하우

같은 물건이라도 구입 가격도 제각각이고, 또 장을 본 물건의 질도 다르게 마련이죠? 제가 주로 장을 보는 장소와 노하우를 알려 드릴게요.

장을 보기 전에 냉장고에 무엇이 있는지 살펴라

저는 일주일 단위로 어떤 음식을 해서 먹으면 좋을지 머릿속으로 생각하거나 메모해서 정리를 해요. 그리고 나서 냉장고에 어떤 재료들이 얼마만큼 남아 있는지 확인한 뒤에 장볼 물건들을 구체적으로 메모해서 구입하지요. 이렇게 하면 쓸데없는 낭비도 줄일 수 있고, 꼭 필요한 물건만 사게 되며, 자칫 잊을 수 있는 것도 체크할 수 있어요.

일주일 또는 보름에 한 번 대형마트를 이용하라

저는 일주일 또는 보름에 한 번꼴로 대형마트를 찾아요. 생필품을 비롯해서 여러 가지 소스들을 구경하고, 떨어진 양념 등을 구비해 둔답니다. 마트는 한 개를 사면 하나는 덤으로 주는 재미도 있고, 다소 비싸게 느껴지는 신선 식품들도 저녁 늦은 마감 시간에 가면 반값으로 구입할 수 있어서 좋아요. 단 다음 날 바로 조리를 해서 먹어야 신선하게 먹을 수 있겠지요? 마트 입구에 들어서기 전에 전단지를 꼼꼼히 살피는 것도 알뜰 주부의 필수 행동수칙이죠. 요즘은 서울, 수도권에서는 온라인으로 매장에 있는 똑같은 상품들을 집 앞까지 배달시킬 수 있답니다.

재래시장이나 5일장 등을 이용해 신선하고 좋은 제철 식품들을 값싸게 구입하라

최근 들어 아파트나 동네마다 장이 서는 곳이 많더라고요. 순대나 떡볶이 등의 간식거리

Five Step

생선은 사자마자 창자나 아가미 등을 제거하고, 핏물을 깨끗이 씻어서 용도에 따라 소금을 조금 뿌려서 보관하면 된답니다. 바로 먹을 것을 제외하고 나머지는 물기를 닦아 랩이나 팩에 한 번 먹을 양씩 싸서 냉동 보관을 합니다. 새우가 쌀 때는 넉넉히 사서 국이나 찌개에 넣을 것을 수염 부분만 제거해서 잘 씻어서 보관하고, 나머지는 머리와 껍질을 제거하고 꼬리 부분만 남기고, 등 쪽의 내장까지 완전히 제거해서 역시 한 번 먹을 양만큼씩 냉동 보관하면 요긴하게 사용할 수 있어요. 낙지나 오징어도 손질해서 보관했다가 딱히 먹을 반찬이 없다 싶을 때 해동해서 조리해 먹지요. 생선을 해동할 때는 물에 비닐째 담가 해동하면 빨리 할 수 있어요.

과일류

식구들이 과일을 너무 좋아해서 자주 구입해서 먹는데요, 제철 과일은 재래시장이나 장날 주로 구입하고, 열대 과일이나 특이한 과일은 마트에서 소량씩 사먹는답니다. 마트는 아무래도 과일 가격은 조금 비싼 것 같더라고요.
바나나를 제외한 대부분의 과일은 김치냉장고의 한쪽 칸을 따로 비워서 과일과 채소를 보관하는 데 사용합니다. 딸기가 쌀 때는 넉넉히 사서 냉동 보관했다가 제철이 아닐 때 우유를 넣고 셰이크를 만들어 먹기도 하지요. 바나나도 갈변하기 전에 냉동했다가 갈아 먹으면 맛있게 먹을 수 있고요.
과일은 씻어서 보관하는 것보다 먹기 직전에 씻는 것이 좋아요. 복숭아나 키위는 상온에 보관하는 것이 과일 맛이 더욱 좋아요. 또 사과는 다른 과일들을 시들게 하기 성질을 가지고 있기 때문에 따로 보관하고요.

채소류

장날이나 재래시장 등을 이용하기도 하지만, 다양한 종류의 채소들이 많이 구비되어 있는 마트를 주로 이용한답니다. 필요한 양만큼 구입할 수 있어서 좋거든요. 채소류도 쉽게 물러지기 때문에 주로 일주일 단위로 그 주에 먹을 양만큼씩 구입하는 편이지요. 채소류는 씻어서 보관하지 말고 사용할 때 먹을 만큼만 씻어 사용하는 것이 좋아요. 대파는 뿌리째 서늘한 곳에 보관하거나 냉장 보관하며, 너무 양이 많다 싶으면 일부는 씻어서 잘라 냉동 보관했다가 국이나 찌개 등에 넣어 요리하지요. 마늘도 바로 다져서 먹는 것이 가장 좋지만, 그렇지 못할 때는 일부 다져서 냉장 보관을 하고, 일부는 평평하게 펴서 냉동실에 넣고 그때그때 똑똑 잘라서 사용하면 편하지요. 양파, 당근, 감자 등도 항상 구비하는 채소들이랍니다. 양이 많아서 데쳐서 냉동 보관한 채소류(시금치나 배추 등)는 따로 해동하지 말고 꽁꽁 언 상태에서 바로 조리하면 되지요.

또 육수를 내기 위해 사용하는 국물멸치는 시간이 넉넉할 때 머리와 내장을 떼고 다듬어서 지퍼팩에 잘 밀봉해 보관하고, 다시마도 작게 잘라서 지퍼팩에 보관했다가 필요할 때마다 꺼내 쓰면 되지요.

두부, 달걀류 아무래도 자주 먹는 품목이다 보니, 신선한 상품을 구입하기 위해 회전력이 좋은 마트에서 구입을 하는 것이 안심이 돼요. 보통 한 팩을 사면 하나 더 주는 두부 상품을 이용하기도 하고, 달걀도 자주 먹는 거라 30개들이 한 판을 구입해서 일반 요리와 빵과 과자를 만들 때도 쓰지요. 일부 먹고 남은 두부가 있다면 따로 밀폐용기에 물을 넣고 소금을 살짝 넣고 그 안에 두부를 담가 보관하고, 되도록 빨리 사용한답니다. 또 달걀은 냉장고에 보관할 때 뾰족한 부분이 아래로 가게 세워두고, 지저분한 것은 물로 씻지 말고 젖은 수건으로 닦아서 보관합니다.

양념장, 소스류 양념이나 소스는 대형마트만큼 다양한 종류를 저렴한 가격에 구입할 수 있는 곳이 없지요. 간장과 고추장은 시판 제품을 주로 사용하는데 맛이 약간 다른 종류로 두어 가지 구비하여 요리에 따라 골라 써요. 요즘에는 새로운 양념들이 많아서 그때그때 맛을 보기 위해 다양하게 사먹기도 한답니다. 구하기 힘든 수입 소스 등은 외국 재료상이나 온라인을 이용해 구입하고요. 이런 소스들을 기본으로 해서 샐러드에 곁들여 먹는 드레싱은 계절 과일이나 플

Four Step

를 사먹는 재미와 더불어 신선한 과일과 채소들을 비교적 값싸게 구입할 수 있는 장점이 있어요. 물론 재래시장도 파장 시간대에 가면 덤으로 더 주기도 하고, 떨이를 하기도 하지요. 각종 채소류(양배추, 감자, 양파, 마늘 등), 신선한 과일, 다양한 생선을 사기도 하고 건어물 등을 구입하기도 한답니다. 비닐에 1천 원 단위로 묶어 팔기도 해서 저렴하게 구입할 수 있으나 모양 면에서는 크게 기대하지 않는 것이 좋아요.

홈쇼핑이나 온라인쇼핑은 여러 사람이 함께 구입하라

홈쇼핑이나 온라인에서 판매하는 것은 많은 양을 한꺼번에 구입해야 하는 경우가 대부분이지요? 우리집처럼 4인 가족이 사기에는 너무나 많은 양이라서 구입한 물건이 쉽게 질리기도 하고, 주위에 나눠주기도 해요. 그러다 보면 처음에 맘먹은 것만큼 저렴하게 구입한 게 아닐 수도 있어요. 그럴 때는 가까운 이웃이나 시댁 또는 친정식구들과 함께 구입해서 나눠 쓰는 방법을 추천합니다. 과일이나 고구마나 감자, 손질된 생선 등은 대부분 박스로 판매하는데 여러 사람이 같이 구입하여 나누면 좋지요.

구하기 힘든 재료나 특별한 재료는 온라인사이트나 백화점 내 수입코너를 이용하라

꼭 쓰고 싶은데 쉽게 구입하지 못하는 재료들, 간혹 생기지요? 저는 온라인으로 검색을 해서 구입처를 알아내 사거나 백화점 수입 식재료 코너를 둘러보곤 한답니다. 예를 들면 춘권피, 토르티야, 베트남 쌀국수에 들어가는 향신료나 소스 등은 마트에서 쉽게 구입하기 어렵더라고요. 정보도 알 겸 사이트를 둘러보고 필요한 상품들의 사용 후기를 꼼꼼히 읽은 후에 구입하지요. 또 제과제빵 재료나 포장 재료들도 인터넷을 통해서 구입해요.

[고수로 가는 기본기 다지기]

재료별 장보는 노하우와 보관법

쌀이나 잡곡류   주로 시댁이나 친정을 통해 아는 분들에게 직접 사먹어요. 가격 면에서 싼 것은 아니지만, 믿을 수 있어서 좋고 바로 도정해서 먹는 쌀이라서 맛이나 영양 면에서 최고이니까요. 아무리 좋은 쌀이라도 많은 양을 구입하면 맛도 떨어지고, 벌레가 생기곤 해서 주로 2달치 먹을 쌀과 잡곡류를 구입한답니다.

쌀은 냄새와 습기를 잘 빨아들이기 때문에 보관에도 주의해야 하는데요, 물을 쓰는 곳과 멀리 떨어진 습기가 없는 서늘한 곳에 보관하고, 세제나 기름 등의 냄새가 강한 물건 옆에는 두지 않는 것이 좋습니다. 냉장고나 김치냉장고 등에 보관하는 것도 좋은 방법이지요.

육류   육류는 많은 양을 사지 않기 때문에 주로 부위나 용도별로 포장되어 있는 마트나 백화점에서 구입하곤 해요. 쇠고기는 가격이나 고기 상태 등을 체크해서 필요한 양만큼 구입하고, 국거리나 사골 등을 제외하고는 호주산 쇠고기를 주로 이용합니다. 돼지고기나 닭고기 등도 부위별로 나뉘어져 있는 것들을 필요에 따라 구입하지요. 육류는 냉장실에 넣어둬도 이틀을 넘기지 않으려고 노력해요. 닭고기를 제외하고 쇠고기와 돼지고기도 되도록 냉동 보관은 안 하는 편이에요. 냉동실에 보관하면 수분이 빠지고, 냄새도 역해져서 얼렸다 사용하는 것을 좋아하지 않거든요. 얼리지 않은 냉장육을 구입했다가 그것을 다시 냉동실에 보관하는 방법은 피하고, 불고기처럼 양념을 해서 냉동하거나 미역국이나 사골국 등 조리한 상태로 냉동 보관하는 게 더 나아요. 혹 냉동시킨 육류를 해동할 때는 냉장실로 옮겨서 자연스레 해동해야 한답니다.

생선류   주로 재래시장이나 장이 서는 날 사거나 적은 양을 구입할 때는 마트를 이용하곤 합니다. 마트나 시장 모두 용도에 따라 손질을 해달라고 하면 잘 해주지요. 단, 집에 가져와서는 냉장실에 무조건 넣지 말고 바로 손질을 해야 하는데요, 손질을 하지 않고 보관하면 심하게 냄새가 나 음식 맛이 떨어지거든요.

레인 요구르트 등을 가미해 직접 만들어서 먹는 편이에요. 간장이나 고추장, 액젓 등은 실온 상태의 서늘한 곳에 보관하고, 참기름이나 들기름, 쌈장, 케첩 등은 냉장실에 보관한답니다.

참치, 옥수수 통조림, 꽁치 등은 회전율이 좋은 대형마트에서 구입해요. 유통기한이 길다고 마냥 두어도 된다고 생각하면 큰 오산, 필요한 양 내지는 비상용으로 한두 개 정도만 두고 사용하세요.

통조림

라면이나 우동 등은 구비해 놓기는 하지만 자주 끓여 먹지는 않아요. 지나치게 많이 들어간 조미료 맛 때문에 그다지 선호하지는 않는답니다. 반조리 식품이라 하더라도 조리 방법을 조금 달리해서 우동에 숙주나물이나 콩나물을 넣어 끓이거나 전골 등에 만두나 우동사리 등을 넣어 먹어요.

반조리 식품류

음료와 유제품은 주로 장을 볼 때마다 빼놓지 않고 사는 것들인데요, 음료는 직접 갈아 마시는 듯한 냉장유통 오렌지·포도 주스를 구입하고, 우유는 덤으로 더 주는 것들 중에서 유통기한을 확인하고 구입합니다. 그 밖에 플레인 요구르트를 구입해서 과일을 넣어 먹기도 하고, 마요네즈를 조금 추가해서 드레싱을 만드는 데 사용하기도 하지요. 최근에는 각종 기능성 식초들이 많이 출시되는데, 농축액을 사서 물에 희석시켜서 음료처럼 마시기도 한답니다.

음료, 유제품류

[고수로 가는 기본기 다지기]
요리 돕는 기특한 도구들

칼과 도마
칼과 도마는 주방에서 꼭 필요한 필수품. 칼은 재료를 썰기에 좋은 칼로 용도에 따라 큰 것과 작은 것을 2개 정도 두고 쓰면 좋아요. 도마는 늘 물기에 젖어 있어서 세균이 번식하기 쉬우니 사용 후 세제와 뜨거운 물로 잘 세척해서 바짝 말려야 곰팡이가 생기지 않아요. 나무 도마, 플라스틱 도마 모두 장단점이 있으므로 자신에게 맞는 것을 구입해 사용하세요.

주방가위
파나 고추, 불린 미역이나 김을 자를 때도 가위를 쓰면 좋아요. 고기를 굽고 나서 먹기 좋게 자를 때도 집게와 함께 유용하게 쓰인답니다. 사용하기 편리해서 저는 오히려 가위를 더 자주 사용해요.

체
육수의 건지를 걸러내거나 삶은 국수의 물기를 뺄 때 꼭 필요해요. 또 냄비에 걸쳐 쓰는 작은 사이즈는 된장을 거르는 데 좋아요. 체가 고운 것은 밀가루를 치는 데 사용하면 좋지요. 크기가 작으면서 아주 가는 체는 국이나 찌개를 끓일 때 생기는 거품을 걷어내는 용도로 써도 좋아요. 저는 용도별로 4~5종류의 체를 가지고 사용하고 있어요. 사용해보니 양쪽에 손잡이가 있는 것보다 한쪽에만 손잡이가 있는 것이 쓰기에 더 편하더라고요. 사용한 후에는 좀 귀찮더라도 바로 체 사이사이 이물질을 수세미나 브러시로 깨끗이 닦아주는 것, 잊지 마세요.

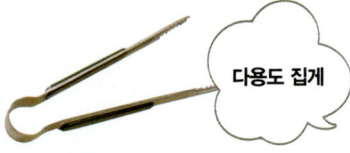

다용도 집게
나물이나 고기를 삶아서 건질 때, 고기를 구울 때도 사용하면 편리하죠. 뜨거운 튀김을 하나씩 건질 때 사용해도 좋아요.

six step

밥을 할 때는 가스 불 위에 직접 열을 가해 사용하는 압력밥솥을 주로 써요. 밥도 빨리 되고 맛도 좋거든요. 종종 갈비찜이나 감자, 옥수수 등을 찔 때도 사용하죠. 하지만 안전에도 주의를 해야 해요. 김을 완전히 빼고 나서 뚜껑을 조심스레 열도록 하세요. 밥을 하고 남은 식은 밥은 전자레인지에 데워서 먹는답니다.

압력밥솥

샐러드에 들어가는 드레싱이나 간단한 주스나 셰이크를 만들 때 사용하는 유용한 물건이죠. 마른 재료들을 가루로 내서 천연조미료를 만들 때도 사용할 수 있어요. 큰 믹서를 구입해 사용하셔도 좋고, 작은 크기의 미니 믹서도 무척 편리해요.

믹서

양쪽에 손잡이가 있는 냄비를 양수냄비, 한쪽에 손잡이가 있는 냄비를 편수냄비, 그리고 양쪽에 손잡이가 있으면서 높이가 낮은 냄비를 양수전골냄비라 불러요. 보통 양수냄비는 일반적인 조리용으로, 편수냄비는 라면을 끓이거나 간단한 조리를 할 때, 그리고 양수전골냄비는 찌개나 전골, 매운탕을 끓이면 좋아요. 저는 한 손으로 간편하게 잡고 쓸 수 있는 편수냄비를 즐겨 쓰고 있어요.

냄비

열 전두율이 낮이 오래오래 뜨거운 맛이 지속되는 뚝배기는 된장찌개나 순두부, 달걀찜, 라면, 국밥, 죽이나 탕, 불고기에 그라탱까지 두루 이용할 수 있어요. 뚝배기로 조리할 시 잘못하면 끓어 넘치기 쉬우므로 내용물이 60% 정도만 잠기게 담아 사용하세요. 또 아이들이 데지 않게 주의시키는 것도 중요하고요.

뚝배기

프라이팬 부침개나 전, 달걀 프라이를 할 때 꼭 필요하지요. 저는 볶음용, 구이용, 달걀 프라이용 등 용도별로 나눠 써요. 프라이팬은 기름을 이용한 요리들이 많아서 관리도 잘 해줘야 하죠. 프라이팬은 물로 자주 닦는 것보다 요리를 한 후 잔열이 남아 있을 때 키친타월로 닦아내는 것이 더 좋아요.

웍 속이 깊고 바닥이 넓은 볶음용 프라이팬을 말해요. 볶음을 재빠르게 할 때는 이런 팬이 좋지요. 가끔 많은 양의 면을 삶기도 한답니다. 웍에 면을 삶으면 끓어 넘치는 일이 없거든요. 역시 소금과 식용유를 넣고 키친타월을 사용해서 닦으면 오래오래 깨끗하게 쓸 수 있어요.

알뜰 주걱 양념하거나 빵 또는 쿠키 반죽을 하고 나면 그릇에 남게 되는 양념들이 제법 많아 아깝다는 생각이 든 적이 많으시죠? 알뜰 주걱을 이용하면 깨끗하게 마지막 양념까지 다른 그릇에 옮겨 담을 수 있어요.

깔때기 입구가 좁은 병에 액체를 옮겨 담을 때 깔끔하게 흘리는 것 없이 담을 수 있게 하는 유용한 도구죠. 곰국 등을 팩에 옮겨 담을 때, 다 쓴 기름을 다른 용기에 담을 때도 아주 편리하답니다. 단, 플라스틱 깔때기를 사용할 때는 뜨거운 기름은 식혀서 부어야 플라스틱의 유해한 성분이 녹지 않겠죠?

감자나 무, 당근 등 단단한 채소의 껍질을 벗기는 데 사용하고, 샐러드에 들어가는 오이 등을 얇게 저밀 때도 사용합니다. 또한 덩어리 파르메산 치즈 등을 얇게 슬라이스할때도 사용하지요.

필러

뚝배기처럼 음식을 오래, 뜨겁게 먹을 수 있는 장점을 가졌어요. 콘옥수수 샐러드나 햄버그 스테이크를 할 때 쓰면 좋고요. 불고기나 볶음 요리도 이곳에 옮겨 담아서 먹으면 오랫동안 따뜻하고 맛있게 먹을 수 있지요. 저렴한 가격에 구입할 수 있어 하나쯤 사도 좋을 것 같아요. 대신 보관이 중요한데요, 물에 세척하더라도 잘 말려서 키친타월에 식용유를 발라 반짝반짝하게 보관해야 녹슬지 않는답니다.

스테이크 철판

식구가 적은 집이나 그때그때 적은 양의 빵이나 과자를 구워 먹을 때 또는 생선구이나 일반 요리 등을 할 때 유용하게 사용할 수 있답니다. 가격은 10만원대 초반 정도로 큰 가스 오븐이 부담스럽다고 생각하시는 분들은 만족하실 거예요.

미니 오븐

장보는 일만큼이나 신경쓰이는 일이 또 있어요. 바로 요리하다 남은 식재료를 잘 보관해야 한다는 주부로서의 의무감이죠. 그래서 저는 진공포장기를 사용해요. 처음에는 부담스러운 가격이라 구입을 망설이기도 했는데, 사용하면 할수록 제값 하고도 남는 신통한 물건이랍니다. 짓무르기 쉬운 채소나 과일은 신선하게 먹을 수 있고, 냉동실에서 꽁꽁 얼다가 해동하면 붉은 고깃물이 흐르는 육류 보관에 그만이랍니다.

진공포장기

[고수로 가는 기본기 다지기]
칭찬받는 손님상 차리기

그냥 일상처럼 먹고 지내다가 막상 손님을 집에 초대하게 될 때는 당황스럽고 무엇부터 해야 할지 잘 몰라 난감할 때가 많지요? 제가 손님 초대를 했던 경험을 되살려 여러분께 몇 가지 요령을 알려드릴께요. 손님상 차릴 때 슬쩍슬쩍 보면서 한상 거하게 차려 칭찬받으세요.

손님의 연령과 성별, 모임의 성격을 파악해요

오시는 손님이 집안 어른들인지, 남편의 친구들인지, 여성인지 아이들인지를 파악해서 요리를 정하는 것은 기본. 또한 식사가 주가 되는 모임인지, 가볍게 다과를 위한 모임인지, 술상이 주가 되는지 등등 모임에 대한 기본을 파악하는 것이 중요해요. 그래야 그에 따른 메뉴들을 정할 수 있으니까요.

메뉴를 정하기 힘들 때는 초대한 분들께 미리 전화를 해서 특별히 싫어하는 재료나 요리가 무엇인지 알아보면 큰 도움이 되기도 하죠. 또 몇 분이 오시는지도 잘 체크하시고요.

식재료도 육류와 어패류, 채소류 등을 골고루 사용해요

손님들의 취향이나 식성이 제각각이고, 골고루 다양한 음식을 맛보게 하기 위해서는 중복되지 않는 재료들을 선택해야겠지요. 한 가지 식재료에만 힘을 쓴 손님상은 아무리 맛있어도 너무 단출해서 정성이 살짝 떨어져 보여요. 육류(쇠고기, 돼지고기, 닭고기), 어패류(생선이나 새우, 게, 조개 등), 채소류(피망, 아스파라거스, 양상추, 감자 등)를 적절히 사용한 메뉴를 선택하는 것도 꼭 필요하죠.

Seven Step

📒 조리방법을 다양하게 해요

식재료뿐 아니라 조리법도 너무 한쪽으로 치중되면 자칫 다른 재료를 쓰더라도 똑같은 맛이라고 생각하기 쉽죠. 국물 요리, 튀김 요리, 찜 요리, 볶음 요리 등 다양한 조리법을 사용해서 만들면 요리할 때 시간 안배도 잘 할 수 있고 손님들도 다양한 요리를 즐길 수 있어서 좋아해요.

📒 찬 음식과 뜨거운 음식을 체크해 보세요

상 위에 뜨거운 음식만 있거나 차가운 음식만 있다면 그것도 문제! 찬 음식과 더운 음식을 적절히 조절해서 내는 센스를 발휘해야 해요. 찬 음식은 미리 해놓을 수 있기 때문에 요리를 만드는 사람의 입장에서도 편히겠죠. 샐러드나 냉재 등의 찬 음식을 미리 서빙하면 손님들이 음식을 드시는 동안 더운 요리들을 마무리할 수 있도록 시간을 벌 수 있어서 좋고요. 더운 요리는 미리 재료 손질과 소스를 적절히 배합해놓고, 즉석에서 볶거나 한 번 더 데우는 정도로 미리 준비하면 훨씬 수월하죠.

📒 밥과 함께 먹을 수 있는 반찬이나 김치에도 신경을 쓰세요

전채와 메인 요리에 치중하다 보면 꼭 밥과 함께 먹을 수 있는 다른 반찬에 신경을 못 쓰고 넘어가기 일쑤죠. 한국 사람은 아무리 좋은 음식을 먹어도 나중에 밥과 반찬, 국 종류를 먹지 않으면 '잘 먹었다~' 는 말은 안 나오고, 기껏 잘 먹고 나서도 딴소리를 해서 기운 빠지게 하곤 하죠. 밥과 함께 개운하게 먹을 수 있는 반찬 한두 가지와 맛깔스럽게 담근 겉절이나 장아찌 한 가지 정도가 적당해요. 저는 주로 마늘종무침이나 마늘종장아찌, 멸치 견과류볶음, 김치나 피클, 젓갈 한 가지 정도를 따로 준비하지요.

메뉴를 정하면 꼼꼼히 메모를 해서 장볼 재료를 체크하세요

자, 이제 메뉴가 정해졌으면 노트에 메뉴를 적고 그 메뉴에 필요한 재료가 무엇인지 세세히 적어보세요. 집에 있는 재료가 무엇인지 사야 할 재료들은 무엇인지 구분해서 메모하고, 손님 수에 따라 필요한 양이 어느만큼인지, 그리고 각 요리마다 중복되는 재료들도 체크해서 장을 보면 당황하지 않고 꼭 필요한 양만큼 재료를 구입할 수 있답니다. 메모를 해서 장을 보는 것은 의외로 빠른 시간 안에 장을 보면서 쓸데없는 재료를 사지 않기 때문에 낭비도 줄일 수 있어요.

📋 재료 손질과 양념장, 드레싱 등은 미리 만들어 두세요

장을 봐온 재료들을 손질하는 것이 의외로 시간이 많이 걸리거든요. 채소는 채소별로 밑손질을 해서 각각 보관용기에 담아두고, 고기도 하루 전에 밑간을 해서 재워두면 더 연하고 맛있게 먹을 수 있지요. 또 해물도 해감을 시키고, 생선을 잘 씻어 소금에 절이거나 하는 밑손질을 미리 해두면 한결 수월하죠.

양념장이나 드레싱은 손님이 들이닥친 후 만들려면 실수할 수 있으니 반드시 미리 만들어 두세요. 샐러드에 곁들이는 드레싱은 미리 차게 해서 두면 나중에 손질한 채소에 끼얹기만 하면 되니 편하고, 볶음 요리의 양념장이나 국물 요리의 다진 양념 등도 미리 만들어 두면 요리 시간이 훨씬 단축되어서 편하답니다.

밥에도 신경 쓰세요

정작 다른 요리들은 다 준비 되었는데, 밥을 미리 해놓지 못해서 당황한 적 있지 않으세요? 사실 제가 그런 경험이 있거든요. 다른 요리를 하기 앞서 쌀부터 씻어놓고 시작하세요. 씻어놓은 쌀을 보면, 다른 요리를 하다가도 밥을 해야 한다는 생각을 은연중에 하게 될 테니까요.

밥은 약속시간 30분~1시간 전에 해서 보온 상태로 두는 것도 한 방법이에요. 꼭 누가 오면 밥이 덜 된다거나 설익거나 하는 징크스가 있는 분들은 미리 밥부터 신경 써서 지어놓으면 크게 당황하지 않을 거예요.

📋 후식이나 술상에는 무엇을 올릴지도 궁리해 두세요

간단한 쿠키나 떡 등을 준비하고, 음료로는 화채나 식혜, 수정과 등을 준비하면 좋아요.

또 깔끔하게 커피나 녹차를 찾으시는 분들도 계시더라고요. 간단하게 한잔 더 하겠다는 손님에게는 마른안주나 과일 또는 카나페나 꼬치 등의 안주 등을 따로 염두에 두고 준비하면 좋고요.

손님상의 깔끔한 마무리는 후식이 담당해요. 저는 개인적으로 허브 향의 티나 술 대신 가볍게 먹을 수 있는 와인을 이용한 와인 에이드 등의 음료를 추천하고 싶어요.

 ## 미리미리 집 안 청소도 해두세요

요리에 치중하다 보면 집 안 청소에 소홀할 수 있겠죠? 현관이나 화장실 등은 2~3일 전에 청소해두는 것이 좋아요. 좋은 집, 화려한 인테리어는 아니어도 청소만큼은 말끔히 된 집에서 식사를 해야 기분 좋게 먹고, 마시고, 즐겁게 대화도 나눌 수 있을 테니까요.

 ## 마음의 여유가 된다면 이런 것도 신경 써보세요

사실 요리에 신경 쓰다보면 주변 상차림이나 자잘한 것에 신경을 덜 쓰게 마련이죠. 조금 더 품위 있고 격이 느껴지는 상차림을 원한다면 테이블 세팅에도 신경을 써보세요. 깔끔한 식탁보를 깔고, 개인 접시를 통일해서 놓고, 냅킨도 정갈하게 두고, 식탁에 놓은 센터피스도 신경을 써주고, 또 오시는 분들의 네임카드 등을 만들어서 특별한 초대임을 기억하게 한다거나 하는 작은 정성이 더욱 기억에 남을 거예요. 하지만 이런 모든 것들도 요리에 대한 것들을 다 해결하고 마음에 여유가 있을 때 하세요. 굳이 센터피스나 초 등을 두어 장식하지 않아도 멋있는 상을 차려낼 수 있을 테니까요.

메모를 하고 정리를 했다면 그대로 움직이세요

만반의 준비를 다 갖추고, 손님이 오시기 전에 해야 할 요리에 관한 시간 안배나 체크할 사항들을 확실히 메모해 놓았다면 냉장고나 싱크대 위에 붙여놓고 하나하나 체크해 가면서 요리를 진행하세요. 시간이 많이 걸리는 요리부터 먼저 하고, 불에 올린 요리는 중간 중간 잘 보면서 해야 타거나 졸아들지 않으니 항상 주의하시고요. 냉장고에 미리 넣어둘 요리들도 만들어서 차게 넣어두고, 튀기는 요리는 1차로 한 번 튀겨두세요. 또 미리 끓여도 되는 요리들도 한번 가볍게 끓여두고, 상에 올리기 직전에 한 번 더 데우는 정도로 미리 준비하시고요.

정신없이 만드는 것보다 메모를 해서 하나씩 진행하면 당황하지 않고 끝까지 잘할 수 있을 거예요. 미리 편한 손님은 조금 일찍 오시라고 부탁해서 세팅이나 서빙을 할 때 도움을 요청하는 것도 큰 도움이 될 거예요.

[밥숟가락 계량법]

재료 계량, 이렇게 했어요

어느 집에나 다 있는 밥숟가락과 종이컵 하나면 책에 소개된 모든 요리를 간단하게 만들 수 있어요.

가루 계량

- 설탕 1 숟가락에 수북하게 담은 후 윗면을 살짝 깎아낸 분량
- 설탕 0.5 숟가락에 반 정도 담긴 양
- 설탕 0.3 숟가락에 3분의 1 정도 담긴 양

액체 계량

- 식초 1 숟가락에 볼록하게 담긴 양
- 식초 0.5 숟가락의 절반보다 조금 더 올라온 양
- 식초 0.3 숟가락에 3분의 1 정도 담긴 양

장 종류 계량

- 고추장 1 숟가락에 볼록하게 담긴 양
- 고추장 0.5 숟가락에 반 정도 차 있는 양
- 고추장 0.3 숟가락에 3분의 1 정도 차 있는 양

양념 계량

대파 1 어슷썬 대파가 숟가락에 소복하게 담긴 양

다진 마늘 0.5 숟가락에 반 정도 담긴 양

다진 마늘 0.3 숟가락에 살짝 떠낸 정도의 양

종이컵 계량

육수 1컵 종이컵에 가득 물을 채우면 200ml가 조금 못 되는 양

빵가루 1/2컵 종이컵의 중간보다 조금 더 위로 올라온 양

간장 1/3컵 종이컵 중간을 기준으로 조금 밑으로 내려오게 담은 양

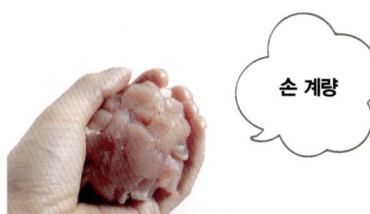

손 계량

면 1인분 면 종류는 엄지와 검지를 이용해 동전만한 동그라미를 만들어 살짝 쥔 정도의 분량

채소 1줌 먹기 좋게 썬 재료를 한 손으로 가볍게 쥐었을 때의 양. 음식 재료에 따라 무게는 달라요

고기 1줌 먹기 좋게 썰거나 간 고기를 가볍게 쥐었을 때의 양. 종이컵 2분의 1컵 정도 분량

그 밖에 계량

1.5는 한 숟가락에 반 숟가락을 더한 것을 말해요.

0.7은 한 숟가락보다 적고 반 숟가락보다 많은 양을 말해요.

'**약간**' 이라 함은 엄지와 검지로 소금이나 후춧가루를 집을 수 있는 정도의 양을 말하는데, '약간' 이라 표기된 레시피일지라도 자신의 입맛에 맞게 맛을 조절하면 돼요.

'**분량 표기가 없는 것**' 은 각자 입맛에 맞게 넣어도 좋고 넣지 않아도 크게 상관이 없는 재료들이에요.

'**주재료**' 는 꼭 들어가야 하는 필수 재료예요.

'**부재료**' 는 꼭 들어가지 않아도 되나 넣으면 맛을 돋우는 재료들을 말해요. 또는 비슷한 다른 재료들로 대체 가능한 것들이에요.

[성실댁네 양념장 구경]

맛있는 밥상의 주인공은 비밀 양념

음식의 다양한 맛을 내는 일등공신이 바로 소스와 양념들이지요. 물론 정성 가득한 손맛까지 더해지면 더욱 환상의 맛을 내겠지요. 제가 쓰는 소스와 양념들을 소개해 드릴게요.

굵은소금

꽃소금

구운 소금

허브맛 소금

소금 제가 사용하는 소금의 종류는 4가지예요. 음식의 맛을 내는 가장 귀중한 요리 재료라 이 4가지를 꼭 갖춰두고 두루두루 사용하고 있답니다.

[굵은소금] '천일염', '호렴' 또는 '왕소금'으로 불리는 굵은소금은 배추나 생선을 절일 때, 또는 장을 담글 때 주로 사용합니다. 조개의 해감을 토하게 하거나 해산물 등을 씻을 때도 요긴하게 사용하죠. 해산물이나 채소를 데칠 때, 스파게티 등의 면류를 삶을 때도 굵은소금을 사용합니다. 때로는 국의 마무리 간을 굵은소금으로 하기도 하죠. 주로 쌀집에서 구입해 간수가 빠지면 사용하지요.

[꽃소금] '가는 소금' 또는 '고운 소금'이라고도 불리며, 굵은소금보다 입자가 곱고 흰빛입니다. 간을 맞추거나 끓이는 요리, 제과제빵에 주로 사용합니다.

[구운 소금] 정제된 소금을 높은 온도에 구운 소금이에요. 요새는 기능성을 높인 소금들이 많이 나오더군요. 볶음 요리나 차가운 요리를 만들 때 주로 사용합니다.

[허브맛 소금] 소금과 후추, 허브 맛을 동시에 가지고 있는 양념 소금으로 요긴하게 사용할 수 있어요. 고기나 생선 밑간을 하는 데 사용하거나 구운 고기를 찍어 먹을 때, 구운 채소에 솔솔 뿌려 먹으면 맛있어요. 특히 야외에 나가서 바비큐 파티를 할 때 맛도 돋우고 간편해서 좋더라고요.

조선간장
양조간장

무침이나 조림 진간장=양조간장=왜간장=시판 간장

국물 요리, 나물볶음 등에 사용 국간장=청장=집간장=조선간장=집에서 만든 간장

간장 주로 볶음이나 조림에 사용하는 '진간장'과 국물 요리에 사용하는 '조선간장'이 있어요. 진간장은 단맛과 구수한 맛이 많아 반찬과 잘 어울리고, 국간장은 염분이 많아 국이나 찌개, 전골 등에 많이 넣죠. 국은 꼭 국간장으로 간해야 깔끔하고 깊은 맛이 나요. 국물 요리에 친숙한 우리 입맛에 국간장은 꼭 필요한 양념이죠. 요새는 국간장도 시판되는

것이 있어 쉽게 구입할 수 있어요. 이 책에 표기된 간장은 일반 진간장을 말하는 것이고, 국에 사용한 간장은 국간장이라 표기하였답니다.

젓갈 제가 주로 사용하는 젓갈은 새우젓과 멸치액젓, 까나리액젓, 참치액젓 4가지예요. 이 정도는 꼭 갖추고 요리에 활용합니다. 굳이 3가지를 고른다면, 멸치액젓이나 까나리액젓, 둘 중에 하나를 골라 사용해도 좋아요.

[**새우젓**] 김치를 담글 때 멸치액젓과 함께 섞어서 사용합니다. 달걀찜을 할 때나 애호박을 이용한 요리, 명란젓이나 알을 이용한 젓국을 끓일 때도 넣지요. 돼지고기와 함께 먹으면 소화에 도움을 주어 양념장으로도 사용하고요.

[**멸치액젓**] 김치 담글 때 가장 많이 사용하는 젓갈로 새우젓과 함께 섞어서 사용합니다. 생채무침이나 국이나 찌개 간을 할 때 넣기도 해요.

[**까나리액젓**] 김치 담글 때 사용하지만, 역시 국이나 찌개 간을 맞출 때 제격인 젓갈이죠. 멸치액젓보다는 깔끔하고 비린 맛이 덜하거든요.

[**참치액젓**] 가격은 조금 비싸지만 국물 요리나 조림, 무침 등 모든 요리에 간장 대용으로 사용해요. 훈연참치 그대로 진액을 내서 만든 맛간장이라고 할 수 있는데요, 참치 외에 표고버섯이나 다시마 등의 재료를 함께 농축시킨 액이라 음식의 맛을 한결 깊고 감칠 나게 해주지요.

올리브오일 맛과 향이 가장 좋은 100% 엑스트라 버진 올리브오일을 써요. 갓 수확한 올리브를 바로 압착하여 부드러운 과일 향과 고소한 뒷맛이 나는 이탈리아산 올리브오일을 사용해요. 콜레스테롤이 전혀 없고 항산화 작용을 하는 토코페롤이 들어 있어 건강에 좋아요. 또, 올리브오일은 느끼함이 덜해 음식의 산뜻한 맛을 살려요.

포도씨오일도 자주 사용한답니다. 튀김 요리에는 식용류를 쓰고 드레싱, 소스, 부침, 볶음 요리에는 올리브오일을 넣는답니다.

 맛술
 청주
 식초
 물엿

맛술 '조미술'이라고도 하며, 고기나 생선의 비린내나 잡냄새를 제거하는 데 쓰입니다. 약간의 단맛과 감칠맛을 주고 요리에 윤기를 더하기도 하고요. 당분이 있기 때문에 설탕 양을 조절해야 한다는 점 잊지 마세요. 마트에서 흔히 볼 수 있는 미정, 미향, 미림 등의 이름이 쓰여 있는 것을 사면 돼요.

청주 저는 요리할 때 쓰는 술을 시중에서 판매하는 청하를 사용해요. 일반 소주보다 깔끔하고 쌀로 빚어서 요리 술로 사용하기에 적합하죠. 육류 요리에 청주를 사용하면 육류 특유의 누린내를 없애주고, 고기를 더욱 연하게 만들어 주지요. 생선 요리를 할 때도 생선의 비린내를 없애는 동시에 생선을 더욱 신선하고 맛깔스럽게 해줍니다. 또한 장아찌 담글 때도 사용해요. 청주에 편으로 썬 생강을 몇 조각 넣고 사용하면 생강술이 되는데 냉장 보관해서 고기나 생선 요리에 사용하면 청주의 효과가 배가되지요.

식초 신맛을 가진 대표적인 조미료로 발효시켜서 양조한 것, 과실의 신맛을 이용한 것, 합성한 것 등이 있어요. 제가 잘 사용하는 식초는 사과식초로 일반 요리뿐 아니라 장아찌나 피클을 담글 때도 요긴하게 쓰이죠. 무침 요리에도 주로 식초를 사용하는데, 미리 무쳐두면 색깔이 변하기 쉬우니 식탁에 내기 직전에 식초를 가미하도록 하세요.

물엿 요리에 부드러운 단맛과 윤기를 낼 때 주로 사용합니다. 각종 조림이나 고기를 재울 때 양념장에 넣어 조리하면 요리의 단맛과 윤기를 더해주고, 무침이나 볶음 요리를 만들 때 맨 나중에 넣어 살짝 볶으면 오래 두고 먹어도 풍미와 빛깔이 유지되지요.
요리 전용 물엿인 요리당을 사용하면 단맛이 일반 물엿보다 더 강하니 주의하세요. 올리고당은 높은 온도에서 요리하면 단맛이 달아나므로 무침 등에 주로 사용합니다.

 고추맛기름
 굴소스
 두반장 소스
 바비큐 소스

고추기름 중국 요리에 사용하는 조미료의 하나로 '라유' 라고도 불립니다. 끓는 식용유에 고춧가루를 넣어 만든 기름으로 집에서 만들어도 좋지만 번거로울 때는 시판되는 고추기름을 사용하지요. 매콤한 중국풍 볶음 요리나 순두부찌개, 육개장 등을 만들 때 주로 사용해요.

굴소스 굴 추출물로 만든 독특한 향의 소스로 재빨리 요리하는 중국 요리에 많이 들어가는 소스이죠. 일반 간장과 함께 소량씩 사용하면 음식의 감칠맛을 더해주고, 맛이 한결 살아난답니다. 주로 볶음이나 국물 요리, 볶음밥 등에 넣으면 좋아요. 특유의 단맛과 짠맛이 강하니 반드시 조금만 사용하세요. 차이니스 푸드 증후군을 일으키는 소스로 알려지면서 기피하시는 분들이 계신데요, 중국 요리를 만들 때만 소량씩 사용하세요. 굴소스 대신 참치액젓을 쓰면 얼추 비슷한 맛을 낼 수 있어요.

두반장 소스 누에콩을 발효시켜 만든 된장에 마른 고추나 향신료 등을 넣은 것으로 독특한 매운맛과 향기가 나는 중국풍의 고추장이라 할 수 있어요. 고추잡채나 짬뽕, 마파두부와 같은 중식 요리에 사용해도 좋고, 돼지주물럭이나 매콤한 볶음 요리 등 한식 요리 양념으로도 잘 어울리지요. 중국 요리를 만드는 데 굴소스와 함께 구비해두면 요긴하게 사용할 수 있어요.

바비큐 소스 서양 요리에 자주 등장하는 소스죠. 닭이나 돼지고기 요리에 적절히 사용하면 음식의 맛을 한껏 살려주고 외식으로 먹는 요리와 비슷한 맛을 내는 것 같아요. 바비큐 소스만 있으면 립바비큐를 만들 때도 밖에서 사먹는 맛 그대로 집에서 만들 수 있어요.

 스테이크 소스 / 돈가스 소스

돈가스·스테이크 소스 돈가스나 스테이크를 먹을 때 곁들이면 좋은 소스입니다. 그냥 먹으면 신맛이 강해서 양파나 채소, 파인애플, 사과잼 등 다른 소스를 조금 가미해서 조리해 먹으

 머스터드 소스
 핫소스
 우스터 소스
 연겨자

면 더욱 맛있어요. 스테이크 소스에 머스터드 소스를 약간 섞거나 돈가스 소스에 참깨를 곱게 갈아서 섞어 조리해 먹어도 좋아요.

머스터드 소스 '양겨자'라고도 불리는 머스터드 소스는 햄버거나 핫도그, 샌드위치 등을 만들 때 넣거나 소시지나 고기, 각종 튀김과 함께 먹으면 느끼한 맛이 덜해지죠. 머스터드에 마요네즈와 꿀을 섞으면 달콤한 맛의 허니 머스터드 소스가 만들어집니다. 샐러드 드레싱에 마요네즈와 함께 조금 넣어주면 색깔도 예쁘고 더욱 깔끔한 맛이 나서 자주 사용한답니다.

핫소스 톡 쏘는 향과 매운맛이 나는 소스로 멕시코의 작고 매운 붉은 고추로 만든 소스예요. 스파게티나 피자 등의 요리를 더욱 개운하게 먹을 수 있게 하는 소스로 특유의 매운맛이 음식의 느끼한 맛을 없애주죠. 소금과 식초가 가미되어 짭짤하면서도 새콤하게 톡 쏘는 칼칼한 맛이에요. 일반 요리에도 다른 소스와 섞어서 사용하기도 해요.

우스터 소스 서양간장이라고 생각하시면 돼요. 케첩과 간장을 섞어놓은 듯한 맛으로 고기나 생선 요리에 조금씩 사용한답니다. 우스터 소스의 강한 맛이 고기의 누린내를 제거하면서 육질을 부드럽게 해요. 돈가스를 재울 때나 제육볶음, 동그랑땡을 만들거나 햄버그 스테이크를 만들 때 1~2숟가락씩 넣으면 특유의 잡냄새를 없애 맛을 배가시키죠.

연겨자·연와사비 연겨자나 연와사비 모두 가루를 개어서 편하게 쓸 수 있게 해놓은 것이랍니다. 연겨자는 주로 냉면이나 냉채, 소스 등에 많이 사용하고, 연와사비는 초밥이나 회를 찍어 먹는 간장에 넣는 용도로 주로 사용하죠. 둘 다 톡 쏘는 매운맛을 가졌어요.

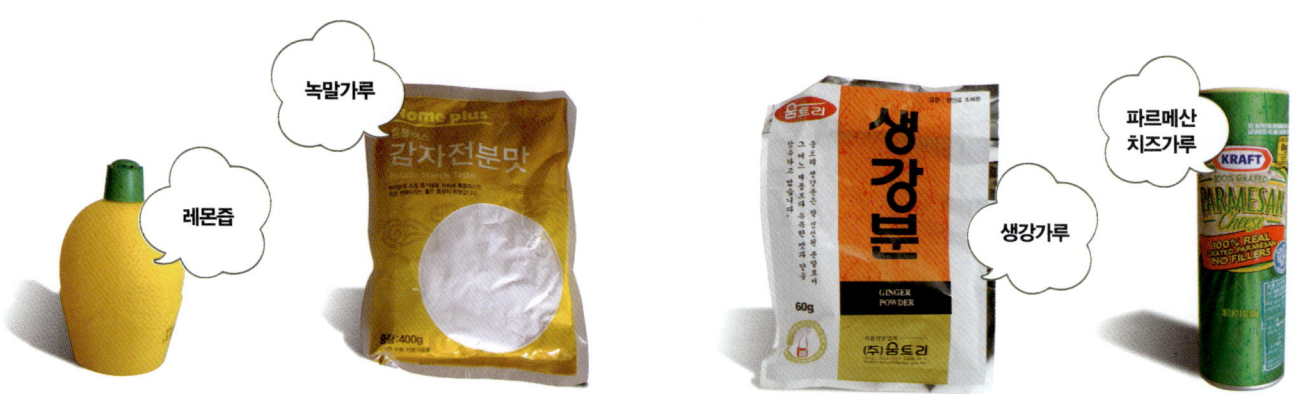

레몬즙 레몬을 매번 직접 짜서 사용하기 불편하므로 레몬즙을 농축시켜 편하게 사용할 수 있게 만든 제품이에요. 식초를 대신해 상큼한 맛을 낼 때나 샐러드 드레싱 등에 주로 이용합니다.

녹말가루 모르시는 분 꽤 많으시죠? 우리가 자주 사용하는 밀가루와 많이 혼동을 하시더라고요. 시판되는 감자전분, 옥수수전분, 고구마전분 등을 사시면 돼요. 물과 함께 섞어 탕수육 소스나 걸쭉한 중국 요리를 하는 데도 쓰이고, 튀김옷을 만들 때도 많이 쓰인답니다. 또 국을 뜨겁게, 오래 먹게 하기 위해 국물 요리에 살짝 풀어 넣어도 좋답니다.

생강가루 생강을 말려서 가루를 낸 것으로, 생강을 넣는 모든 요리에 넣어서 먹는답니다. 단 김치를 담글 때에는 그냥 생강을 직접 빻아서 쓰지요. 이 책에 소개된 생강가루는 모두 일반 생강으로 대체가 가능해요. 생강이 제철인 가을에는 생강가루보다는 생강을 쓰는 것이 더 좋겠지요. 마늘은 늘 구비해놓고 있지만 생강은 잘 안 사게 되더라고요.

파르메산 치즈가루 편하게 쓸 수 있는 가루로 된 것을 사용하는데요, 약간의 짭짤한 맛과 고소한 치즈 향이 피자나 스파게티 등에 곁들여 먹거나 소스에 함께 넣어 조리해도 훌륭한 맛을 낸답니다. 쿠키나 빵, 수프 등에 사용하면 치즈 특유의 향이 맛을 더하지요. 사용하고 남은 가루는 꼭 냉장 보관해야 해요.

Breakfast
Lunch
Dinner

문성실의 집밥 먹고 살기 프로젝트

Part 1

밥심에 산다! 밥

어릴 때 친정엄마는 "밥 먹었니?", "밥 거르지 말고 꼭 먹어야 해"라고 하셨죠. 지금도 마찬가지이시고요. 밥심으로 사는 한국인. 바쁘다는 핑계로 아침은 굶고 점심은 대충 먹고 저녁은 안주로 때우는 생활은 졸업해야 합니다. 자칭 대한민국 대표 아줌마 이렇게 외칩니다. "밥 먹고 삽시다!"

밥

그리운 학생식당의 밥맛

김치 참치덮밥

대학시절 학생식당에 가면 김치는 가득 넣고 참치는 조금 넣고 푹푹 끓이듯이 볶아놓은 김치 참치덮밥을 팔았는데요, 어쩌다 달걀 프라이라도 한 개 더 얹어 나오면 이게 웬 횡재인가 싶기도 했었죠. 그 덮밥이 가끔씩 생각나요. 그때의 추억을 그리며 만들어 먹는 추억의 밥입니다.

 30분　 2인분

주재료 김치 1/2포기, 양파(중간 것) 1개, 참치(통조림) 1통(150g), 올리브오일 적당량, 김치 국물 1/3컵, 밥 2공기

양념 재료 고추장 1, 맛술 2, 다진 마늘 0.5, 고춧가루 0.5, 물엿 1, 물 1/2컵, 다진 파 3, 검은깨 0.5, 참기름 0.5

성실 주부가 귀띔하는 맛내기 비법

김치 볶음밥은 양념 국물이 촉촉한 게 맛있잖아요. 저는 김치 국물과 물을 넣어 볶는답니다. 또 덮밥에 달걀 프라이를 해서 올리고, 검은깨로 장식하면 더욱 먹음직스러워요!

1 김치 1/2포기는 송송 썰고 양파 1개는 채썰고 참치 1통은 기름을 빼고,

2 달군 팬에 올리브오일을 두르고 김치와 김치 국물 1/3컵, 양파를 넣고 달달 볶다가,

3 참치, 고추장 1, 맛술 2, 다진 마늘 0.5, 고춧가루 0.5, 물엿 1을 넣어 볶다가,

4 물 1/2컵을 넣어 촉촉하게 볶고 다진 파 3, 검은깨 0.5, 참기름 0.5를 뿌려 마무리하고 뜨거운 밥 위에 담아내면 끝.

톡톡 터지는 재미로 먹는
매운 김치알밥

알밥은 무슨 요리를 해도 맛이 있어요. 할 때마다 맛있는
김치알밥은 백전백승 밥 요리인 동시에 늘 남편에게 칭찬받는 메뉴 중 하나랍니다.
김치를 따로 볶아 밥에 넣으면 더욱 맛있어요.

 20분   2인분

주재료 김치 1/2포기, 올리브오일 적당량, 밥 2공기, 날치알 4, 크래미 맛살 2줄, 김가루·무순 적당량씩

김치볶음 양념 재료 고추장 1, 김치국물 5, 맛술 1, 설탕 0.5, 참기름 0.5

양념 재료 참기름 1, 통깨 적당량

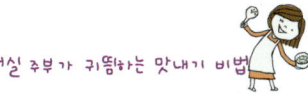
돌솥에 기름을 반드시 두르고 은근히 달궈야 밥이 타지 않고 바삭한 누룽지를 만들 수 있어요. 볶음 김치를 넣는 것이 번거롭다면, 그냥 생김치를 송송 썰어 넣어도 좋답니다.

1 김치 1/2포기는 송송 썰고,

2 달군 팬에 올리브오일을 살짝 두른 후 김치와 고추장 1, 김치국물 5, 맛술 1, 설탕 0.5, 참기름 0.5를 넣어 달달 볶아 김치볶음을 만들고,

3 달군 돌솥에 참기름 1을 두른 후 밥 2공기를 넣고 볶은 김치, 날치알 4, 크래미 맛살 2줄 썬 것을 올려 누룽지가 생기도록 중간 불로 은근하게 익혀,

4 돌솥을 불에서 내리고 김가루와 무순을 적당히 올리고 통깨를 솔솔 뿌리면 끝.

맛있게 맵다!
낙지덮밥

입 안이 얼얼할 정도로 맵게 볶은 낙지볶음을 따끈한 밥과 비벼 먹는 날,
남편의 입에서 나오는 말은 "오잉, 맛있게 맵네~"
맵고 얼얼한 맛을 어떤 요리로 달래면 좋을지 낙지덮밥을 만들며 고민해 보세요.

 20분 2인분

주재료 낙지(큰 것) 2마리, 양배추 3장, 당근 1/5개, 양파 1개, 호박 1/4개, 대파 1/2대, 풋고추·홍고추 1개씩, 올리브오일 적당량, 참기름 1, 통깨 1, 밥 2공기

양념 재료 고추장 3, 고춧가루 2, 간장 1, 맛술 1, 설탕 1, 다진 마늘 1, 생강가루·후춧가루 약간씩

1 낙지 2마리는 손질하여 물에 깨끗이 씻어 4~5cm 길이로 자르고,

2 양배추 3장과 당근 1/5개, 양파 1개, 호박 1/4개는 먹기 좋게 썰고 대파 1/2대와 풋고추 1개, 홍고추 1개는 어슷하게 썰고,

3 고추장 3, 고춧가루 2, 간장 1, 맛술 1, 설탕 1, 다진 마늘 1, 생강가루, 후춧가루를 약간씩 모두 섞어 양념장을 만들고,

4 달군 팬에 올리브오일을 두르고 채소와 낙지를 넣고 달달 볶다가,

5 양념장을 넣고 양념이 잘 어우러지도록 재빨리 볶아,

6 참기름 1, 통깨 1을 넣어 밥 위에 얹으면 끝.

성실 주부가 귀띔하는 맛내기 비법

낙지는 머리에 칼집을 넣어 먹물과 내장이 터지지 않게 조심해서 떼어내고, 굵은소금을 넣어 바락바락 주물러서 씻습니다. 거품이 일지 않고 꼬들꼬들해지면 맑은 물에 여러 번 헹구면 되지요. 그러면 빨판 사이에 묻은 불순물이 깨끗이 제거된답니다. 굵은소금 대신 밀가루로 씻어도 좋아요.

밥

게으른 주부를 위한 구원 투수

두부덮밥

출출하여 냉장고 문을 열었더니 두부밖에 없을 때!
집에 있는 자투리 재료들과 양념으로 기분 좋게 덮밥을 만들어 먹으면 거뜬한 한끼 식사가 됩니다.
하지만 식구들에게 자주 두부덮밥을 내놓지 않도록 부지런한 주부가 되어야겠죠.

 30분　 1인분

주재료 두부 1/4모, 팽이버섯 1봉지, 양파·당근·피망·홍고추 적당량씩, 올리브오일 적당량, 밥 1공기

양념 재료 간장 2, 굴소스 0.5, 맛술 2, 물엿 0.5, 다진 마늘 0.5, 참기름 1, 통깨 0.5, 소금·후춧가루·생강가루 약간씩

성실 주부가 귀띔하는 맛내기 비법

매콤하게 먹으려면 고춧가루를 마지막에 조금 넣으면 돼요. 육수를 부어 국물이 촉촉하게 해서 먹어도 좋고요.

1 두부 1/4모는 깍두기 모양으로 썰고 팽이버섯 1봉지, 양파, 당근, 피망은 먹기 좋게 썰고 홍고추는 송송 썰고,

2 달군 팬에 올리브오일을 두른 후 두부를 넣어 노릇노릇하게 지지고,

3 팬에 채소와 팽이버섯, 간장 2, 굴소스 0.5, 맛술 2, 물엿 0.5, 다진 마늘 0.5, 참기름 1, 통깨 0.5, 소금, 후춧가루, 생강가루를 약간씩 넣고 달달 볶아 뜨거운 밥에 얹어내면 끝.

함께 비벼볼까요~
새싹비빔밥

집에서 새싹채소 키워 보셨나요? 우리집에서는 종종 새싹채소를 길러 먹어요.
쌍둥이들이 너무 즐거워하지요. 직접 길러 먹으면 키우는 재미에 농약 걱정도 덜 수 있어요.
직접 키운 새싹으로 만든 새싹비빔밥으로 가족 사랑도 함께 키워보세요.

 15분   2인분

주재료 다진 쇠고기 1컵, 새싹채소 2컵, 밥 2공기, 통깨 적당량

고기 양념 재료 간장 1, 맛술 1, 다진 마늘 0.3, 후춧가루 적당량

꿀고추장 재료 고추장 2, 식초 1, 꿀 1, 배즙이나 양파즙 2, 다진 마늘 0.3, 깨소금 0.5, 참기름 0.5

새싹채소 기르는 법 물에 10분간 불린 씨앗을 젖은 키친타월을 깐 접시에 뿌립니다. 구멍을 뚫은 비닐봉지를 덮어 두고, 하루 두세 번 물을 주면 돼요.

성실 주부가 귀띔하는 맛내기 비법
쇠고기 대신 새싹채소만 듬뿍 넣어 비벼 먹으면 상큼한 맛이 나고, 열빙어알이나 날치알을 올려서 비벼 먹어도 맛있어요.

1 다진 쇠고기 1컵은 간장 1, 맛술 1, 다진 마늘 0.3, 후춧가루를 적당히 넣어 조물조물 양념하고, 새싹채소 2컵은 씻어서 물기를 빼고,

2 고추장 2, 식초 1, 꿀 1, 배즙 2, 다진 마늘 0.3, 깨소금 0.5, 참기름 0.5를 한데 섞어 소스를 만들고,

3 양념한 쇠고기는 달군 팬에 넣고 자글자글 볶고,

4 그릇에 밥을 1공기씩 담고 새싹채소를 듬뿍 올린 후 볶은 쇠고기를 얹고 꿀고추장을 끼얹은 후 통깨를 솔솔 뿌리면 끝.

성실주부표 화제의 밥
새송이버섯덮밥

제 블로그에서 보고 따라하신 분들이 맛있다며 칭찬이 자자했던 덮밥이에요. 몸에 좋은 버섯과 채소에 쇠고기를 넣어 영양적으로도 균형 잡힌 밥입니다. 쌀밥에 국, 입에 물리는 밑반찬이라는 일상식 공식에 식욕이 당기지 않을 때 강력하게 추천하는 밥이에요. 여러분도 가족들에게 만들어주고 푸짐한 칭찬받아 보세요.

주재료 다진 쇠고기 1컵, 새송이버섯(중간 것) 3개, 양파 1/2개, 피망 1/2개, 당근·호박 약간씩, 대파 1/4대, 올리브오일 적당량, 물이나 육수 1+1/4컵, 밥 2공기   **녹말물 재료** 녹말가루 1, 물 2
고기 밑간 재료 간장 1, 청주 1, 다진 마늘 1, 후춧가루·생강가루 약간씩
양념 재료 굴소스 1, 간장 1, 맛술 1, 참기름 0.5, 소금·후춧가루·검은깨 적당량씩

1 1컵 분량의 다진 쇠고기는 고기 밑간 재료인 간장 1, 청주 1, 다진 마늘 1, 후춧가루, 생강가루를 약간씩 넣고 조물조물 양념하고,

2 새송이버섯 3개, 양파 1/2개, 피망 1/2개, 약간의 당근과 호박, 대파 1/4대는 먹기 좋은 크기로 썰고,

3 달군 팬에 올리브오일을 살짝 두르고 밑간한 쇠고기를 넣고 달달 볶다가,

4 이어서 잘라놓은 새송이버섯과 채소를 넣어 볶고 굴소스 1, 간장 1, 맛술 1을 넣고 골고루 익도록 볶다가,

5 물 1+1/4컵을 넣고 살짝 끓이다가,

6 녹말가루 1과 물 2를 섞은 녹말물을 조금씩 부어가며 농도를 맞추고 참기름 0.5를 둘러 향을 내고 맛을 보아 소금과 후춧가루로 간하여 밥을 접시에 담아 그 위에 올리고 검은깨를 뿌리면 끝.

성실 주부가 귀띔하는 맛내기 비법

식감이 좋은 새송이버섯을 사용했지만 다른 버섯들이 있다면 그걸 써도 좋아요. 또 고기를 별로 좋아하지 않는다면, 쇠고기 대신 버섯을 넉넉히 넣어도 맛있답니다. 육수는 멸치다시마 육수를 넣어야 깊고 진한 맛이 나요. 녹말물은 레시피 양보다 조금 더 만들어서 음식의 농도를 보아가면서 원하는 농도로 맞추는 것이 요령이지요.

우리집 럭셔리 메뉴

새우 마늘볶음밥

저는 왜 새우만 들어가면 '럭셔리' 라는 말이 나오는 건지 모르겠어요.
어릴 때 새우를 너무 못 먹고 자라서 그런가 봐요.
지금이라도 식구들에게 몸값 비싼 새우 요리를 많이 만들어 먹이세요.

 30분 2인분

주재료 밥 1+1/2공기, 새우(중하) 10마리, 양파(중간 것) 1/2개, 호박 1/5개, 피망 1/2개, 올리브오일 2, 마늘 10쪽, 달걀 2개, 소금 약간
양념 재료 굴소스나 간장, 참치액 1, 맛술 1, 소금·후춧가루 적당량씩, 참기름 0.5, 깨소금 0.5
소스 재료 하이라이스가루 2, 물 1컵, 케첩 1.5, 스테이크 소스 1, 후춧가루 약간

1 새우 10마리는 머리를 떼고 껍질을 벗겨 이쑤시개로 등 쪽에 있는 내장을 빼내고 양파 1/2개, 호박 1/5개, 피망 1/2개는 잘게 다지고,

2 달군 팬에 올리브오일 2를 두르고 편으로 썬 마늘 10쪽을 넣고 마늘이 다 익을 때까지 볶아 향을 내고,

3 ②에 새우와 다진 채소들을 넣고 달달 볶다가,

4 전자레인지에 데운 밥 1+1/2공기를 넣고 주걱을 세워 밥과 채소가 고루 섞이게 볶다가,

5 밥이 어느 정도 볶아지면 굴소스 1, 맛술 1, 소금, 후춧가루를 적당히 넣어 간을 맞추고 참기름 0.5, 깨소금 0.5를 넣으면 새우 볶음밥 완성!

6 하이라이스가루 2에 물 1컵을 조금씩 부어가며 멍울 없이 풀고 케첩 1.5, 스테이크 소스 1, 후춧가루를 살짝 넣고 끓여 소스를 만들고, 달걀 프라이를 해서 볶음밥에 얹어내면 끝.

성실 주부가 귀띔하는 맛내기 비법

시판되는 하이라이스가루를 이용하면 밖에서 파는 볶음밥 소스를 간단히 만들 수 있어요. 소스 만드는 것이 번거롭다면 스위트 칠리 소스나 아쉬운 대로 돈가스 소스나 케첩을 뿌려 먹어도 좋답니다.

엄마의 사랑을 표현하는 밥

오므라이스

엄마의 정성을 가득 담아 만들어 주시던 오므라이스. 외식하자고 조르다가도
오므라이스만 만들어주면 군말 없이 오물오물 먹는 우리집 쌍둥이들의 입이 더 예뻐 보여요.
그냥 볶음밥이 업그레이드된 오므라이스는 힘들어도 만든 보람을 팍팍 느낄 수 있는 음식이지요.

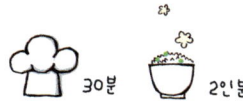

주재료 밥 1+1/2공기, 올리브오일 적당량, 햄·양파·당근·옥수수(통조림)·호박·피망 등 잘게 썰어서 1줌씩, 달걀 4개, 소금 약간, 체다 슬라이스 치즈 2장, 케첩·마요네즈·파슬리가루 적당량씩

양념 재료 케첩 2, 굴소스나 간장, 참치액 0.7, 소금·후춧가루 적당량씩 **소스 재료** 버터 0.3, 다진 양파 2, 사과 간 것 1, 하이라이스가루 2, 물 1컵, 케첩 4, 스테이크 소스 2, 우유 1/4컵, 후춧가루 약간

1 냄비에 버터 0.3, 다진 양파 2, 사과 간 것 1을 넣고 볶아 식힌 후 하이라이스가루 2와 물 1컵을 조금씩 부어가며 끓이다가 케첩 4, 스테이크 소스 2, 우유 1/4컵을 넣어가며 농도를 맞춰 끓이고,

2 달군 팬에 올리브오일을 두르고 잘게 썬 햄과 채소들을 넣고 달달 볶다가,

3 전자레인지에 넣어 살짝 데운 밥 1+1/2공기, 케첩 2, 굴소스 0.7을 넣고 주걱을 세워 고슬고슬하게 밥을 볶다가 소금과 후춧가루로 간하여 다른 그릇에 옮겨 담고,

4 팬을 중간 불로 달궈 올리브오일을 살짝 두르고 소금 간을 약간만 한 달걀 2개를 풀어서 넓게 펼쳐 익히고, 달걀의 윗면이 반쯤 익었을 때 볶아놓은 밥을 가운데로 몰아 놓고,

5 재빨리 가장자리의 달걀을 안쪽으로 오므리고 그릇을 오므라이스에 바짝 붙여 그릇째 뒤집어 담고 그릇에서 모양을 한 번 더 잡아서 봉긋하게 다듬고,

6 칼집을 내거나 체다 슬라이스 치즈로 장식하고 소스를 끼얹고, 케첩과 마요네즈로 지그재그로 모양내서 장식하고 파슬리가루를 솔솔 뿌리면 끝.

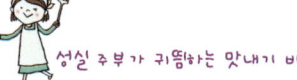

케첩 2, 스테이크소스 4, 물엿 2, 핫소스 1, 물 6, 후춧가루 약간을 냄비에 넣고 바글바글 끓여서 오므라이스에 곁들여 내도 좋아요. 버터, 다진 양파, 사과가 들어간 소스가 약간 부드럽고 고소하면 이 소스는 만들기 간단하면서 상큼하고 깔끔한 맛이 나거든요.

밥

삭힌 고추 양념 간장에 비벼 먹는
콩나물비빔밥

콩나물을 삶아 찬물에 헹궈 아삭함을 살리고, 삭힌 고추 양념 간장을 넣고 비빈 밥은 소박하면서도 깊은 맛이 우러나요. 맛의 백미는 손수 만든 삭힌 고추로 맛을 낸 양념장이지요. 몇 번 만들어보면 눈 감고도 뚝딱 만들 수 있으니 나만의 비장의 레시피로 등록해 두세요.

 20분   3~4인분

주재료 콩나물 크게 2줌(200g), 물 2컵, 굵은소금 0.5, 다진 쇠고기 1컵, 당근 약간

고기 양념 재료 간장 1, 맛술 1, 다진 마늘 0.3, 설탕·후춧가루 약간씩

양념 간장 재료 삭힌 고추 3개, 간장 2, 맛술 1, 참기름 1, 다진 마늘 0.3, 통깨 0.3

성실 주부가 귀띔하는 맛내기비법

콩나물 삶은 물은 그냥 버리기 아깝지요. 다진 마늘과 파 등을 넣고 소금 간을 해서 차게 식혀 냉국을 만들어 먹고, 콩나물비빔밥에 국물로 곁들여 내도 좋답니다.

삭힌 고추 만드는 법은 206쪽에 있어요

1 콩나물 2줌은 잘 다듬어 물 2컵에 굵은소금 0.5를 넣은 소금물에 뚜껑을 덮어 푹 삶고 콩나물이 익으면 찬물에 헹궈 아삭하게 준비하고,

2 다진 쇠고기 1컵은 간장 1, 맛술 1, 다진 마늘 0.3, 설탕, 후춧가루를 약간 넣고 양념하여 팬에 달달 볶고,

3 삭힌 고추 3개는 길이로 반 잘라 다지고,

4 삭힌 고추에 간장 2, 맛술 1, 참기름 1, 다진 마늘 0.3, 통깨 0.3을 한데 섞어 양념 간장을 만들어 그릇에 밥을 담고 콩나물과 볶은 쇠고기를 얹고 양념 간장을 곁들이면 끝.

불 쓰지 말고 요리하고 싶을 때

참치회덮밥

가만히 있어도 땀이 흐르는 여름에 추천하고 싶은 메뉴예요.
불 없이도 만들 수 있거든요. 밥과 냉동참치, 채소를 새콤한 고추장 소스에
비벼 먹으면 되니까요. 채썰기만 잘하면 누구나 멋지게 차려낼 수 있답니다.

10분 / 2인분

주재료 밥 2공기, 냉동참치 2줌, 날치알 4, 채소 적당량(상추, 깻잎, 양배추, 오이, 당근, 무순 등), 통깨 적당량

양념 재료 고추장 2, 식초 3, 설탕 1, 다진 마늘 0.5, 배즙이나 사이다 2, 참기름 0.5

성실 주부가 귀띔하는 맛내기 비법

냉동참치를 맛있게 해동시키는 방법은 참치가 잠길 만큼의 미지근한 물(20~27℃)을 받은 후 굵은소금을 적당히 넣어 소금물을 만듭니다. 여기에 참치를 5~10분간 담가 휘어 보았을 때 약간 단단한 정도로 해동시킨 참치를 꺼내 키친타월로 물기를 제거합니다. 그 후 면보자기에 참치를 싸서 냉장고에서 30분 가량 숙성시키면 자르기 좋은 상태가 된답니다.

매콤하고 개운하게 드시려면 초고추장소스에 와사비 갠것을 약간 넣어 주면 좋아요

1 냉동참치 2줌과 날치알 4는 미리 해동하고,

2 상추, 깻잎, 양배추, 오이, 당근 등의 채소는 적당한 크기로 채썰고 무순도 물에 씻어 물기를 빼고,

3 고추장 2, 식초 3, 설탕 1, 다진 마늘 0.5, 배즙 2, 참기름 0.5를 한데 섞어 양념장을 만들고,

4 그릇에 밥을 담고 채썬 채소, 냉동참치, 날치알 순으로 올린 다음 양념장을 얹고 통깨를 솔솔 뿌리면 끝.

집에서 즐기는 롤 파티

참치 맛살롤

김밥이 아닌 누드로 싼 롤은 집에서 만들어 먹기 힘들다고 생각하시죠?
하지만 정말 오해하는 거예요. 김밥처럼 여러 가지 재료를 많이 넣지 않아도 더 맛있는 롤을 만들 수 있어요.
만드는 방법을 한 번 알아두면 이것처럼 쉬운 롤도 없답니다.
외식하고 싶을 때, 남편이나 아이들 도시락을 싸야 할 때, 가족 나들이 갈 때 생각나는 밥이에요.

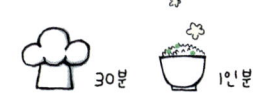

주재료 밥 2/3공기, 참치(통조림) 1/2통(80g), 크래미 맛살 1줄, 체다 슬라이스 치즈 2장, 김 1장, 상추 2장, 마요네즈·돈가스 소스 적당량씩
배합초 재료 식초 1, 설탕 0.5, 소금 0.2 **참치 양념 재료** 고추장 1, 다진 양파 2

배합초 재료를 분량대로 섞어서 전자레인지에 넣어 살짝 돌려도 좋아요

1 고슬고슬하게 지은 밥 2/3공기에 식초 1, 설탕 0.5, 소금 0.2를 섞어 끓인 배합초를 넣고 골고루 섞어 양념을 하고,

2 참치는 고추장 1, 다진 양파 2를 넣고 고루 섞어 양념하고 크래미 맛살 1줄과 체다 슬라이스 치즈 2장도 먹기 좋은 크기로 썰고,

3 김발 위에 김을 깔고 밥을 일정한 두께로 골고루 펴고 그 위에 랩을 널찍하게 씌우고,

4 ③을 뒤집어서 김이 위로 올라오게 하여 그 위에 상추와 체다 슬라이스 치즈를 얹고 크래미 맛살과 참치를 올리고,

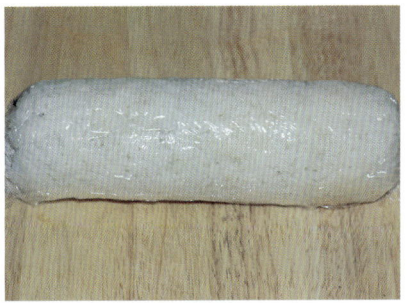

5 꾹꾹 눌러가며 돌돌 말고,

아이들 물 약병에 소스를 넣고 뿌려서 장식하면 더욱 예쁘답니다!

6 랩째 썰어 랩을 풀어 그릇에 담고 물 약병에 든 마요네즈와 돈가스 소스를 뿌리고 파슬리가루를 솔솔 뿌려 장식하면 끝.

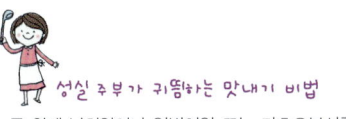

성실 주부가 귀띔하는 맛내기 비법
롤 위에 날치알이나 열빙어알 또는 가츠오부시를 올려주면 더욱 품 나요. 맛도 한결 좋답니다.

덤요리

명란초밥 (1인분)

주재료 밥 1공기, 명란젓 1덩어리, 김 2장, 무순·통깨 적당량씩
밥 양념 재료 식초 1, 설탕 0.5, 소금 약간
명란 양념 재료 참기름 1, 다진 마늘 0.3, 맛술 0.3

만들기
밥 양념 재료를 끓여 식혀 밥에 섞어 양념하고, 명란젓은 겉의 막을 터뜨려서 명란 양념 재료로 양념해요. 밥을 동그랗게 뭉치고, 김은 3cm 정도의 너비로 잘라요. 밥에 띠를 둘러 말고, 김의 끝부분은 밥알을 짓이겨 붙이고, 만 밥에 양념한 명란젓을 적당히 올리고 무순과 통깨를 뿌려 장식하면 끝.

보는 재미, 먹는 재미 모두 합격
흑미김밥

색이 예쁜 흑미밥에 짠지를 넣고 만 김밥이 이렇게 맛있을 수가!
김밥을 먹을 때마다 오도독 소리가 나요.
건강에 좋은 흑미로 김밥을 말았으니 건강은 덤으로 얻지요.

 20분   2인분

주재료 흑미밥 1+1/2공기, 김 2장, 상추나 깻잎 2장, 맛살 2줄, 짠지 1줌, 새싹채소 1줌, 날치알·새싹채소·마요네즈·돈가스 소스나 데리야키 소스 적당량씩

양념 재료 식초 2, 설탕 1, 소금 0.3

성실 주부가 귀띔하는 맛내기 비법
짠지는 오복채라 해서 마트에서 구입한 거예요. 무나 오이를 집간장에 담근 장아찌로, 아삭하고 짭짤해서 참기름과 깨를 넣고 무쳐 밥반찬으로도 먹어요. 김밥을 말고 남은 짠지는 통깨와 참기름을 넣고 조물조물 무쳐서 먹으면 밥반찬으로 먹기 좋아요.

1 식초 2, 설탕 1, 소금 0.3를 섞어 끓인 것과 흑미밥 1+1/2공기를 골고루 섞고,

(배합초 재료는 분량대로 섞어 전자레인지에 넣어 살짝 돌려도 좋아요)

2 김발 위에 김을 깔고 밥을 골고루 펼쳐놓고 그 위에 랩을 전체적으로 깔고,

3 ②를 뒤집어 김이 위로 오게 해서 그 위에 상추나 깻잎을 깔고 맛살, 짠지, 새싹채소를 올리고 꾹꾹 눌러가며 돌돌 말고,

4 랩째 썰어 랩을 하나씩 풀어 접시에 담고 날치알, 새싹채소, 마요네즈, 돈가스 소스나 데리야키 소스로 장식하면 끝.

당신은 나의 웰빙 밥

흑미 고구마밥

고구마의 단맛과 흑미의 구수함이 어우러져 별다른 반찬 없어도 한 공기 뚝딱 비울 수 있어요. 유달리 냄비밥만을 고집하는 사람들이 있다죠? 나중에 누룽지까지 구수하게 먹어야 한다고 말이죠. 냄비든 돌솥이든 다 좋아요. 불 조절을 잘하는 노하우를 몸에 익혀보세요.

 40분 4인분

주재료 쌀 1+1/2컵, 흑미 1/2컵, 고구마(중간 것) 2개(약 300g), 물 2+1/2컵

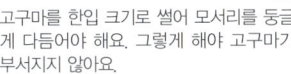 성실 주부가 귀띔하는 맛내기 비법

고구마를 한입 크기로 썰어 모서리를 둥글게 다듬어야 해요. 그렇게 해야 고구마가 부서지지 않아요.

중간에 끓어 넘치면 불을 줄여서 조절하면 돼요

1 쌀 1+1/2컵, 흑미 1/2컵을 함께 깨끗이 씻어서 3시간 이상 물에 불리고,

2 고구마 2개(약 300g)는 껍질째 깨끗이 씻어 큼직하게 썰어 모서리 부분을 둥글게 다듬고,

3 냄비에 불린 쌀을 넣고 그 위에 고구마를 얹고 물 2+1/2컵을 부어 불에 올리고,

4 강한 불로 약 10분, 중간 불로 10분, 약한 불로 10분간 끓여 고슬고슬하게 밥을 지으면 끝.

Part 1 밥 **67**

성실네 알뜰 맛 케이크

미니 초밥케이크

기념일마다 케이크를 준비하려면 사실 조금 번거롭고 돈도 아까워요.
앙증맞게 밥으로 미니 케이크를 만들어 보세요. 기념도 하고, 배도 부르게 먹고.
모양이 너무 예뻐 먹기에 조금 아까울 정도예요.

30분 2인분

주재료 밥 1+1/2공기, 베이컨이나 햄 3장, 크래미 맛살 3줄, 체다 슬라이스 치즈 2장, 칵테일 새우 2마리, 새싹채소·날치알 적당량씩
맛살 양념 재료 마요네즈 2, 소금·후춧가루 약간씩 **배합초 재료** 식초 2, 설탕 1, 소금 0.3

배합초 재료를 분량대로 섞어 전자레인지에 넣어 살짝 돌려도 좋아요

1 고슬고슬 지은 밥 1+1/2공기에 식초 2, 설탕 1, 소금 0.3을 섞어 끓인 배합초를 넣어 골고루 섞고,

칵테일새우는 끓는 물에 소금을 넣고 데쳐서 사용해요. 날치알도 미리 해동해 준비하세요

2 베이컨 3장은 굽고 크래미 맛살 3줄은 마요네즈 2, 소금, 후춧가루를 약간씩 넣어 버무리고 체다 슬라이스 치즈 2장과 칵테일 새우 2마리, 새싹채소는 씻어 물기를 빼고,

3 일회용 은박 컵이나 커피 잔 밑에 랩을 깔고 밥, 베이컨, 밥, 체다 슬라이스 치즈, 밥, 크래미 맛살 순으로 올려 꾹꾹 눌러 담고,

4 다 만든 밥은 랩째 꺼내 올려 그릇에 옮겨 담고,

그릇에 마요네즈와 돈가스 소스를 뿌려 장식하면 더욱 예쁘답니다

5 밥 위에 새싹채소, 날치알, 칵테일 새우를 올려 장식하면 끝.

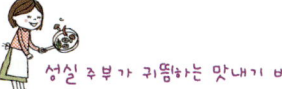
성실 주부가 귀띔하는 맛내기 비법

일회용 은박 컵을 사용했는데요, 구하기 힘들다면 일반 종이컵을 이용해서 작은 사이즈로 만들어도 돼요. 종이컵을 적당히 잘라서 사용하면 빼내기도 쉽답니다. 아이들과 함께 놀이 삼아 만들어 먹어도 참 좋아하지요.

든든하게, 뻥 튀긴 보약 요리
두부볶음밥

두부를 넉넉히 넣어 한 그릇의 밥을
2인분으로 뻥튀기한 두부볶음밥이지요.
두부의 담백한 맛을 간장 양념으로 잡아
감칠맛이 나고요.
아주 작은 새우인 밥새우와
당근, 양파, 피망, 마늘을 넣어
씹히는 맛도 좋아요.
쌍둥이들이 입맛 없어 밥 투정 부릴 때
보약처럼 먹이는 밥이랍니다.
몸에 좋고 담백한 재료라
늘 사랑받는 두부로 멋진 볶음밥
한번 만들어 볼게요.

 25분 2인분

주재료 밥 1공기(수북하게), 두부(큰 손두부) 1/4모, 마늘 2쪽, 양파(큰 것) 1/4개, 당근 1/6개, 피망 1/3개, 올리브오일 적당량, 밥새우 2, 실파 적당량, 소금·후춧가루 약간씩

양념 재료 간장 2, 물엿 1, 참기름 0.5, 후춧가루·통깨 적당량씩

1 두부 1/4모는 적당히 손으로 부숴 아무 것도 두르지 않은 팬에 중간 불로 수분기가 없어지도록 볶고,

2 두부가 볶아지는 동안 마늘 2쪽은 편으로 썰고 양파 1/4개, 당근 1/6개, 피망 1/3개는 잘게 다지고 실파는 송송 썰고,

3 두부가 보슬보슬 볶아지면 간장 1을 넣고 갈색이 되게 소보루처럼 볶다가 다 볶아지면 접시에 담고,

4 팬에 올리브오일을 두르고 편으로 썬 마늘을 넣어 마늘 향이 나도록 볶고,

5 이어서 잘게 다진 채소를 넣어 볶다가, 전자레인지에 데운 찬밥 1공기를 넣어 주걱을 세워가며 고슬고슬 볶다가,

6 미리 볶아둔 두부를 넣고 마지막으로 밥새우 2, 간장 1, 물엿 1, 참기름 0.5, 후춧가루, 통깨, 실파를 적당히 넣고 소금으로 간하면 끝.

성실 주부가 귀띔하는 맛내기 비법

볶음밥은 찬밥으로 한다는 편견은 버리세요. 볶음밥에 들어가는 찬밥은 전자레인지에 돌려 풀어지게 해서 볶아야 잘 볶아진답니다. 찬밥을 그대로 넣으면 볶기 위해서 짓이기고, 밥알을 풀려고 하다보면 그 사이 바닥 면이 금세 타버리거든요. 고슬고슬한 볶음밥을 하려면 막 해서 한 김 나간 밥이나 찬밥을 전자레인지에 데워서 사용하세요.

Breakfast
Lunch
Dinner

문성실의 집밥 먹고 살기 프로젝트

Part 2

시원한 국물 맛~
국·탕·찌개·전골

밥상에 국물 요리가 없으면 밥 못 드시는 분 많으시죠. 맛국물로 감칠맛을 낸 국물 요리를 소개할게요. 남편 해장국으로 그만인 담백한 북어 콩나물국부터 아이들이 좋아하는 새우탕, 먹어도 먹어도 물리지 않는 대한민국 대표 찌개인 된장찌개까지 비장의 국물 요리 레시피만 엄선했어요.

바쁜 아침에 후다닥
감자 어묵국

냉장고에 늘 있는 감자와 어묵만 있으면 끓일 수 있는 국이에요.
바쁜 아침에 뚝딱 만들 수 있어 참 고마운 국이랍니다.
고춧가루 양만 살짝 줄이면 아이들도 무척 잘 먹어요.

 20분   3인분

주재료 감자 2줌, 어묵 2줌, 양파 1줌
부재료 대파 3줌, 홍고추 1/2개
국물 재료 물 7컵, 국물용 멸치 15마리
양념 재료 멸치액젓이나 국간장 1, 다진 마늘 0.5, 고춧가루 0.5, 소금·후춧가루 적당량씩

성실 주부가 귀띔하는 맛내기 비법
멸치는 크고 넓적하며 기역자 모양으로 꺾여 있는 것, 전체적으로 은회색을 띠며 푸르스름하고 광택이 있는 것이 상품입니다. 마른 팬에 멸치를 넣고 볶아 비린 맛을 날리고 육수를 내면 훨씬 깔끔한 맛이 나요.

국물이 우러난 멸치는 건져 내세요

1 감자 2줌은 먹기 좋은 크기로 썰어 찬물에 담가 녹말기를 빼고 어묵 2줌, 양파 1줌, 대파 반 줌, 홍고추 1/2개는 적당한 크기로 썰고,

2 물 7컵에 국물용 멸치 15마리를 넣어 끓인 멸치육수에 감자를 먼저 넣어 익히고,

3 ②에 멸치액젓 1을 넣어 끓이고,

4 어묵과 양파, 대파, 홍고추를 넣고 다진 마늘 0.5, 고춧가루 0.5를 넣어 팔팔 끓이다가 소금, 후춧가루로 간을 하면 끝.

시원하게 한 그릇 뚝딱!

굴 된장국

향긋한 굴이 구수한 된장과 만나 훌륭한 맛의 궁합을 이룬 국입니다. 굴에 한창 물이 오르는 겨울과 이른 봄에 제격이지요. 굴 된장국에 따뜻한 밥을 말아 먹으면 가슴속까지 시원해진답니다.

 20분  3인분

주재료 무 2줌, 굴 2줌, 실파 5뿌리
국물 재료 물 6컵, 국물용 멸치 10마리, 집된장 1.5, 다진 마늘 0.3

거품은 중간중간 걷어 내세요

1 물 6컵에 국물용 멸치 10마리를 넣고 15분간 끓인 후 멸치는 건져내고 나박하게 썬 무 2줌을 넣고 팔팔 끓이다가,

2 냄비에 집된장 1.5를 풀어 넣어 끓이다가,

3 무가 푹 익으면 잘 씻은 굴 2줌을 넣고 다진 마늘 0.3을 넣어 더 끓이다가,

4 송송 썬 실파나 대파를 넣고 한 번 더 끓이면 끝.

성실 주부가 귀띔하는 맛내기 비법
굴은 10월부터 3월까지가 제철이에요. 그중에서도 1~2월에 생산된 굴은 통통하게 살이 올라 최고의 맛을 자랑하지요. 굴은 손으로 눌러 보았을 때 탄력이 있고 검은 테 부분이 선명한 것이 좋아요. 또 굴 요리는 오래 익히면 맛이 질겨지므로, 살짝만 익혀야 하는 거 다 알고 계시죠!

이런 별미국도 있다우~
김국

김국, 생소한가요? 덮밥에 곁들이면 좋은 국이에요.
우리집에서는 떡국이나 맑은 국에도 김가루를 넣어 먹곤 해요.
김국의 매력은 은근히 끌리는 맛이랍니다. 바다의 향긋한 맛에 함께 취해볼까요?

 15분   2~3인분

주재료 김 3장, 달걀 1개, 쪽파 1줌

국물 재료 물 5컵, 국물용 멸치 12마리, 다시마(10×10cm) 1장

양념 재료 국간장 1, 소금·후춧가루 적당량씩, 참기름 1~2방울

 성실 주부가 귀띔하는 맛내기 비법

김은 겨울부터 초봄 사이에 맛이 가장 좋아요. 이때 생산된 김은 윤기가 돌며 맛도 고소하답니다. 제철이 아닐 때에는 마른 김을 불에 구워 사용하세요.

1 물 5컵에 손질한 국물용 멸치 12마리와 다시마 1장을 넣고 진하게 우려 다시마와 멸치를 건져 맑은 육수만 따로 받아내고,

2 국물을 내는 동안 김 3장은 불에 구워 식혀 일회용 비닐에 넣어 부수고 달걀 1개는 잘 풀어놓고 쪽파는 4~5cm 길이로 자른 후,

3 멸치다시마 육수를 바글바글 끓이다가 쪽파와 풀어놓은 달걀을 넣고,

4 부숴놓은 김을 넣고 마지막으로 국간장 1, 소금, 후춧가루를 넣고 참기름을 1~2방울을 넣어 맛을 더하면 끝.

국물이 끝내주는

김치 콩나물국

냉장고 속 단골 식재료인 콩나물과 신 김치만 있으면 간단하게 끓일 수 있는 국이에요. 어릴 때 친정엄마가 자주 끓여주시곤 했었지요. 국으로 먹어도 맛있지만 찬밥 넣고 죽을 끓여 먹는 맛도 환상적이랍니다.

 20분　 3인분

주재료 물 8컵, 국물용 멸치 15마리, 잘게 썬 김치 2컵, 콩나물 3줌

부재료 어슷썬 대파 3, 송송 썬 청양고추 1개분

양념 재료 새우젓 1, 다진 마늘 0.5, 고춧가루 0.5

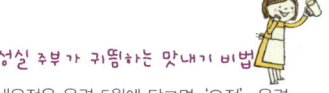

새우젓은 음력 5월에 담그면 '오젓', 음력 6월에 담그면 '육젓', 말복 지난 뒤에 담그면 '추젓', 겨울에 담그면 '백하젓'이라 합니다. 이중 육젓을 상품으로 치는데, 껍질이 얇고 밝은 분홍색을 띠는 것을 고르면 됩니다.

끓기 시작해서 12~15분 후에 멸치만 건져 내세요

1 물 8컵에 국물용 멸치 15마리를 넣어 푹 끓여 국물을 내고,

2 멸치 육수에 잘게 썬 김치 2컵과 콩나물 3줌을 넣어 팔팔 끓이고,

3 새우젓 1을 넣어 간을 맞춘 다음 새우젓 향이 다 날아갈 때까지 팔팔 끓이다가,

4 어슷하게 썬 대파 3과 송송 썬 청양고추 1개분, 다진 마늘 0.5, 고춧가루 0.5를 넣고 한소끔 더 끓이면 끝.

Part 2 국·탕·찌개·전골 **77**

국

입맛 살리는 원기 회복제

명란 두부국

가끔 입맛이 없을 때는 그냥 먹기에도 아까운 비싼 명란젓으로 국을 끓여 먹어요. 명란젓이 얼마나 비싼지 밥반찬으로 먹을까 잠시 고민도 되지만 짭조름한 국물, 시원한 맛을 생각하면 육수에 풍당 넣게 되죠.

 20분 3인분

주재료 두부 1/4모, 명란젓 2덩어리, 무 2줌

부재료 대파 1/4대, 쑥갓 적당량

국물 재료 물 5컵, 국물용 멸치 15마리, 다시마(10×10cm) 1장

양념 재료 다진 마늘 0.5, 고춧가루 0.3, 소금·후춧가루 적당량씩

 성실 주부가 귀띔하는 맛내기 비법

명태알을 소금과 고춧가루로 양념해 담근 것이 명란젓, 명태 내장으로 담근 것이 창난젓이에요. 명란젓은 알이 꽉 차 있고 껍질이 얇은 것으로 골라야 해요.

1 물 5컵에 국물용 멸치 15마리와 다시마 1장을 넣고 끓기 시작하면 다시마는 먼저 건져내고 멸치는 10~15분간 더 우려 건지고,

2 두부 1/4모와 명란젓 2덩어리는 먹기 좋은 크기로 썰고 무는 나박썰고, 대파 1/4대는 어슷하게 썰고,

3 멸치다시마 육수에 무 2줌을 넣고 무가 익을 때까지 끓이다가,

4 팔팔 끓으면 명란젓을 넣은 후 두부, 대파, 다진 마늘 0.5, 고춧가루 0.3, 소금, 후춧가루를 넣어 간하면 끝.

속풀이 대표 주자

북어 콩나물국

속풀이에 이만한 국이 어디 있겠어요!
맛있게 끓이는 법을 꼭 알아두셨다가 신랑 사랑 듬뿍 받으셔야죠.
주부에게 북어 콩나물국은 필수! 아셨죠?

 20분   3인분

주재료 북어포 1줌, 콩나물 2줌, 대파 1/3대

국물 재료 물 6컵, 국물용 멸치 15마리

양념 재료 참기름 1, 국간장 1, 다진 마늘 0.5, 소금·후춧가루 적당량씩

 성실 주부가 귀띔하는 맛내기 비법

콩나물은 길이가 너무 길지도 짧지도 않고 줄기는 물이 올라 통통한 것으로 골라야 해요. 또 유기농법으로 키운 콩나물은 줄기가 반투명하고 가늘며 뿌리가 길어요.

1 물 6컵에 국물용 멸치 15마리를 넣고 끓여 멸치 육수를 만들고 북어포 1줌은 물에 살짝 불리고,

2 불에 달군 냄비에 참기름 1을 두르고 불린 북어포를 넣고 약한 불로 살살 볶다가,

국간장이나 액젓을 국에 넣을 때는 미리 넣고 끓여야 더 깊은 맛이 나요

3 미리 만들어둔 멸치 육수를 붓고 국간장 1을 넣고 팔팔 끓이다가,

달걀 줄알을 쳐서 넣어도 좋아요

4 국물이 끓으면 콩나물 2줌을 넣고 한소끔 끓여 다진 마늘 0.5, 소금, 후춧가루를 식성대로 넣은 후 어슷하게 썬 대파 1/3대분을 넣고 살짝 끓이면 끝.

국

감탄사 절로 나오는 시원한 국물 맛
쇠고기 대파국

쇠고기와 길쭉길쭉하게 썬 대파만 있으면 끓일 수 있는 간단한 국이에요.
우리집에서는 참치액을 넣어 더욱 깊은 맛을 내지요.
양념한 쇠고기를 달달 볶는 과정도 잊지 마시고요!

 40분   2~3인분

주재료 쇠고기(국거리) 1줌(100g), 대파 2대, 참기름 1, 물 5컵
쇠고기 밑간 재료 국간장 2, 참치액 1, 다진 마늘 1, 고춧가루 1, 맛술 1, 소금·후춧가루 약간씩
양념 재료 소금·후춧가루 적당량씩

대파는 진이 나오지 않게 물에 담갔다가 사용하세요

1 쇠고기 1줌은 먹기 좋게 썰어서 국간장 2, 참치액 1, 다진 마늘 1, 고춧가루 1, 맛술 1, 소금, 후춧가루를 약간 넣고 조물조물 무치고 대파 2대는 길쭉하게 자르고,

2 약하게 달군 냄비에 참기름 1을 두르고 밑간을 해둔 쇠고기를 넣고 달달 볶다가,

3 물 5컵을 붓고 고기 맛이 푹 우러나도록 오래 끓이고,

4 고기의 맛이 충분히 우러나면 대파를 넣고 한소끔 더 끓여 소금과 후춧가루로 간하면 끝.

성실 주부가 귀뜸하는 맛내기 비법

파는 푸른 잎 부분과 하얀 줄기 부분이 선명하게 구분되는 것이 상품이에요. 요리하고 남은 파는 국물 내기, 양념하기 등 용도에 맞춰 적당한 모양으로 썰어 지퍼팩에 납작하게 담아 냉동시켜 두면 요긴하게 쓸 수 있어요.

아우~ 맛있어

아욱국

아욱국을 끓이면 행복해져요. 그래서 나오는 소리가 아욱이 아니라 "아~흑!"
저는 자다가도 아욱죽 소리에 벌떡 깰 정도니 그 맛이 어느 정도인지 짐작되시죠!
아욱국은 넉넉히 끓여 국으로도 먹고, 꼭 죽도 함께 끓여 드세요.

 25분  5~6인분

주재료 아욱 1단(다듬은 것 4줌), 마른 새우 1/3컵

육수 재료 물 10컵, 국물용 멸치 20마리

양념 재료 된장 4, 고추장 1, 어슷 썬 대파 3, 다진 마늘 0.5, 고춧가루 0.5

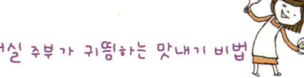

주로 국거리나 나물로 먹는 아욱. 잎과 씨, 뿌리는 한약재로 이용하는 버릴 게 없는 채소랍니다. 아욱 요리를 할 때 풋내를 완전히 없애려면 굵은소금을 뿌려 바락바락 주물러 씻으면 돼요.

1 아욱 1단은 줄기 부분의 껍질을 벗겨 물에 비비듯이 씻어 특유의 풋내와 아린 맛을 없애고,

2 물 10컵에 손질한 국물용 멸치 20마리를 넣고 끓여 국물이 우러나면 멸치는 건져내고,

3 ②에 된장 4, 고추장 1을 풀고 마른 새우 1/3컵을 넣어 끓이다가,

4 아욱을 넣어 푹 끓이다가 어슷하게 썬 대파 3, 다진 마늘 0.5, 고춧가루 0.5를 넣어 끓이면 끝.

시원한 바다 맛

홍합 미역국

신선한 홍합과 미역은 시원한 바다 맛이 나요.
찬바람이 불기 시작하고 따끈한 국물이 생각날 때 추천하고 싶은 국이에요.
따로 멸치 육수를 내지 않아도 되어 만들기도 간편하답니다.

 30분   3인분

주재료 불린 미역 2컵, 마른 홍합 30개, 물 5컵

양념 재료 참기름이나 들기름 1, 멸치액젓이나 까나리액젓 3, 다진 마늘 0.5, 후춧가루 0.2, 쇠고기맛 조미료나 혼다시 0.3, 소금 적당량

 성실 주부가 귀띔하는 맛내기 비법

미역국을 끓일 때 입에 물리는 쇠고기 대신 홍합을 넣으면 시원하고 담백한 맛이 나요. 생홍합이 제철일 때는 다른 양념을 넣지 않아도 되지만, 마른 홍합으로 요리할 때는 쇠고기맛 조미료나 혼다시를 넣어야 깊은 맛을 낼 수 있어요.

1 미역은 미리 물에 불리고 마른 홍합 30개는 미지근한 물에 4~5시간 정도 불려,

2 약하게 달군 냄비에 참기름 1을 두르고 홍합과 미역, 멸치액젓 3, 다진 마늘 0.5, 후춧가루 0.2, 쇠고기맛 조미료 0.3을 넣고 미역이 부들부들해질 때까지 달달 볶다가,

3 물 5컵을 붓고 푹 끓여 소금 간하면 끝.

덤 요리

홍합 미역죽

홍합 미역국이 남았다면 찬밥과 물, 잘게 다진 자투리 채소들을 넣고 푹 끓여서 홍합 미역죽을 만들어 먹어도 좋아요.

땀 뻘뻘 흘리며 먹어야 제 맛

매운 콩나물국

콩나물국 끓이는 게 은근히 어렵다고요?
간단하면서 땀이 뻘뻘 나는 매운 콩나물국을 완벽하게 배워보는 건 어떨까요.
생각만 해도 시원한 느낌이 드시죠? 청양고추를 송송 썰어 넣으면 더욱 시원해집니다.

 30분   3~4인분

주재료 콩나물 4줌

국물 재료 물 8컵, 국물용 멸치 20마리

양념 재료 멸치액젓 1, 고춧가루 1, 다진 마늘 0.5, 소금 적당량

성실 주부가 귀띔하는 맛내기 비법

죽방 멸치 들어보셨어요? '건멸치의 꽃' 또는 '멸치의 왕'이라 불리는 죽방 멸치는 유속이 빠른 남해안에 대나무로 그물발을 만들어 설치한 죽방렴에서 잡힌 멸치를 말한대요. 죽방렴에서 건져내 살아 있는 상태로 순란, 가공되어 몸체의 손상이 적고 밝은 은빛이 나고 맛도 훨씬 구수해요. 가격이 비싼 게 흠이라면 흠이지만 죽방 멸치로 낸 깔끔하고 깊은 국물 맛은 아무도 따라올 수 없지요.

1 물 8컵에 국물용 멸치 20마리를 넣고 끓이다 15분 정도 지나면 멸치는 건져내고 끓이다가,

2 멸치 육수가 바글바글 끓으면 콩나물 4줌을 넣어 뚜껑을 덮어 푹 끓이고,

3 콩나물의 숨이 죽고 비린 맛이 가시면 뚜껑을 열고 멸치액젓 1, 고춧가루 1, 다진 마늘 0.5, 소금을 적당히 넣어 한소끔 더 끓이면 끝.

쪽파나 청양고추를 곁들여도 좋아요. 또 새우젓으로 간을 해도 맛있답니다

낙지볶음과 세트 메뉴

조갯국

낙지볶음같이 매운 음식과 함께 내면 좋은 국 하면 역시 조갯국이죠.
너무나 시원하고 담백한 맛이 매운맛을 확 잡아 주니까요.
낙지볶음에는 조갯국! 기억해 두세요.

 20분   2~3인분

주재료 바지락 1봉지, 소금 약간, 무 1줌

부재료 양파 1/4개, 쪽파 2뿌리

국물 재료 물 4컵, 다시마(10×10cm) 1장

양념 재료 다진 마늘 0.3, 소금·후춧가루 적당량씩

성실 주부가 귀띔하는 맛내기 비법

한국인이 가장 즐겨 먹는 조개의 한 종류인 바지락. 경상도와 동해안에서는 '빤지락', 통영과 고성, 거제에서는 '반지래기', 인천이나 전라도에서는 '반지락' 이라는 다양한 이름으로 부르죠. 양식이 가능해 한여름만 빼고는 맛볼 수 있지만 산란기를 앞둔 3~4월에 가장 물이 올라 맛있어요.

1 바지락은 옅은 소금물에 해감시키고 무는 나박하게, 양파 1/4개는 채썰고 쪽파 2뿌리는 듬성듬성 썰고 다시마는 적당한 크기로 자르고.

2 냄비에 물 4컵을 붓고 무 1줌과 다시마를 넣고 끓이다가 어느 정도 우러나면 다시마만 건져서 식혀.

3 냄비에 식혀둔 국물을 붓고 바지락과 양파를 넣어 한소끔 끓이다가 다진 마늘 0.3, 쪽파를 넣고 소금과 후춧가루로 간하면 끝.

속 편한 국

배추 들깻국

시원한 배추와 구수한 들깨 맛이 참 잘 어울린답니다.
배추 맛이 가장 좋은 김장철에 끓여 먹으면 숟가락이 바빠지지요.
호박잎이 맛날 때는 배춧잎 대신 넣으면 맛있어요.

 30분   4인분

주재료 배춧잎 6~7장

부재료 어슷썬 대파 1/3대분

국물 재료 물 8컵, 국물용 멸치 20마리

양념 재료 된장 2, 들깻가루 2

성실 주부가 귀띔하는 맛내기 비법

들깨는 풍부하게 함유된 비타민이 입맛을 돋우고 고운 피부를 만드는 건강식이에요. 물에 씻어 그늘에 말려 마른 팬에 살짝 볶아 분쇄기에 갈면 맛 좋은 영양만점 천연조미료가 완성됩니다. 나물 무칠 때 듬뿍 넣기도 하고 배추나 호박잎, 아욱국을 끓일 때 넣으면 더 고소한 맛이 나요.

또는 생배추를 넣거나 데쳐 물기를 빼서 냉동실에 보관한 것을 사용해도 좋아요

1 물 8컵에 손질한 국물용 멸치 20마리를 넣고 끓여 체에 밭쳐 맑은 국물을 내고,

2 멸치 육수에 된장 2를 풀어 넣고 팔팔 끓이다가,

3 배춧잎 6~7장을 데친 후 잘라 넣고 끓여,

4 다시 팔팔 끓어오르면 대파와 들깻가루 2를 넣으면 끝.

국

보들보들 넘어가는 맛
김치 연두부국

김치와 연두부, 시원한 멸치 육수가 어우러진 매콤한 국이에요.
뜨끈뜨끈한 국에 밥만 넣어 말아 먹으면 별미 반찬 필요 없는 일품요리가 되지요.
김치를 냄비에 달달 볶은 후 육수를 넣고 끓여야 맛있어요.

 20분   3인분

주재료 송송 썬 신 배추김치 1줌, 연두부 1팩

부재료 어슷썬 대파 1/4대분

국물 재료 물 5컵, 국물용 멸치 12마리

양념 재료 국간장 0.5, 다진 마늘 0.3, 고춧가루 약간, 소금 적당량

성실 주부가 귀뜸하는 맛내기 비법
연두부 대신 순두부를 사용해도 좋아요. 같은 연한 질감의 두부지만 비닐봉지에 담겼느냐, 네모난 팩에 담겼느냐의 차이니까요. 순두부나 연두부 모두 열량이나 질감은 비슷하거든요.

1 물 5컵에 손질한 국물용 멸치 12마리를 넣고 끓여 멸치 육수를 만들고,

2 약하게 달군 냄비에 송송 썬 신 배추김치 1줌을 넣고 달달 볶다가,

3 볶은 김치에 멸치 육수를 붓고 강한 불로 김치가 푹 익을 때까지 끓이다가,

4 연두부 1팩을 한 숟가락씩 뚝뚝 떼어 넣고 국간장 0.5와 다진 마늘 0.3, 고춧가루를 약간 넣어 끓이다가 대파를 넣고 소금 간 하면 끝.

겨울 추위가 반가운

매운 무국

코끝이 쨍하게 추운 겨울날 저녁 밥상에 올리면 그만인 국이에요.
쌀뜨물에 멸치를 넣어 우린 국물에 매운 고춧가루 풀어 끓인 무국이랍니다.
무국 한 그릇이면 겨울 추위에 잔뜩 움츠러 있던 몸과 마음이 힘을 얻어요.

 30분  3인분

주재료 무 3줌, 대파 1/3대

국물 재료 쌀뜨물 6컵, 국물용 멸치 20마리

양념 재료 고춧가루 1, 다진 마늘 0.5, 참기름 0.5, 국간장 2, 소금이나 새우젓 적당량

성실 주부가 귀띔하는 맛내기 비법

쌀뜨물을 받는 방법은 쌀을 씻은 첫 물과 두 번째 물은 살짝 따라 버리고, 세 번째 물부터 빡빡 씻은 물을 받으면 돼요.

중간 중간 거품을 걷어내세요

1 쌀뜨물 6컵에 손질한 국물용 멸치 20마리를 넣어 12~15분간 팔팔 끓이다가 멸치는 건져내어 깔끔한 쌀뜨물 멸치 육수를 만들고,

2 무를 냄비에 넣고 고춧가루 1, 다진 마늘 0.5, 참기름 0.5, 국간장 2를 넣고 섞어 불에 올려 1~2분간 달달 볶다가,

3 냄비에 쌀뜨물 멸치 육수를 부어 무가 푹 무르도록 끓이고,

4 무가 푹 익으면 대파 1/3대를 어슷하게 썰어 넣고 맛을 보아 소금 간하여 한소끔 더 끓이면 끝.

탕

술술 넘어가는
순두부 명란알탕

넘어가는지도 모르게 술술 넘어가는 순두부 명란알탕.
자주 먹는 순두부 맛과는 다른 맛이 나요. 순두부의 밍밍한 맛을 짭조름한 명란젓이 맛있게 바꿔요.
매운맛을 즐기는 집이라면 매콤한 청양고추나 홍고추를 넣어 드세요.

15분 / 3인분

주재료 명란젓(큰 것) 2덩어리, 물 3컵, 순두부 1봉지
부재료 청양고추·홍고추 적당량씩
양념 재료 새우젓 0.5, 다진 마늘 0.5, 다진 파 3, 소금·후춧가루 적당량씩

1 명란젓 2덩어리는 먹기 좋은 크기로 썰고,

2 물 3컵에 새우젓 0.5를 넣고 팔팔 끓이다가,

3 국물이 끓으면 명란젓을 넣은 후 끓이다가,

4 순두부 1봉지를 넣어 끓이다가 다진 마늘 0.5, 다진 파 3, 소금, 후춧가루를 적당히 넣어 끓이면 끝.

성실 주부가 귀띔하는 맛내기 비법
명란은 크고 신선한 것이라야 맛도 있겠지요. 명란을 자르고 나서 미리 청주를 약간 뿌려서 재우면 비린 맛이 덜하고, 국물에 간이 빨리 밴답니다.

아이들이 더 좋아하는

새우탕

새우가 제철일 때는 새우만 넣고 끓인 새우탕이 우리집 단골 메뉴랍니다.
시원한 국물 떠 먹는 재미에 새우살 발라 먹는 재미까지,
입과 손이 분주해지는 음식이에요.

 20분   3인분

주재료 새우(중하) 10마리, 마늘 2쪽

부재료 대파·홍고추·청양고추 약간씩, 무 1줌, 호박 1줌

국물 재료 물 5컵, 국물용 멸치 10마리, 다시마(10×10cm) 1장

양념 재료 소금 0.3, 후춧가루 적당량

성실 주부가 귀띔하는 맛내기 비법
10월과 11월은 대하가 제철이랍니다. 이맘때는 살아 있는 채로 그냥 초장에 찍어서 먹어도 맛이 있지요. 팬에 굵은소금을 넉넉히 깔고, 팔딱팔딱 뛰는 새우를 기절시켜 구워 먹는 맛도 일품이랍니다.

1 새우 10마리는 깨끗이 씻고 마늘 2쪽은 편으로 썰고 대파와 고추는 어슷하게 썰고 무 1줌과 호박 1줌은 먹기 좋은 크기로 썰고,

2 물 5컵에 손질한 국물용 멸치 10마리, 다시마 1장을 넣어 끓여 맑은 국물만 받아내 무와 호박을 넣어 끓이다가,

3 무가 어느 정도 익으면 새우를 넣고 중간 중간 생기는 거품을 깨끗하게 걷어내며 끓이다가,

4 대파와 홍고추, 청양고추, 편으로 썬 마늘을 넣고 한소끔 더 끓여 맛을 보고 나머지 간은 소금과 후춧가루로 하면 끝.

우리 남편 몸보신 요리

특제 갈비탕

남편이 허해 보일 때 꼭 끓이는 갈비탕.
깊은 국물 맛이 정말 끝내주죠.
소갈비는 대형마트에서 원산지를
반드시 확인한 후 구입하거나
단골인 동네 정육점에서 사지요.
다른 요리보다 시간이 많이 필요해,
한 번에 넉넉히 만들어요.
남편은 국물 먹는 맛에,
아이들은 당면 건져 먹는 재미에
밥상이 시끌벅적해져요.
특제 갈비탕에 인삼이나
대추 등의 약재를 함께 넣고
끓이면 약재 갈비탕이 된답니다.

 120분 5~6인분

주재료 소갈비(토막 낸 것) 800g, 무(5cm 길이) 3토막, 대파(흰 부분) 2대, 양파 1/2개, 마늘 7쪽, 물 13컵
양념 재료 국간장 2, 다진 마늘 0.5, 소금 0.3, 대파·후춧가루 적당량씩

중간에 두세 번 물을 갈아 주어야 누린내를 확실히 제거할 수 있어요

1 갈비 800g은 찬물에 3~4시간 정도 담가 핏물을 빼고,

2 끓는 물에 갈비를 넣고 약 2~3분간 데친 후 갈비를 찬물에 깨끗이 씻고,

3 깊고 큰 냄비에 갈비, 무 3토막, 대파 2대, 양파 1/2개, 마늘 7쪽을 넣고 물 13컵을 부어 뚜껑을 덮고 고깃물이 푹 우러나게 2시간 이상 삶고,

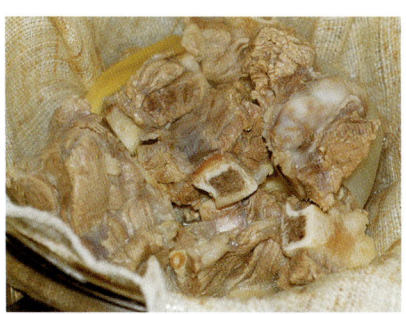

4 체에 베보자기를 깔고 갈비탕의 맑은 국물을 따로 받아내고,

5 고기와 미리 썰어놓은 무를 함께 넣고 국간장 2, 다진 마늘 0.5, 대파, 후춧가루를 넣어 양념하고,

식성에따라 송송 썬 대파나 불린 당면, 달걀지단을 곁들이면 좋아요

6 국물에 양념한 고기를 넣고 푹 한 번 더 끓여 소금 간하면 끝.

성실 주부가 귀띔하는 맛내기 비법

맛있는 갈비탕을 끓이는 비법이 있답니다. 토막 낸 갈비를 찬물에 담가 핏물을 우린 후 조리해야 국물이 맑고 특유의 누린내가 제거되지요. 반드시 끓는 물에 한 번 살짝 데치고, 데친 물은 과감히 버리세요. 삶을 때 향이 강한 채소인 양파, 대파, 마늘 등을 함께 넣고 끓여야 고기 누린내가 사라진다는 건 다 알고 계시죠!

친정 엄마의 손맛이 그리울 때

감자탕

남편이 좋아하는 감자탕. 얼큰한 국물은 물론이거니와 뼈에 붙은 살을 발라 먹는 재미 또한 쏠쏠하죠.
돼지 등뼈의 값도 정말 저렴해서 적은 돈으로 푸짐하게 먹을 수 있어요.
얼갈이 대신 집에 늘 있는 신 김치를 넣고 끓여도 참 맛있어요.

주재료 돼지 등뼈 1kg, 얼갈이 5줌(500g), 감자(중간 것) 3개, 깻잎 10장
부재료 대파 1대, 청양고추 1개, 홍고추 1개
국물 재료 물 15컵, 월계수 잎 2장, 마늘 8쪽, 생강 1톨, 대파(흰 부분) 2대, 통후추 0.5, 청하 5
얼갈이 양념 재료 된장 3, 고춧가루 4, 다진 마늘 2, 맛술 2, 쇠고기맛 조미료 0.5, 소금 0.3, 맛술 2

중간에 두어 번 물을 갈아 주세요

1 돼지 등뼈 1kg은 찬물에 4~5시간 정도 담가 핏물을 빼고,

2 바글바글 끓는 물에 돼지 등뼈를 넣고 스르르 삶아 처음 삶은 물은 따라 버리고 돼지 등뼈는 깨끗하게 씻고,

통후추가 없다면 그냥 후춧가루와 된장 0.5를 넣고 같이 삶아도 돼요

3 돼지 등뼈를 물 15컵, 월계수 잎 2장, 마늘 8쪽, 생강 1톨, 대파 2대, 통후추 0.5, 청하 5와 한데 넣고 고기가 푹 익을 때까지 1시간 반에서 2시간 가량 삶고,

4 고기 삶는 동안 얼갈이 5줌을 데쳐 된장 3, 고춧가루 4, 다진 마늘 2, 맛술 2, 쇠고기맛 조미료 0.5, 소금 0.3, 맛술 2를 넣고 조물조물 무치고 감자 3개와 대파 1대, 청양고추 1개, 홍고추 1개, 깻잎 10장은 먹기 좋은 크기로 자르고,

5 고기가 다 삶아지면 돼지 등뼈는 건져내 식히고 육수는 체에 밭치고,

6 받아놓은 육수에 감자를 먼저 넣어 익히다가 양념한 얼갈이와 돼지 등뼈를 넣고 푹 끓인 후 대파와 깻잎, 청양고추, 홍고추를 넣고 맛을 보아가며 소금 간하면 끝.

성실 주부가 귀띔하는 맛내기 비법

감자탕은 돼지 등뼈나 목뼈를 이용해서 만들면 좋답니다. 참고로 돼지 등뼈보다는 목뼈에 살이 더 많아요. 냄비 재질에 따라 1시간에서 2시간 정도 푹 고아야 깊은 맛이 우러나지요.

매콤한 맛이 당길 때

닭매운탕

매콤한 것이 당길 때는 국물을 자작하게 해서 먹는 닭매운탕이 최고죠.
마지막 국물 한 방울까지 밥에 비벼 먹으면 정말 맛있어요.
기름기가 싫으면 닭 껍질을 벗기고 조리하세요.

주재료 닭(중간 것) 1마리, 감자(중간 것) 4개, 당근 1/3개, 양파(큰 것) 1/2개, 물이나 육수 6컵
부재료 대파 1대, 홍고추 1개, 깻잎 20장, 들깻가루 3
닭 밑간 재료 소금·후춧가루·청주·레몬즙 약간씩
양념 재료 고추장 3, 고춧가루 3, 간장 5, 맛술 2, 물엿 1, 흑설탕 1, 다진 마늘 1, 생강가루 0.3, 참기름 1, 소금 적당량

1 닭 1마리는 깨끗이 손질하여 소금·후춧가루·청주·레몬즙을 약간씩 넣고 조물조물 무친 다음 잠깐 재워두고,

감자는 모서리를 둥글게 다듬어 주세요

2 감자 4개, 당근 1/3개, 양파 1/2개는 먹기 좋은 크기로 썰고 대파 1대와 홍고추 1개는 어슷하게 썰고 깻잎 20장은 물에 씻고,

연하게 우린 멸치다시마 육수로 끓이면 더욱 맛이 있어요

3 냄비에 물 6컵을 붓고 밑간한 닭을 넣어 중간 중간에 생긴 거품은 걷어내며 푹 끓이고,

4 닭이 익는 동안 고추장 3, 고춧가루 3, 간장 5, 맛술 2, 물엿 1, 흑설탕 1, 다진 마늘 1, 생강가루 0.3을 넣어 양념장을 만들고,

뚜껑을 열고 센불에 조리면 국물이 적은 조림이 돼요

5 닭이 어느 정도 익으면 양념장을 먼저 넣어 끓이다가 감자, 당근, 양파를 넣고 채소가 익을 때까지 끓이고,

6 깻잎과 홍고추, 대파 썬 것을 넣고 식성에 따라 들깻가루 3, 참기름 1을 두르고 소금 간하면 끝.

성실 주부가 귀띔하는 맛내기 비법

신선한 닭을 고르려면 살은 핑크 빛, 껍질은 크림 색을 띠는지, 내장이나 오물 등이 잘 제거되어 있는지를 살펴보세요. 닭은 갓 잡은 것일수록 신선한데 시간이 오래 지나면 누린내가 점점 더 심해져요. 누린내에 민감한 분이라면 닭을 씻을 때 우유에 찰랑찰랑 담가두면 살도 보들보들해지고, 특유의 냄새도 사라지죠. 누린내 없애는 방법으로 청주를 사용한다거나 레몬즙을 뿌려둔다거나, 향신채 등을 적절히 사용하면 냄새 없는 닭 요리를 만들 수 있어요.

무더위 물리치는 여름 보양식
한방 삼계탕

더운 복날에는 삼계탕을 안 먹고 지나갈 수 없죠. 이열치열 뜨끈한 삼계탕 먹고 더운 여름을 거뜬히 이겨내야죠.
삼계탕에 넣을 한약재는 시간 여유가 있다면 한약재 전문 시장이나 농협에서 구입해두세요.
몸에 좋다고 쓴맛이 강한 인삼을 듬뿍 넣으면 낭패이니 욕심 부리지 말고 적당히 넣으세요.

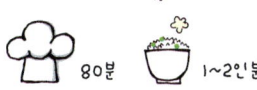 80분 / 1~2인분

주재료 닭(삼계탕용) 1마리, 찹쌀 1컵, 물 12컵
부재료 인삼이나 황기 2뿌리, 밤 2개, 대추 3개, 마늘 7쪽, 대파(흰 부분) 1대
양념 재료 송송 썬 파, 소금·후춧가루 적당량씩

1 닭 1마리는 꽁지를 잘라내어 속을 깨끗이 씻고 찹쌀 1컵은 충분히 불린 후 물기를 빼놓고 인삼 2뿌리, 밤 2개, 대추 3개, 마늘 7쪽, 대파 1대도 씻어서 준비하고,

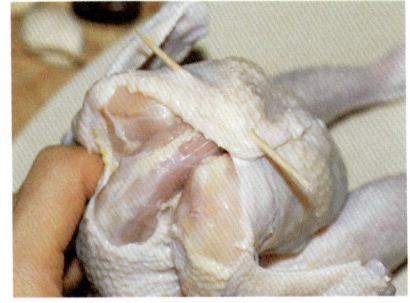

2 닭은 목이 풀리지 않게 꼬챙이를 이용해 잘 아물려 봉하고,

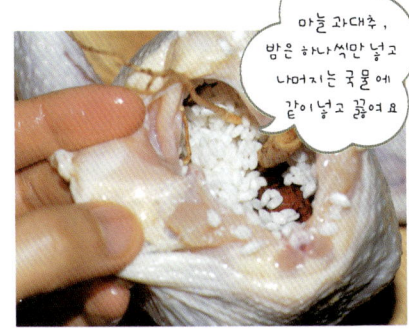

3 닭의 뱃속에 불린 찹쌀과 인삼, 밤, 대추, 마늘을 채워 넣고,

마늘과 대추, 밤은 하나씩만 넣고 나머지는 국물에 같이 넣고 끓여요

4 닭의 다리 쪽 껍질에 칼집을 내어 서로 엇갈리게 다리를 꼬아 풀리지 않게 묶고,

5 큰 냄비에 닭과 나머지 재료들을 넣고 뚜껑을 덮고 1시간 동안 푹 익혀서,

6 송송 썬 파를 넣고 소금, 후춧가루로 간하면 끝.

거품이나 이물질을 숟가락으로 제거하며, 은근한 불에 닭뼈가 튀어 나올 정도로 익혀요

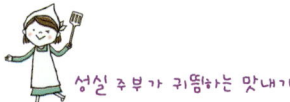 성실 주부가 귀띔하는 맛내기 비법

삼계탕용 닭은 삼계전용인 400~500g 정도의 닭을 고르는 게 좋아요. 조금 큰 닭으로 했을 경우 닭살만 많이 남기도 하거든요. 그럴 때는 닭살만 따로 발라서 냉채를 만들어 먹거나 비빔국수 등에 올리거나, 샐러드에 넣어도 좋아요. 아니면 잘게 다져서 볶음밥에 넣어도 좋고요. 따로 간장 양념을 해서 닭살만 조려도 아이들이 잘 먹더라고요.

덤 요리

닭죽

남은 국물에 불린 찹쌀과 결대로 찢은 닭살, 송송 썬 파를 넣고 소금 간해서 닭죽을 끓여 먹으면 버리는 음식 없이 알뜰하게 먹을 수 있어요.

통통하게 오른 홍합살 빼 먹는 재미

홍합탕

포장마차를 대표하는 안주인 홍합탕.
홍합을 다듬는 것이 조금 번거로워서 그렇지, 정말 쉽고 간단하게 끓일 수 있는 국이랍니다.
홍합 까 먹는 재미 쏠쏠하고, 국물 맛 또한 기가 막히죠.

 30분   2인분

주재료 홍합 50개, 물 4컵
부재료 청양고추 1개, 홍고추 1/2개, 대파 약간

1 홍합 50개는 껍데기에 붙어 있는 수염을 잡아 떼어 다듬고,

2 껍데기를 수세미로 깨끗이 닦아 여러 번 물에 헹궈 씻고,

3 물 4컵을 넣고 끓이다가 끓으면 홍합을 넣고,

4 중간 중간 거품을 걷어내며 끓여 홍합이 입을 열면 어슷하게 썬 청양고추 1개분과 홍고추 1/2개, 대파를 약간 넣고 한소끔 더 끓이면 끝.

> 홍합의 비린 맛이 싫다면 마지막에 레몬즙을 한두 방울 떨어뜨리면 좋아요

성실 주부가 귀띔하는 맛내기 비법

홍합은 철분과 칼슘이 많아 뼈를 튼튼하게 해요. 또 홍합에 들어 있는 무기질은 동맥경화를 예방하고, 두뇌를 발달시킨답니다. 홍합은 산란기인 늦은 봄에서부터 여름 사이에는 사지 않는 것이 좋고, 다듬을 때는 껍데기의 불순물을 솔로 문질러서 씻고 수염은 살짝 잡아 떼어내면 되지요.

꼬치에 끼워야 제 맛

어묵탕

저는 비가 추적추적 내리는 날이면 어묵탕이 생각나요.
꼬치에 끼운 어묵 하나면 우울했던 마음이 금세 회복되지요.
비가 오는 날에는 어묵탕을 끓여보세요. 어묵보다 뜨끈한 국물 맛이 더 좋답니다.

 25분   3~4인분

주재료 꼬치어묵 3~4꼬치

부재료 대파 1/3대

국물 재료 물 12컵, 국물용 멸치 20마리, 마른 새우 1/2컵, 다시마(10×10cm) 1장

양념 재료 청주 0.5, 국간장이나 까나리액젓 2, 다진 마늘 0.5, 소금 0.3, 후춧가루 0.3

성실 주부가 귀띔하는 맛내기 비법

칼칼하면서 개운한 국물 맛을 내고 싶다면 마른 고추와 통후추 몇 알을 같이 넣고 끓여보세요. 훨씬 더 맛있는 어묵 국물을 만들 수 있어요. 국물 맛을 간단하게 내고 싶다면 일본 조미료인 혼다시라는 재료를 조금 넣어보세요.

깨끗하게 걸러내고 싶다면 면보 에 받쳐서 걸러 줍니다

1 물 12컵에 국물용 멸치 20마리, 마른 새우 1/2컵, 다시마 1장을 넣고 끓기 시작하면 다시마는 건져내고 멸치와 새우는 12~15분 정도 더 끓이고,

2 국물이 진하게 우러나면 단물이 다 빠진 멸치와 새우는 체로 건져내고 새우와 멸치의 비린 맛이 날아가도록 청주 0.5를 넣고 끓이다가 어묵을 넣고,

3 국간장 2를 넣고 어묵이 완전히 익어 불기 시작할 때까지 팔팔 끓이다가,

4 다진 마늘 0.5, 소금 0.3, 후춧가루 0.3, 어슷하게 썬 대파를 넣고 한소끔 더 끓이면 끝.

한국인이라면 모두 좋아하는
한국식 해물짬뽕

짬뽕은 중국에서 온
음식인 줄 알았는데 원조는 일본에
거주하던 중국 화교들이라고 하지요.
일본의 나가사키라는 곳에서
음식점을 하던 한 화교가
가난한 중국 유학생을 위해
자투리 채소로 탄생시킨 음식이래요.
늘 부엌을 요리 과학실로 생각하는 제가
이번에는 짬뽕을
한국식으로 바꿔보았어요.
새우와 홍합, 갖가지 채소를 넣고
된장, 고추장으로 맛을 낸
푸짐한 해물짬봉 함께 맛봐요.

 30분 · 3~4인분

주재료 새우(중하) 6마리, 홍합살 2줌, 애호박 1/3개, 양파(중간 것) 1/2개
부재료 대파 1/3대, 청경채 2줌
국물 재료 물 7컵, 국물용 멸치 15마리
양념 재료 된장 1.5, 고추장 0.5, 고춧가루 2, 굴소스 0.5, 다진 마늘 0.5

> 멸치 육수가 5컵 반 정도 나오게 끓이면 돼요

1 물 7컵과 손질한 국물용 멸치 15마리를 팔팔 끓여 진한 국물을 내고,

2 멸치 육수에 된장 1.5를 풀고,

3 새우 6마리는 씻어 수염 부분만 다듬고 홍합살 2줌은 씻고 애호박 1/3개와 양파 1/2개는 썰고 대파 1/3대는 어슷하게 썰고 청경채 2줌은 한 장 한 장 떼고,

> 굴소스 대신 멸치액젓이나 까나리액젓, 참치액젓을 대신 넣어도 좋아요

4 고추장 0.5, 고춧가루 2, 굴소스 0.5, 다진 마늘 0.5를 한데 섞어 양념을 만들고,

5 국물에 양념장을 풀어 팔팔 끓이다가 새우와 홍합살, 애호박, 양파를 넣어 끓이고,

6 해물의 진한 맛이 국물에 우러나오고 채소도 푹 익으면 청경채와 대파를 넣고 한소끔 더 끓이면 끝.

성실 주부가 귀띔하는 맛내기 비법

짬뽕에는 오징어, 조개, 관자, 꽃게 등의 해물을 넣어도 좋아요. 모든 해물은 처음부터 넣고 끓이면 질겨지기 때문에 국물이 끓은 다음 나중에 넣어야 합니다.

찌개

된장찌개

완벽 마스터해야 주부 명함 달아주는

늘 먹어도 먹어도 물리지 않는 대한민국 대표 찌개는 바로 된장찌개죠.
맛있게 끓이는 법을 제대로 배워두면 평생 든든하지요.
구수한 멸치 육수만 있으면 오케이~. 깊은 맛은 된장이 좌우합니다.

 25분   2~3인분

주재료 마른 표고버섯 2개, 양파 1줌, 애호박 1줌, 두부 1줌
부재료 팽이버섯 1봉지, 청양고추 1개, 대파 약간
국물 재료 물이나 쌀뜨물 3+1/2컵, 국물용 멸치 12마리
양념 재료 된장 2, 고춧가루 약간

마른 표고버섯은 물에 미리 불리세요

1 물 3+1/2컵에 손질한 국물용 멸치 12마리를 넣고 끓기 시작해서 10~15분이 지나면 멸치는 건져 맑은 육수만 받아내고,

2 육수가 끓는 동안 물에 불린 표고버섯 2개, 양파 1줌, 애호박 1줌, 두부 1줌, 팽이버섯 1봉지, 청양고추 1개, 대파 약간을 먹기 좋은 크기로 썰고,

3 육수에 된장 2를 풀고 표고버섯, 양파, 애호박를 넣고 푹 끓이다가,

4 두부와 팽이버섯, 청양고추, 대파를 넣고 끓이다가 입맛에 따라 고춧가루를 솔솔 뿌리면 끝.

성실 주부가 귀띔하는 맛내기 비법

친정이나 시댁에서 가져다 먹는 집된장과 시판된장을 1:1로 섞어서 끓이면 약간 달큼하면서 감칠맛 나는 된장찌개를 끓일 수 있어요. 칼칼하게 먹고 싶다면 집에서 담근 된장에 미리 마른 고추나 고추씨를 박아두면 시원하고 깔끔한 된장을 먹을 수 있지요.

된장에 푹 빠진 꽃게

꽃게 된장찌개

어릴 적 엄마가 자주 해주시던 된장찌개예요.
구수한 된장찌개와 달리 꽃게에서는 어찌나 다디단 맛이 나던지….
꽃게 한 마리를 다 넣어도 되고요, 꽃게 다리만 모아서 파는 것을 넣어도 맛있어요.

 30분  3인분

주재료 꽃게 2마리, 무 2줌, 애호박 1줌

부재료 청양고추 1개, 홍고추 1/2개, 대파 1/3대

국물 재료 물 5컵, 국물용 멸치 15마리

양념 재료 된장 3.5, 고추장 0.5, 청주 1, 다진 마늘 0.5, 생강가루 0.2

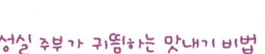
성실 주부가 귀띔하는 맛내기 비법

꽃게는 흐르는 물에 조리용 솔로 구석구석 잘 씻고, 가위로 다리 쪽 끝부분과 집게발, 꼬리 등을 다듬고 등딱지를 떼어낸 후 안쪽에 주름 모양처럼 생긴 아가미를 제거하여 먹기 좋은 크기로 2~4토막 내면 됩니다.

1 물 5컵에 국물용 멸치 15마리를 넣고 끓기 시작해서 15분 정도 지나면 멸치를 건져 맑은 육수만 받아내고,

중간에 거품을 말끔히 걷어내도록 하세요

2 육수에 나박썬 무 2줌과 애호박 1줌을 넣고 된장 3.5, 고추장 0.5를 풀어 넣어 팔팔 끓이다가,

3 끓으면 손질한 꽃게와 꽃게의 잡냄새를 없애는 청주 1을 넣어 푹 끓이고,

먹기 전에 고춧가루 1을 넣으면 더 얼큰해요

4 다진 마늘 0.5, 생강가루 0.2와 청양고추 1개, 홍고추 1/2개, 대파 1/3대를 어슷하게 썰어 넣고 한소끔 더 끓이면 끝.

찌개

육지와 바다 대표가 만났다
오징어 섞어찌개

음식궁합이 좋은 돼지고기와 오징어가 만난, 걸쭉하고 진한 맛의 섞어찌개랍니다.
찌개에 함께 넣고 끓이면 맛과 영양이 배가됩니다.
데친 우동을 넣고 끓여 먹어도 별미랍니다.

 25분　 2~3인분

주재료 오징어 1마리, 돼지고기 1줌, 두부 1/4모, 표고버섯 4개, 호박 1줌, 멸치다시마 육수 3컵

부재료 양파 1/4개, 대파 1/3대, 홍고추·청양고추 1개씩

오징어·돼지고기 양념 재료 고춧가루 1.5, 고추장 1, 국간장 1, 청주 1, 다진 마늘 1, 생강가루·후춧가루 약간씩

양념 재료 소금·후춧가루 적당량씩

성실 주부가 귀띔하는 맛내기 비법
피로회복에 좋은 타우린이 들어 있는 오징어와 우리 몸에 꼭 필요한 필수아미노산이 많이 들어 있는 돼지고기가 만나면 피로를 풀어주는 작용을 한답니다.

1 오징어 1마리와 돼지고기 1줌을 적당한 크기로 썰어 고춧가루 1.5, 고추장 1, 국간장 1, 청주 1, 다진 마늘 1, 생강가루와 후춧가루를 약간씩 한데 섞어 무치고,

2 두부 1/4모, 표고버섯 4개, 호박 1줌, 양파 1/4개는 먹기 좋은 크기로 썰고 대파 1/3대, 청양고추 1개, 홍고추 1개는 어슷하게 썰고,

3 냄비에 양념한 오징어, 돼지고기, 두부, 표고버섯, 호박, 양파를 넣은 후 미리 끓여놓은 멸치다시마 육수를 붓고 푹 끓이다가,

4 어느 정도 재료가 익으면 대파, 청양고추, 홍고추를 넣고 한소끔 더 끓이면 끝.

맛을 보아서 싱거우면 소금 간을 하세요

달콤하고 또 매콤한
참치 고추장찌개

남편이 매번 국물 한 방울 남김없이 바닥까지 싹싹 비우는 찌개랍니다.
채소와 참치가 어우러져 달착지근한 맛을 내요. 참치를 넣어 비릴 것 같지만
전혀 그렇지 않아요. 저를 믿고 도전해 보세요.

 25분   3인분

주재료 참치(통조림) 1통(150g), 두부 2줌, 감자(중간 것) 1개, 양파(중간 것) 1/2개, 대파 1/2대, 팽이버섯 1봉지, 어슷썬 청양고추 약간

국물 재료 물 5컵, 국물용 멸치 10마리

양념 재료 된장 2, 고추장 1, 다진 마늘 0.5

성실 주부가 귀띔하는 맛내기 비법

된장과 고추장의 비율은 입맛에 맞추면 돼요. 고추장의 양을 늘리고 된장의 양을 줄여 끓여도 맛있고요. 보통 토장국을 끓일 때도 된장만 넣지 않고 고추장을 함께 풀어 넣으면 한결 감칠맛이 난답니다. 쌈장이나 강된장을 끓일 때도 된장과 고추장은 늘 함께 해야 맛이 좋아진다는 사실!

된장의 간에 따라서 넣은 양을 조절하세요

1 물 5컵에 국물용 멸치 10마리를 넣고 끓이다가 국물이 우러나면 멸치는 건져내고,

2 육수를 우리는 동안 참치는 기름을 빼고 두부 2줌, 감자 1개, 양파 1/2개, 대파 1/2대는 먹기 좋은 크기로 썰고 팽이버섯 1봉지는 밑동을 잘라 준비하고,

3 멸치 육수에 된장 2, 고추장 1을 풀어 넣고 감자를 넣고 푹 익히다가 감자가 어느 정도 익으면 양파, 두부, 참치를 넣고 끓이다가,

4 대파, 다진 마늘 0.5, 팽이버섯을 넣고 어슷썬 청양고추를 약간 넣어 매콤한 맛을 내면 끝.

일 년 내내 즐기지만 겨울이 제철

해물 순두부찌개

날씨에 따라 유난히 구미가
당기는 음식이 있게 마련입니다.
뜨끈한 순두부찌개는 겨울이면
더욱 맛있는 것 같아요.
뜨거운 순두부를 호호 불며 먹으면
어느새 겨울감기가
저 멀리 도망가 버려요.
여기에 한참 맛이 오른 겨울 해산물을
듬뿍 넣고 바특하게 끓이면
보약이 따로 없지요.
새우, 오징어, 바지락, 생선살,
홍합살, 마른 해삼…
모두 잘 어울려요.

주재료 오징어 1/2마리, 새우(중하) 3마리, 신 김치 1/2컵, 순두부 1봉지
국물 재료 바지락 1봉지, 물 1+1/2컵
양념 재료 고추기름 2, 고춧가루 0.7, 새우젓 0.5, 다진 마늘 0.5, 어슷썬 대파 3, 소금·후춧가루 적당량씩

바지락 육수는 가만히 받아내고, 조갯살은 따로 발라놓으세요

1 1봉지 분량의 바지락은 해감을 토하게 한 후 물 1+1/2컵에 끓여 육수를 내고,

2 오징어 1/2마리는 물에 씻어 먹기 좋은 크기로 썰고 새우 3마리는 깨끗이 씻고 신 김치 1/2컵은 송송 썰고,

3 약하게 달군 뚝배기에 고추기름 2, 고춧가루 0.7을 넣고 신 김치를 넣어 타지 않게 달달 볶다가,

4 바지락 육수를 부어 끓이다가,

5 오징어, 새우를 넣고 순두부 1봉지는 숟가락으로 큼직큼직하게 떼어 넣고 새우젓 0.5를 넣어 팔팔 끓이다가,

나머지 간은 소금과 후춧가루로 하세요!

6 조갯살과 다진 마늘 0.5, 어슷썬 대파 3을 넣고 한소끔 끓이면 끝.

성실 주부가 귀띔하는 맛내기 비법

마른 홍합은 미지근한 물에 충분히 불려서 사용하세요. 처음 한두 번은 물에 씻어내고, 불린 물은 그대로 육수로 사용하세요. 마른 홍합은 홍합초라 해서 간장 양념에 조려 먹거나 미역국이나 일반 국을 끓일 때 넣어 먹어도 좋아요. 또한 분쇄기에 갈아서 천연 양념으로 사용하면 깊은 국물 맛을 낼 수 있어요.

덤 요리

연두부 해물탕 (3~4인분)

주재료 새우(중하) 4마리, 마른 홍합 1줌, 킹크랩 맛살 1줄, 표고버섯 2개, 새송이버섯 1개, 팽이버섯 1봉지, 연두부 1팩, 대파 1/3대, 홍고추 1/2개 **국물 재료** 국물용 멸치 12마리, 물 5컵 **양념 재료** 국간장 1, 다진 마늘 0.5, 꽃소금·후춧가루 적당량씩

만들기

분량의 물에 국물용 멸치를 넣고 바글바글 끓여 멸치 육수를 만들어요. 새우는 수염 부분을 다듬고, 마른 홍합은 물에 불리고, 킹크랩 맛살은 적당한 크기로 썰고, 버섯은 먹기 좋게 썰고, 대파와 홍고추는 어슷하게 썰어요. 멸치 육수에 새우, 홍합, 킹크랩 맛살과 팽이버섯을 제외한 나머지 버섯을 넣고 국간장 1, 다진 마늘 0.5를 넣고 끓이다가, 어느 정도 끓었다 싶으면 숟가락으로 연두부를 뚝뚝 떼어 넣고, 팽이버섯, 대파, 홍고추를 넣어 살짝 끓여요. 맛을 보아 꽃소금으로 간하고 마지막에 후춧가루를 솔솔 뿌리면 끝.

찌개

더운 여름을 시원하게 즐기는
버섯 육개장

끓이면 끓일수록 맛이 더욱
깊어지는 육개장.
한여름에 삼계탕과 함께 즐길 수 있는
누구나 좋아하는 보양식이죠.
우리집은 육개장에 버섯을 넉넉히 넣고
끓여 담백하게 먹어요.
기름진 고기 육개장보다
산뜻한 맛이 나거든요.
버섯의 씹는 맛도 일품이고요.
버섯은 제철인 가을에 대량으로
구입하여 식품건조기에 말려 두기도 하고
시골 친적분께 부탁하여 얻기도 해요.

주재료 쇠고기(국거리용) 200g, 애느타리버섯 2줌, 표고버섯(슬라이스) 2줌, 대파 2대, 삶은 고사리 1줌, 삶은 토란대 1줌, 삶은 숙주나물 1줌, 참기름 2, 물 14~16컵, 꽃소금 적당량
쇠고기 양념 재료 고춧가루 4, 국간장 4, 다진 마늘 2, 다진 생강 0.3, 물 5
나물 양념 재료 참치액 4, 후춧가루 약간

> 마트에서 파는 고사리나 토란대 삶은 것을 사용하면 간편해요

1 쇠고기 200g은 적당한 크기로 썰어 고춧가루 4, 국간장 4, 다진 마늘 2, 다진 생강 0.3, 물 5로 무치고 애느타리버섯 2줌은 한입 크기로 찢고 표고버섯 2줌은 물에 불리고 대파 2대는 길쭉하게 썰고,

2 고사리 1줌과 토란대 1줌, 숙주나물 1줌은 끓는 물에 소금을 넣고 데쳐서 물기를 꼭 짜고,

> 미리 나물에 양념을 해서 끓이면 더욱 맛이 깊어진답니다

3 참치액 4, 후춧가루 약간을 나물들에 넣어 조물조물 무치고,

4 냄비를 약한 불로 달궈 참기름 2를 두르고 쇠고기를 넣어 타지 않게 달달 볶다가,

5 물을 붓고 강한 불이나 중간 불로 조절해가며 고기 맛이 우러나도록 뚜껑을 덮고 푹 끓이다가,

> 취향에 따라 먹기 직전에 달걀 푼 것을 줄알쳐서 먹거나, 팽이버섯을 넣어 드세요

6 고기 맛이 충분히 우러나면 애느타리버섯과 표고버섯, 대파, 양념한 나물을 넣고 한소끔 끓여 꽃소금으로 간하면 끝.

성실 주부가 귀띔하는 맛내기 비법

보통 국이나 찌개를 끓일 때 간은 국간장으로 많이들 하시죠? 육수 맛이 풍부하고 좋으면 상관없지만 사실 일반 국을 끓일 때 맛을 내기란 쉽지 않아요. 그래서 보통 주부님들이 조미료 맛에 많이 의존하시더군요. 저는 국이나 찌개에 국간장 대신 참치액을 넣어 감칠맛을 살려요. 참치액은 가격이 조금 비싸지만 훌륭한 맛으로 보답해서 그 몫을 톡톡히 한답니다.

초간단 후다닥 찌개

순두부 바지락찜 찌개

우리집 순두부 바지락찜 찌개는 물을 넣지 않아도
순두부와 바지락에서 달고 고소한 물이 나와 금세 찌개 한 뚝배기가 만들어지죠.
바지락 맛이 배어 있는 순두부를 밥에 넣고 쓱싹쓱싹 비벼 먹는 맛은 환상적이랍니다.

 15분    2인분

주재료 바지락 1봉지, 소금 약간, 순두부 1봉지, 대파 1/3대, 통깨 약간
양념 재료 간장 2, 고춧가루 1, 새우젓 0.5, 맛술 1, 다진 마늘 0.5, 참기름 0.5

1 1봉지 분량의 바지락은 소금물에 담가 해감을 토하게 하고 간장 2, 고춧가루 1, 새우젓 0.5, 맛술 1, 다진 마늘 0.5, 참기름 0.5는 분량대로 한데 섞고,

2 뚝배기에 바지락과 순두부 1봉지를 넣고 뚜껑을 덮은 후 중간 불로 푹 익히다가 뚜껑이 들썩이거나 국물이 넘치기 시작하면 재빨리 뚜껑을 열어 끓이다가,

3 바지락이 완전히 입을 벌리면 양념장을 붓고 한소끔 더 끓여,

4 송송 썬 대파와 통깨를 솔솔 뿌리면 끝.

성실 주부가 귀띔하는 맛내기 비법

바지락은 필수아미노산이 아주 풍부해요. 필수아미노산은 체내에서 만들어지지 않거나 만들어지더라도 소량만 만들어지므로 반드시 음식을 통해서 섭취해야 하거든요. 값싸고 영양 많은 바지락이 아주 제격이겠지요? 바지락은 그냥 물에 소금 간만 살짝 해서 맑게 끓여도 맛있고, 된장을 풀어서 끓여도 좋아요.

1천 원 한 장으로 끓이는

애호박 새우젓찌개

호박과 두부, 만만한 재료로 끓이는 찌개예요.
1천 원도 안 되는 재료로 끓이는 맛있는 찌개지요.
국물 맛을 확 잡아주는 건 새우젓이랍니다.

 15분　 2인분

주재료 애호박 1/2개, 두부(큰 것) 1/4모, 청양고추 1개

국물 재료 멸치 육수나 물 1컵

양념 재료 새우젓 1, 다진 파 2, 다진 마늘 0.5, 후춧가루 적당량

 성실 주부가 귀띔하는 맛내기 비법

애호박은 크기에 비해 묵직하고 꼭지가 싱싱하고 색이 선명한 것이 신선한 거예요. 1개를 구입하면 대개 절반 정도만 사용하게 되죠. 이때 칼에 잘린 단면은 수분이 증발되어 마르기 시작하니까 랩으로 꽁꽁 싸서 밀폐용기에 담아 냉장실에 보관하면 된답니다.

새우 살이나 조갯살을 함께 넣고 끓이면 더욱 맛있어요

1 애호박 1/2개는 반달썰기하고 두부 1/4모는 호박만한 크기로 썰고,

2 새우젓 1, 다진 파 2, 다진 마늘 0.5, 후춧가루 적당량을 한데 섞어 양념장을 만들어,

3 뚝배기에 두부와 애호박, 양념장을 넣은 후 멸치 육수 1컵을 붓고 끓여,

4 어느 정도 끓으면 송송 썬 청양고추 1개분을 넣고 소금 간하면 끝.

담백하고 깊은 국물 맛이 일품

애느타리버섯찌개

버섯은 다른 식재료와 잘 어울리며
담백한 맛을 내는 일등공신이지요.
우리집에서는 애느타리버섯에
고추장과 고춧가루로 감칠맛을 낸
애느타리버섯을 밥상에 즐겨 올린답니다.
된장찌개나 김치찌개에 물렸을 때
색다른 맛이 날 뿐만 아니라,
값도 저렴하여 장바구니에도
햇살을 주는 찌개예요.
애느타리버섯은 이름만 들으면
어린 느타리버섯 같지만, 그렇지 않아요.
느타리버섯보다 빛깔이 짙고 맛이
더 좋거든요. 콜레스테롤을 낮추고
비타민과 무기질이 풍부하답니다.

 25분 2인분

주재료 애느타리버섯 1팩(200g), 두부(큰 것) 1/4모, 양파(중간 것) 1/2개, 어슷썬 대파나 쪽파 1줌
국물 재료 물 5컵, 다시마(10×10cm) 1장, 국물용 멸치 12마리
양념 재료 고추장 1, 고춧가루 1, 다진 마늘 0.5, 국간장 1, 소금 0.3

4컵 정도의 멸치다시마 육수가 나와요

1 물 5컵에 다시마 1장과 국물용 멸치 12마리를 넣고 팔팔 끓이다가 다시마는 끓기 시작하면 건져내고 멸치는 10~15분 정도 더 끓여 멸치다시마 육수를 만들고,

2 고추장 1, 고춧가루 1, 다진 마늘 0.5, 국간장 1, 소금 0.3을 한데 섞어 양념장을 만들고,

3 애느타리버섯 1팩은 밑동의 단단한 부분은 잘라내고 가닥가닥 먹기 좋게 찢고 두부는 1/4모는 깍둑썰고 양파 1/2개도 두부와 같은 모양으로 썰고,

4 진한 멸치다시마 육수에 양념장을 풀고 양파를 넣어 팔팔 끓이다가,

5 국물이 충분히 끓으면 애느타리버섯을 넣어 끓이다 이어서 두부를 넣고,

6 마지막으로 대파 1줌을 넣고 맛을 보아 소금으로 간하면 끝.

 성실 주부가 귀띔하는 맛내기 비법

애느타리버섯은 쉽게 생각할 수 있는 어린 느타리버섯이 아니라 다른 버섯이에요. 느타리버섯에 비해 빛깔이 더 진하고 맛도 좋고 비타민과 무기질이 풍부하며 콜레스테롤의 수치를 낮추는 작용도 합니다. 전골이나 찌개, 볶음, 나물, 전이나 튀김, 구이 등으로 다양하게 요리해 먹을 수 있어요.

전골

맛은 그대로, 절반 값에 즐기는
우리집 샤브샤브

오랜만에 식구들과 외식을 나갔다가 너무나 비싼 가격에 화들짝 놀란, 아픈 기억이 있는 샤브샤브.
집에서 싸고 푸짐하게 즐겨보세요. 갖가지 채소, 버섯, 육류를 밑손질하여 육수에 살포시 담가 익혀 먹는 별미이지요.
너더댓 사람이 모이는 집들이나 손님상에서 오붓하게 먹을 수 있는 음식이랍니다.

주재료 쇠고기(샤브샤브용) 200g, 표고버섯·느타리버섯·팽이버섯·두부·호박·당근·청경채나 시금치·미나리 적당량씩, 칼국수 면 1줌

국물 재료 물 5컵, 국물용 멸치 10마리, 가다랑어포 1줌, 다시마 1/2장, 간장 1, 맛술 1, 소금 0.3

폰즈 소스 재료 간장 2, 식초 1, 레몬즙 1, 맛술 1, 육수 2, 설탕 0.5, 다진 양파 1

참깨 소스 재료 참깨 1, 땅콩 버터 0.5, 육수 2, 간장 1, 식초 1, 맛술 0.5, 설탕 0.3, 연겨자 약간

죽 재료 칼국수 면 1줌, 밥 2/3공기, 달걀 1개, 다진 당근·미나리·양파·실파 약간씩

40분 / 2인분

> 가다랑어포가 없다면 넣지 않아도 되고 혼다시라는 조미료를 넣어도 돼요

> 참깨 소스는 믹서기에 갈면 돼요!

1 물 5컵에 국물용 멸치 10마리를 넣고 끓으면 불을 끄고 가다랑어포 1줌과 다시마 1/2장, 간장 1, 맛술 1, 소금 0.3을 넣고 충분히 우러나면 맑은 육수만 따로 받고,

2 모든 재료를 먹기 좋은 크기로 썰어 쇠고기와 함께 접시에 예쁘게 펼쳐 담고 칼국수 면과 죽 재료도 함께 준비하고,

3 분량의 소스 재료를 한데 섞어 폰즈 소스와 참깨 소스를 만들고,

4 육수를 끓여 고기와 채소들을 넣어 살짝 익혀 소스에 찍어서 먹고,

5 남은 육수에 칼국수 면을 넣고 삶아 먹고,

6 밥과 다진 채소, 달걀을 넣고 부드러운 죽을 끓여 먹으면 끝.

성실 주부가 귀뜸하는 맛내기 비법

샤브샤브의 맛은 육수와 소스가 좌우한다고 할 수 있죠. 샤브샤브 육수는 제가 소개한 레시피 대신 멸치다시마 육수로 끓여도 맛있어요. 우리집에서 즐겨 먹는 소스는 두 가지. 남편이 좋아하는 깔끔한 맛의 '폰즈 소스'와 아이들이 좋아하는 고소한 '참깨 소스'랍니다.

즉석에서 푸짐하게 즐기는

국수 만두전골

찬바람 살살 불면 뜨거운 국물 요리가 생각나죠.
만두전골에 양념한 쇠고기, 칼국수 면, 좋아하는 호박, 버섯, 양파 등의 채소를 넣어 보글보글 끓입니다.
맵지 않아서 쌍둥이들도 잘 먹어요.

주재료 쇠고기(불고깃감) 1줌, 양송이버섯 5개, 느타리버섯 2줌, 팽이버섯 1봉지, 호박 1줌, 양파 1/4개, 두부 1/4모, 칼국수 면 2줌, 왕만두 4개
국물 재료 물 5컵, 국물용 멸치 15마리, 다시마(10×10cm) 1장
양념 재료 국간장 2, 청양고추 1개, 홍고추 1개, 대파 1/3대, 다진 마늘 0.5, 소금·후춧가루 적당량씩
쇠고기 양념 재료 간장 1, 다진 마늘 1, 다진 파 1, 설탕 0.3, 참기름 0.3, 맛술 1, 생강가루·후춧가루 적당량씩

40분 4인분

1 물 5컵에 국물용 멸치 15마리, 다시마 1장을 넣고 끓여 육수를 만들고,

2 쇠고기 1줌은 간장 1, 다진 마늘 1, 다진 파 1, 설탕 0.3, 참기름 0.3, 맛술 1, 생강가루와 후춧가루를 적당히 넣어 조물조물 무쳐 간이 배도록 재워놓고,

3 양송이버섯 5개, 느타리버섯 2줌, 팽이버섯 1봉지, 호박 1줌, 양파 1/4개, 두부 1/4모는 먹기 좋은 크기로 썰어 준비하고,

4 전골냄비에 준비한 재료들을 빙 둘러 담고 가운데에 양념한 불고기를 먹음직스럽게 담고,

5 냄비에 멸치다시마 육수 4컵을 붓고 국간장 2를 넣어 간하고,

6 보글보글 끓기 시작하면 왕만두를 넣어 끓이다가 살짝 데친 칼국수 면을 넣어 끓여 먹고 어슷하게 썬 청양고추 1개, 홍고추 1개, 대파 1/3대와 다진 마늘 0.5를 넣고 맛을 보아 나머지 간은 소금과 후춧가루로 하면 끝.

칼칼하고 매운 맛을 원한다면 고춧가루를 넣고 끓여도 좋아요

성실 주부가 귀띔하는 맛내기 비법

국수전골 안에 들어가는 칼국수 면은 일단 끓는 물에 70% 정도 익힌 다음 전골냄비에서 다시 살짝 끓여 먹어야 맛있어요. 처음부터 전골에 국수를 넣고 끓이면 국물이 탁해지고, 텁텁한 맛이 나거든요.

Breakfast
Lunch
Dinner

문성실의 집밥 먹고 살기 프로젝트

Part 3

입맛대로 골라 먹는
건강 반찬

오늘은 무슨 반찬해 먹지? 아침상 치우면서 저녁 반찬 걱정으로 하루를 시작하지요. 하루하루 식재료 값은 오르고, 365일 매일 똑같은 반찬 내려니 가족들에게 미안해질 때, 저의 건강 반찬을 슬쩍 카피해 보세요. 한식의 메인인 밥과 궁합 맞는 반찬들이 가득하니까요.

반찬

다른 반찬이 필요 없는
돼지고기 김치말이찜

아직도 돼지고기는 구워서 드시나요?
한국인이 사랑하는 돼지고기와 김치를 이용해 멋진 음식을 만들어 보았어요.
돼지고기를 신 김치에 돌돌 말아 푹 찐 김치말이찜은 손님상에 내놓아도 손색이 없답니다.

 60분   2인분

주재료 돼지고기(삼겹살) 4줄(200g), 신 김치 1포기

돼지고기 밑간 재료 청주 2, 맛술 2, 후춧가루·생강가루 약간씩

국물 재료 물 4컵, 국물용 멸치 12마리, 다시마(10×10cm) 1장

 성실 주부가 귀띔하는 맛내기 비법

적당히 신 김치를 사용하되 되도록 푹 익은 김치로 만들어야 맛이 좋아요. 혹 김치가 너무 시었다면 설탕을 약간 넣어보세요. 한결 신맛이 덜해진답니다. 육수는 멸치다시마 육수도 좋고, 사골 국물을 반반 섞어서 끓여도 아주 깊은 맛이 나요. 또 김치를 끓이다 보면 짤질 수 있으니, 속을 대충 털어내고 요리하세요. 그래야 깔끔하면서 삼삼하게 먹을 수 있어요.

김치가 너무 시면 설탕을 약간 넣으세요

1 물 4컵에 국물용 멸치 12마리와 다시마 1장을 넣고 끓여 멸치다시마 육수를 만들고,

2 삼겹살 4줄은 반으로 썰어서 밑간 재료인 청주 2, 맛술 2, 후춧가루와 생강가루를 약간 넣어 조물조물 무치고 신 김치는 소를 털어내고,

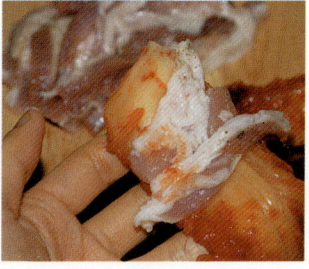

3 김치의 넓은 잎 안쪽에 삼겹살을 올리고 돌돌 말아 냄비에 깔고,

4 미리 만들어둔 멸치다시마 육수를 붓고 뚜껑을 덮고 중간 불로 40~50분간 무르게 푹 익히면 끝.

감자의 맛있는 재발견

감자조림

저희 집에서는 하지 감자가 많이 나올 때 해먹는 별식인데요,
제철인 감자는 값도 싸고 녹말도 많아 참 맛이 있어요.
포근포근한 감자를 촉촉하게 조리면 스르르 녹는 맛에 맨입에 한 접시 뚝딱 비우게 돼요.

주재료 감자(중간 것) 3개, 양파 1/2개, 대파 1/4대, 홍고추 1개, 올리브오일 약간

양념 재료 간장 4, 맛술 1, 설탕 0.5, 물엿 1, 다진 마늘 0.5, 다시마 육수나 물 1컵, 참기름 1, 통깨 0.5, 후춧가루 적당량

성실 주부가 귀띔하는 맛내기 비법

감자를 실온에 오래 두면 싹이 나거나 파랗게 변해버리기 일쑤죠. 감자는 적은 양씩 구입해 바로 먹거나 냉장고에 보관하면 좋지만, 박스째 많은 양을 구입했을 때는 구멍이 숭숭 난 소쿠리나 골판지 박스 입구를 열어 공기가 잘 통하고 서늘하게 보관해야 해요. 싹이 났을 경우에는 싹이 난 부분을 깨끗이 도려내고 사용하세요.

1 감자 3개는 먹기 좋은 크기로 썰어 찬물에 담가 녹말기를 빼고 양파 1/2개도 감자 크기로 썰고 대파 1/4대와 홍고추 1개는 어슷하게 썰고,

2 달군 팬에 올리브오일을 두르고 감자를 넣어 반 정도 익을 때까지 골고루 볶다가,

3 이어서 양파를 넣고 간장 4, 맛술 1, 설탕 0.5, 물엿 1, 다진 마늘 0.5, 다시마 육수 1컵을 부어 바글바글 끓이다가,

4 감자가 자작하게 졸면 대파와 홍고추를 넣고 참기름 1, 통깨 0.5, 후춧가루를 솔솔 뿌리고 살짝 조리면 끝.

우리집 상비 음식

고등어통조림 김치찜

갑자기 반찬거리 없을 때를 대비하여 늘 떨어지지 않게 챙겨두는 통조림 있으세요?
저는 고등어나 꽁치 통조림을 장만해 두었다가 이따금씩 김치찜을 만들어 먹어요.
고등어나 꽁치 통조림으로 요리를 하면 비린 맛도 덜하고, 간편해서 품도 덜 수 있어요.

반찬

 40분  3~4인분

주재료 고등어(통조림) 1통, 신 김치 1포기, 물 2컵
국물 재료 양파 1/2개, 대파 1/2대, 청양고추 1개, 홍고추 1/2개
양념 재료 맛술 3, 다진 마늘 0.5, 고춧가루 0.5, 설탕 약간

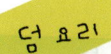 덤 요리

고등어 김치찜 (3~4인분)

주재료 고등어(중간 것) 1마리, 김치 1포기, 대파 1/3대, 청양고추 1, 홍고추 1/2개, 멸치다시마 육수 2+1/2컵
고등어 밑간 재료 청주 2
양념 재료 맛술 2, 다진 마늘 0.5

만들기
고등어는 먹기 좋은 크기로 토막을 내서 청주를 뿌려 살짝 재우고, 김치는 소를 털어내고 밑동 부분만 잘라내어 김치에 고등어를 올려놓고 돌돌 말아요. 냄비에 고등어 김치를 깔고 멸치다시마 육수를 넣어 푹 끓이는데, 처음에는 뚜껑을 열고 강한 불로 끓이다가 어느 정도 익으면 뚜껑을 덮고 중간 불로 무르게 푹 익혀요. 그런 다음 맛술과 다진 마늘을 넣어 한 번 더 푹 익히고 청양고추와 홍고추, 대파를 넣고 한 번 더 끓이면 끝.

1 신 김치 1포기는 먹기 좋은 크기로 썰어 고등어 통조림 국물(1통분)을 부어 준비하고,

2 냄비를 살짝 달군 후 신 김치를 넣고 달달 볶아 부드럽게 하고,

3 김치가 투명하게 볶아지면 고등어를 위에 얹은 다음 물 2컵을 붓고 맛술 3, 다진 마늘 0.5을 넣은 다음 뚜껑을 덮고 무르게 푹 익히고,

4 익으면 양파 1/2개, 대파 1/2대, 청양고추 1개, 홍고추 1/2개를 채썰어 넣고 식성에 따라 고춧가루 0.5와 설탕을 약간 넣고 한소끔 더 끓이면 끝.

성실 주부가 귀띔하는 맛내기 비법

고등어의 비린 맛을 없애는 방법을 알려 드릴게요. 우선 고등어는 잘 씻어야 해요. 핏물 없이 깨끗이 씻는 것이 첫 번째 포인트! 씻은 후에 레몬즙을 뿌리면 살도 단단해지고, 비린 맛도 사라진답니다. 또 생강즙이나 청주 등을 뿌려두어도 좋고요. 쌀뜨물이나 녹차 우린 물에 잠시 담가두는 것도 도움이 됩니다. 구이를 할 경우 카레가루를 살짝 묻혀서 구우면 좋고, 조림을 할 때 감자를 넣으면 감자가 고등어의 비린 맛을 흡수해 담백한 맛을 내며, 무와 함께 조리하면 생선의 산성을 중화시키는 역할을 한답니다.

고구마보다 더 맛있는

고구마순볶음

달콤한 고구마를 캐기 전에 맛볼 수 있는 풍성한 고구마순.
쫄깃쫄깃, 야들야들한 고구마순볶음의 특별한 맛! 아마도 모르실걸요.
고구마보다 더~ 맛있거든요.

반찬

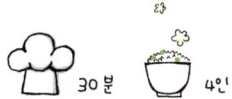

주재료 고구마순 5줌(삶은 것 4줌)
부재료 실파 5뿌리, 올리브오일 적당량
양념 재료 다진 마늘 1, 다진 생강 0.3, 국간장 2, 참치액 1, 설탕 0.5, 들깻가루 1, 멸치 육수 1/3컵, 참기름 0.5, 소금·후춧가루 적당량씩

1 고구마순 5줌은 소금물에 담갔다가 얇은 껍질을 벗기고,

2 5~6cm 길이로 잘라 끓는 소금물에 5~6분간 데쳐 찬물에 헹궈 물기를 짜서 준비하고,

3 달군 팬에 올리브오일을 넉넉히 두르고 다진 마늘 1, 다진 생강 0.3을 넣어 약한 불로 볶아 향을 내고,

4 삶아놓은 고구마순을 넣고 국간장 2, 참치액 1, 설탕 0.5를 넣고 강한 불이나 중간 불로 달달 볶다가,

5 송송 썬 실파 5뿌리분, 들깻가루 1, 멸치 육수 1/3컵을 넣고,

6 뚜껑을 덮고 무르게 푹 익혀 원하는 질감으로 익으면 참기름 0.5를 둘러 향을 내고 맛을 보아 나머지 간은 소금과 후춧가루로 하면 끝.

성실 주부가 귀띔하는 맛내기 비법

생고구마순을 다듬을 때는 잎이 달린 쪽부터 줄기를 꺾어 붉은빛의 껍질을 벗기고 또 중간 부분의 줄기를 꺾어 벗겨내면 돼요. 끓는 물에 소금을 약간 넣고 살짝 데친 후 찬물에 여러 번 헹궈서 물기를 짜면 돼요.

고기 맛 나는 채소 반찬

고사리나물

어려서는 그 맛을 잘 몰랐는데 커서 먹는 고사리나물은
고기 맛이 나는 것이 산에서 나는 고기 같아요. 명절이나 정월대보름에 빠지지 않는
고사리나물, 맛있게 만드는 방법을 알려 드릴게요.

 20분   4인분

주재료 고사리 3줌(300g), 들기름 1

양념 재료 국간장 2, 다진 마늘 1, 다진 생강 0.2, 다진 파 3, 맛술 2, 설탕 0.3, 멸치 육수 1/4컵, 통깨·참기름·소금·후춧가루 0.5씩

 성실 주부가 귀뜸놓는 맛내기 비법

고사리는 들기름에 달달 볶은 다음 육수를 넣고 뚜껑을 덮어 무르게 익혀야 부드럽고 맛있게 볶아져요. 그렇다고 너무 푹 익히면 죽처럼 되기도 쉬우니 불 조절에 신경 쓰세요.

1 고사리 3줌은 5~6cm 길이로 잘라 끓는 물에 살짝 데쳐 찬물에 헹궈서 물기를 살짝 짜고,

2 국간장 2, 다진 마늘 1, 다진 생강 0.2, 다진 파 3, 맛술 2, 설탕 0.3을 넣고 조물조물 무쳐,

3 달군 팬에 들기름 1을 두르고 고사리를 넣어 달달 볶다가,

4 멸치 육수 1/4컵을 부은 후 뚜껑을 덮고 익혀 고사리 줄기가 부드러워지면 통깨와 참기름을 둘러 향을 내고 맛을 보아 소금과 후춧가루로 간하면 끝.

성실네의 전통이 깃든 명품 반찬

고추볶음

친정 엄마가 알려준 고추볶음. 친정 엄마 역시 외할머니에게 배우신 요리래요. 들기름을 넣어 볶아야 제 맛이 나는 고추볶음은 밥에 비벼 먹기도 하고, 칼국수나 수제비에 넣고 풀어서 개운한 맛을 내기도 하지요. 또 쌈 싸 먹을 때 기본 소스로도 활약한답니다.

 20분 4인분

주재료 풋고추 20개, 홍고추 1개

양념 재료 들기름 4, 다진 마늘 1, 국간장 4, 맛술 2, 쇠고기맛 조미료 약간

 성실 주부가 귀띔하는 맛내기 비법

칼칼한 맛을 즐긴다면 청양고추 2~3개를 다져 넣으면 돼요. 고추볶음은 한꺼번에 만들어두고 냉장 보관했다가 조금씩 꺼내 먹으면 음식 맛도 살리고 번거로움도 덜 수 있어요. 뜨거운 밥에 고추볶음만 올려 먹어도 맛있답니다.

1 풋고추 20개와 홍고추 1개는 물에 잘 씻고,

2 커터기를 이용하여 거칠게 갈거나 칼로 굵직굵직하게 다져,

3 달군 팬에 들기름 4를 두르고 다진 고추를 넣고 달달 볶다가 다진 마늘 1, 국간장 4, 맛술 2, 쇠고기맛 조미료를 약간 넣고 살짝 볶으면 끝.

반찬

만만한 두부의 화끈한 변신
두부 고추장조림

가장 만만한 반찬인 두부조림.
간장 대신 고추장과 멸치 육수로 자작하게 조리면 다른 반찬이 필요 없어요.
두부는 따끈하게 조려 바로 먹어야 맛있으니 조금 부지런 떨어 즉석에서 만들어 드세요.

 20분   2~3인분

주재료 두부 2/3모(400g), 올리브오일 적당량, 양파 1/2개, 대파 1/2대
양념 재료 고추장 2, 간장이나 참치액 2, 물엿 2, 맛술 2, 다진 마늘 0.5, 생강가루 약간, 멸치 육수 1컵, 참기름 0.5, 통깨 0.5

1 두부 2/3모는 먹기 좋은 크기로 도톰하게 썰어 달군 팬에 올리브오일을 두른 후 앞뒤로 노릇노릇하게 지지고,

2 양파 1/2개는 채썰고 대파 1/2대는 어슷하게 썰고 고추장 2, 간장 2, 물엿 2, 맛술 2, 다진 마늘 0.5, 생강가루를 약간 넣어 양념장을 만들고,

3 냄비에 지진 두부와 채썬 양파를 담고 양념장을 골고루 끼얹고 멸치 육수 1컵을 부어 바글바글 끓이다가,

4 국물이 자작하게 졸면 대파, 참기름 0.5, 통깨 0.5를 넣으면 끝.

국물과 함께 떠먹는 두부조림이니 너무 바특하게 조리지마세요

성실 주부가 귀띔하는 맛내기 비법
우리집표 두부조림은 멸치 육수와 고추장으로 맛을 내고 국물을 자작하게 조리지요. 두부조림과 국물을 함께 떠 먹는 맛이 일품이랍니다. 간장 대신 참치액을 넣으면 개운하고 감칠맛이 나요.

참치와 김치가 활약한 사랑말이

김치참치 달걀말이

김치와 참치를 넣고 돌돌 만 달걀말이는 모양도 예쁘지만 맛도 아주 훌륭해요.
사계절 내내 저렴하게 즐길 수 있어 고맙고요.
돌돌 사랑을 말듯 말아보세요. 남편과 아이들의 행복한 미소를 떠올리면서….

 20분   2인분

주재료 송송 썬 배추김치 1컵, 참치(통조림) 1/3통, 올리브오일 적당량, 김 1장, 맛살 1줄, 달걀 3개, 소금 적당량

양념 재료 설탕 0.3, 참기름 0.5, 깨소금 0.3

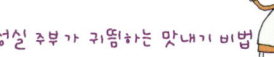

달걀말이를 할 때는 팬에 기름을 조금만 둘러주세요. 혹 많이 둘렀다면, 키친타월로 닦아내세요. 그리고 달걀물은 한꺼번에 붓지 말고 조금씩 부어가면서 말아주세요. 윗면이 반쯤 익었을 때 말고, 달걀물을 부어 다시 말기를 반복하면 됩니다. 나중에 김발 등을 이용해서 모양을 다시 잡기도 해요.

1 달군 팬에 올리브오일을 살짝 두르고 송송 썬 배추김치 1컵과 기름기를 쏙 뺀 참치 1/3통분을 넣고 설탕 0.3, 참기름 0.5, 깨소금 0.3을 넣어 달달 볶아,

2 김 위에 볶은 김치와 맛살 1줄을 올려 돌돌 말고,

3 달걀 3개에 소금을 적당히 넣고 잘 풀어 달군 팬에 2/3 정도의 양만 넣고 달걀지단을 부치고 달걀이 반쯤 익으면 말아놓은 김을 올려 돌돌 말고,

4 나머지 달걀물을 넣어 모양을 만들고 달걀말이를 말아 충분히 식힌 후에 썰면 끝.

반찬

집에서 맛보는 별미
깐소두부

값싸고 흔한 두부를 고급스럽게 먹을 수 있는 요리지요.
두부와 고추, 두반장이 주인공인 요리예요. 늘 담백하게 먹던 두부 반찬이 두반장과 고추장을 만나 업그레이드된 맛을 냅니다. 손님상에 올리면 칭찬받는 메뉴랍니다.

 30분  2인분

주재료 두부 1/4모, 청양고추 1개, 홍고추 1/2개, 마늘 3쪽, 녹말가루 적당량, 올리브오일 적당량, 다진 파 2
소스 재료 케첩 2, 두반장 1.5, 물엿 2, 맛술 2, 식초 1
양념 재료 소금·후춧가루 적당량씩

1 두부 1/4모는 깍둑썰기하여 물기를 빼고 청양고추 1개와 홍고추 1/2개는 잘게 썰고 마늘 3쪽은 편으로 썰고 케첩 2, 두반장 1.5, 물엿 2, 맛술 2, 식초 1을 섞어 소스를 만들고,

2 두부는 비닐봉지 안에 녹말가루와 함께 넣고 골고루 흔들어 녹말옷을 입히고,

3 달군 팬에 올리브오일을 넉넉히 두른 다음 두부를 넣어 노릇하게 지져 기름기를 빼고,

4 달군 팬에 올리브오일을 살짝 두르고 다진 파 2와 편으로 썬 마늘을 넣고 중간 불로 향이 나도록 볶다가,

5 팬에 소스를 넣어 나무주걱으로 저어가며 보글보글 끓여,

6 두부, 청양고추, 홍고추를 넣어 소스에 골고루 버무린 다음 소금과 후춧가루로 간하면 끝.

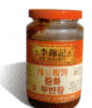 성실 주부가 귀뜸놓는 맛내기 비법

두반장이 없다면 고추장과 간장을 반반 섞어 넣어도 돼요. 두반장도 하나쯤 구입하면 돼지고기 양념할 때나 마파두부, 얼큰한 짬뽕 같은 음식을 만들 수 있어요.

Part 3 반찬

중독성을 지닌 매콤한 맛

마늘종무침

주로 볶아 먹는 마늘종을 살캉거리게 데쳐서 고추장 양념에 무치면
아릿하면서 매콤한 반찬 한 가지가 뚝딱 만들어져요.
마늘종장아찌의 깊은 맛에 버금가는 감칠맛이 난답니다.

 10분  4인분

주재료 마늘종 4줌, 굵은소금 약간
양념 재료 고추장 2, 고춧가루 2, 간장 1, 물엿 1, 설탕 0.5, 다진 마늘 0.5, 참기름 0.5, 통깨 0.5

물에 헹구지 마세요

1 마늘종 4줌은 물에 씻어 4~5cm 길이로 썰고 끓는 물에 굵은소금을 약간 넣어 1분 정도 데치고,

2 데친 마늘종은 체에 밭쳐 식히고,

강한 맛이 싫다면 다진 마늘은 생략해도 돼요

3 고추장 2, 고춧가루 2, 간장 1, 물엿 1, 설탕 0.5, 다진 마늘 0.5, 참기름 0.5, 통깨 0.5를 한데 섞어 양념장을 만들고,

4 양념장에 데친 마늘종을 넣고 양념이 골고루 배도록 조물조물 무치면 끝.

성실 주부가 귀띔하는 맛내기 비법
마늘종은 그냥 먹으면 아린 맛이 많이 나는데 살짝 데치면 아린 맛이 덜해요. 아이들에게 먹이려면 고춧가루와 고추장을 빼고, 간장을 더 넣어 무치면 돼요.

대한민국 대표 건강 나물

도라지나물

하얀 도라지의 향과 맛을 그대로 살린 도라지나물. 명절에도, 삼색나물에 빠지지 않는 대표 나물이지만 맛내기가 쉽지 않죠. 도라지는 꼭 미지근한 물에 담가 쓴맛을 빼야 해요. 순간의 게으름으로 쓴맛 나는 도라지나물이 만들어질 수 있으니 늘 주의하세요.

 20분   4인분

주재료 도라지 2줌(200g), 굵은소금 적당량

양념 재료 다진 마늘 0.5, 다진 생강 0.1, 소금 0.3, 맛술 1, 설탕 약간, 참기름 1, 멸치 육수 1/4컵, 통깨 0.3

성실 주부가 귀띔하는 맛내기 비법

볶음 나물도 양념 재료에 무친 다음 볶으면 양념이 잘 스며들어 훨씬 맛있어요. 도라지는 번거로워도 다듬어진 것보다는 흙에서 캐낸 통도라지를 사서 집에서 다듬는 게 안심이 되겠지요? 새하얗게 다듬어진 도라지는 아무래도 표백제 공포로부터 자유롭지 못할 테니까요. 흙이 많이 묻어 있고 가늘고 짧으며 잔뿌리가 많은 것이 국산 도라지이며 매끈하고, 길며, 흙이 덜 묻은 도라지는 수입산이랍니다.

 이렇게 해야 도라지의 쓴맛을 뺄 수 있어요

1 도라지 2줌은 미지근한 물에 담가 쓴맛을 빼고,

2 담가놓았던 도라지는 굵은소금을 뿌려 바락바락 주물러 물에 여러 번 헹궈 씻고,

3 다진 마늘 0.5, 다진 생강 0.1, 소금 0.3, 맛술 1, 설탕을 약간 섞어 도라지에 넣고 조물조물 무쳐,

4 달군 팬에 참기름 1을 두르고 도라지를 넣고 달달 볶다가 멸치 육수 1/4컵을 붓고 부드러워질 때까지 익혀 통깨 0.3을 뿌리면 끝.

친정 엄마 손맛 그대로

오징어 도라지초무침

반찬

어린 시절, 어머니가 가끔 해주셨던 반찬 중 하나예요. 물론 음식의 참맛을 몰랐던 저는 더 맛있는 도라지와 오이는 거들떠보지 않고, 오징어만 쏙쏙 골라 먹었지요. 꼭 도라지나 오이, 오징어만 넣는다는 법칙은 없습니다. 남편과 아이들이 좋아하는 재료를 듬뿍 넣고 만들어 보세요.

⏱ 20분 🍚 4인분

주재료 오징어 1마리, 도라지 1줌(100g), 오이 1개, 실파 10뿌리
도라지 양념 재료 설탕 1, 식초 1, 굵은소금 0.2 **오이 밑간 재료** 굵은소금 0.3
양념 재료 고춧가루 3, 간장 2, 다진 마늘 1, 다진 생강 0.2, 식초 2, 설탕 0.3, 통깨 1, 참기름 0.5

💭 칼집을 사선으로, 일정한 간격으로 내세요

1 오징어 1마리는 배를 갈라 내장을 빼내고 물에 씻은 후 안쪽에 칼집을 넣고 끓는 물에 데쳐서 먹기 좋은 크기로 자르고,

2 도라지 1줌은 굵은소금을 넣고 바락바락 주물러 물에 여러 번 씻어 쓴맛을 빼고 설탕 1, 식초 1, 굵은소금 0.2를 넣어 무치고,

3 오이 1개는 반 잘라 어슷하게 썰고 굵은 소금 0.3을 뿌려 절인 다음 물기를 꼭 짜고,

4 실파 10뿌리도 4~5cm 길이로 잘라 다른 재료와 함께 준비하고,

5 양념 재료인 고춧가루 3, 간장 2, 다진 마늘 1, 다진 생강 0.2, 식초 2, 설탕 0.3, 통깨 1, 참기름 0.5를 섞어 양념장을 만들고,

6 양념장에 오징어, 도라지, 오이, 실파를 넣어 조물조물 무치고 맛을 보아 나머지 간은 소금으로 하면 끝.

 성실 주부가 귀띔하는 맛내기 비법
도라지와 오이는 따로 따로 밑양념을 해서 무쳐야 맛있어요. 오징어 대신 골뱅이나 낙지, 주꾸미 데친 것을 넣기도 한답니다.

덤 요리

도라지초무침 (3~4인분)

주재료 도라지 3줌, 굵은소금 0.5 **양념 재료** 고추장 3, 간장 1, 고춧가루 1, 식초 3, 설탕 2, 다진 마늘 1, 다진 파 3

만들기
도라지는 다듬어 찬물에 4~5시간 담갔다가 굵은소금을 넣고 바락바락 주물러 물에 여러 번 헹궈요. 분량의 양념 재료를 넣어 조물조물 무치면 끝.

간편 만만한 퀵퀵 반찬

모둠 채소구이

재료의 맛을 가장 자연스럽게 살린 모둠 채소구이. 좋은 기름에 노릇노릇하게 구워서 양념 간장 맛으로 먹는 채소구이는 누구라도 거뜬히 해낼 수 있는 반찬이에요. 힘들이지 않고 만든 대신 접시에 예쁘게 담아내는 센스로 마무리하세요.

 15분  4인분

주재료 감자(중간 것) 1개, 가지 1개, 애호박 1/2개, 올리브오일 적당량

양념 재료 간장 3, 맛술 1, 참기름 1, 물엿 0.3, 고춧가루 0.3, 다진 마늘 0.3, 다진 파 1, 다진 홍고추 0.5, 다진 청양고추 0.5, 통깨 0.5

성실 주부가 귀띔하는 맛내기 비법

봄에는 감자, 여름에는 애호박이나 가지, 가을에는 풍성한 버섯, 제철인 채소는 뭐든지 구워 먹을 수 있어요. 자연 그대로의 맛을 즐기려면 팬에 올리브오일만 살짝 둘러 굽고, 식성에 따라 소금이나 양념 간장을 찍어 드시면 되죠.

1 감자 1개, 가지 1개, 애호박 1/2개는 일정한 두께로 동그랗게 자르고,

2 간장 3, 맛술 1, 참기름 1, 물엿 0.3, 고춧가루 0.3, 다진 마늘 0.3, 다진 파 1, 다진 홍고추 0.5, 다진 청양고추 0.5, 통깨 0.5를 한데 섞어 양념장을 만들고,

줄무늬 팬으로 구우면 더욱 먹음직스러워요

3 달군 팬에 올리브오일을 두른 후 감자, 가지, 애호박을 넣고 앞뒤로 노릇하게 중간 불로 굽고 먹기 직전에 양념장을 끼얹으면 끝.

겨울에 더 맛있는
무나물

같은 무인데 계절 따라 어쩌면 그리도 맛이 다를까요?
무에 단물이 오르는 초겨울에 만들어 먹어야 제 맛 나는 무나물.
갓 지은 밥에 무나물만 넣고 비벼 먹어도 꿀떡꿀떡 잘 넘어가지요.

 20분   4인분

주재료 무 1/3토막(5줌), 올리브오일 2

국물 재료 물이나 멸치 육수 1/3컵, 구운 소금 0.5, 다진 마늘 0.5, 다진 파 2, 깨소금 0.5, 참기름 1, 생강가루 약간

성실 주부가 귀띔하는 맛내기 비법

무나물을 부드러운 맛으로 먹으려면 뚜껑을 덮고 푹 익히고, 설컹설컹하게 먹으려면 조금 덜 익히면 돼요. 무나물을 볶을 때 너무 휘저으면 부서지기 쉬우니 조심하세요. 물 대신 멸치다시마 육수로 볶으면 훨씬 맛있어요. 맛이 좋은 가을 김장무나 겨울무로 나물을 만드는 것이 가장 맛있답니다.

1 무 1/3토막은 일정한 굵기로 길쭉하게 채썰고,

2 달군 팬에 올리브오일 2를 두르고 채썬 무를 넣어 달달 볶다가,

3 무의 숨이 살짝 죽으면 물 1/3컵, 구운 소금 0.5를 넣어 뚜껑을 덮고 푹 무르게 익히고,

4 원하는 식감으로 익으면 다진 마늘 0.5, 다진 파 2, 깨소금 0.5, 참기름 1, 생강가루를 약간 넣고 물기 없이 볶으면 끝.

향긋한 채소 반찬

미나리 고추장무침

찌개나 탕, 찜 등에 조금씩 넣어 먹는 미나리. 주로 조연만 맡아온 미나리를 주인공으로 화려하게 변신시킬 요리는 미나리 고추장무침이에요. 제철인 봄에 초고추장으로 무쳐 먹으면 향긋함과 아삭하게 씹히는 미나리의 매력에 푹 빠지게 돼요.

반찬

 15분   4인분

주재료 미나리 2덩어리, 굵은소금 약간
양념 재료 고추장 2, 간장 0.5, 식초 1.5, 설탕 1, 참기름 0.5, 다진 마늘 0.5, 통깨 0.5

1 미나리는 끓는 물에 굵은소금을 넣고 살짝 데쳐서 미지근한 물에 헹궈 물기를 꼭 짜서 준비하고,

2 고추장 2, 간장 0.5, 식초 1.5, 설탕 1, 참기름 0.5, 다진 마늘 0.5, 통깨 0.5를 한데 섞은 양념장을 넣고,

3 데친 미나리를 조물조물 무치면 끝.

성실 주부가 귀띔하는 맛내기 비법
미나리 고추장무침은 무쳐서 바로 먹어야 맛있어요. 시간이 지날수록 질겨지기 때문이지요. 또 미나리는 데치고 나서 미지근한 물에 헹구거나 자연스럽게 식혀야지 찬물에 헹구면 질겨지니까 주의하세요.

세상에서 제일 간단한 반찬

상추겉절이

옥상 위에 심은 상추가 꽃처럼 한가득 잎을 피우면 친정 어머니는 한 잎 한 잎 따서 양념장에 차곡차곡 재워 별미찬을 만들어 주셨지요. 양념장만 만들어서 상추에 켜켜이 바르면 되는 아주 쉬운 겉절이지요. 여름 반찬으로 딱 좋고, 밥에 한 장씩 올려 싸서 먹으면 정말 맛있어요.

 20분   4인분

주재료 상추 60장

양념 재료 간장 3, 멸치액젓 2, 고춧가루 1, 맛술 2, 참기름 0.5, 다진 마늘 0.5, 다진 파 3, 설탕 0.5, 깨소금 1, 다진 홍고추 1개분, 다진 청양고추 1개분

성실 주부가 귀띔하는 맛내기 비법

상추는 종류가 참 다양해요. 적상추, 청상추, 꽃상추, 서양종인 레디스, 로메인레터스 등이 있어요. 상추겉절이는 적상추가 가장 맛있더라고요. 맛있는 상추겉절이를 만들려면 상추를 양념에 재울 때 양념장의 양을 골고루 안배하는 거랍니다.

1 상추 60장은 흐르는 물에 깨끗이 씻어 물기를 털고,

2 간장 3, 멸치액젓 2, 고춧가루 1, 맛술 2, 참기름 0.5, 다진 마늘 0.5, 다진 파 3, 설탕 0.5, 깨소금 1, 다진 홍고추 1개분, 다진 청양고추 1개분을 섞어 양념장을 만들고,

3 밀폐용기에 상추를 2~3장 깔고 양념장을 바르는 과정을 반복하면 끝.

달달한 반찬이 생각날 때
알감자조림

알감자는 감자와는 또 다른 맛이 나요. 알감자조림을 만드는 방법도 여러 가지인데 속까지 양념이 배어들게 조리하는 게 맛의 포인트예요. 알감자가 잘 안 익는다 싶으면 미리 데치거나 전자레인지에 익힌 후 사용하세요.

반찬

 30분   4인분

주재료 알감자 3줌(500g), 올리브오일 2

양념 재료 물 1컵, 간장 5, 맛술 1, 흑설탕 1, 물엿 2, 참기름 0.3, 통깨 0.5

성실 주부가 귀띔하는 맛내기 비법
알감자는 작은 것으로 골라야 맛있어요. 또 조림장이 거의 졸아들어 감자에 양념이 골고루 배었을 때 물엿을 넣어야 윤기도 나고 맛도 살릴 수 있어요.

1 알감자 3줌은 작은 것으로 골라 껍질째 물에 깨끗이 씻고,

2 달군 팬에 올리브오일 2를 두르고 알감자를 넣어 달달 볶다가,

3 감자가 2/3 정도 익으면 물 1컵, 간장 5, 맛술 1, 흑설탕 1을 넣고 바글바글 끓이듯 조리다가,

4 조림장이 어느 정도 졸아들면 물엿 2를 넣고 섞은 후 참기름 0.3으로 향을 내고 통깨 0.5를 솔솔 뿌리면 끝.

찰떡궁합 재료가 내는 맛의 향연

애호박 새우젓볶음

호박볶음을 할 때 새우젓을 넣지 않으면 왠지 그 맛이 덜한 것 같아요.
그래서 저는 호박볶음은 꼭 새우젓으로 간해요.
애호박볶음에는 새우젓, 수학공식처럼 외워두세요.

 15분　 4인분

주재료 애호박 1/2개, 굵은소금 적당량, 양파(작은 것) 1/2개, 홍고추 1/3개, 올리브오일 적당량

양념 재료 다진 마늘 0.5, 새우젓 0.5, 다진 파 2, 통깨 0.5, 참기름 0.3

 성실 주부가 귀띔하는 맛내기 비법

맛있는 애호박 새우젓볶음의 첫 번째 비법은 애호박의 모양과 색을 살려 볶는 것! 볶기 전에 소금을 살짝 뿌려두면 간도 배고 볶을 때 모양도 부스러지지 않고 초록색도 선명하게 살릴 수 있답니다.

1 애호박 1/2개는 반달 모양으로 썰어 굵은소금을 뿌려 살짝 절이고 양파 1/2개와 홍고추 1/3개는 채썰고,

2 약한 불로 달군 팬에 올리브오일을 적당히 두르고 다진 마늘 0.5를 넣고 향이 나도록 볶다가,

3 애호박과 양파를 넣어 달달 볶고,

4 새우젓 0.5, 다진 파 2, 통깨 0.5, 참기름 0.3을 넣어 살짝 볶아 맛을 보아 소금 간하면 끝.

반찬

5분 만에 뚝딱!
오이 양파무침

정말 5분이면 뚝딱 만들 수 있는 반찬이랍니다. 밥상 다 차려놓고 즉석에서 쓱싹쓱싹 무쳐 아삭하고 매콤한 맛을 즐겨보세요. 미리 만들어두면 물이 생기니 부지런 떨어 만들어두면 도리어 손해 보는 음식입니다.

 5분    4인분

주재료 오이 1개, 양파(중간 것) 1/2개

양념 재료 고추장 1.5, 고춧가루 0.5, 식초 1, 설탕 1, 참기름 1, 다진 마늘 0.5, 다진 파 2, 통깨 0.5

 성실 결부가 귀뜸하는 맛내기 비법

햇양파가 나올 때 가장 맛있는 요리예요. 반대로 저장고에 넣어두어 양파의 매운맛이 가장 심한 겨울철에서 봄까지는 아이가 있는 집에서는 피해야겠지요. 물론 남편에게는 사랑받는 반찬이겠지만요. 양파는 모양이 둥근 것과 납작한 것이 있는데, 납작한 것은 매운맛이 강하니 찌개나 볶음에 사용하고, 둥근 것은 무침이나 샐러드 등에 사용하세요. 오이 양파무침에도 둥근 양파를 사용하면 좋겠죠.

1 오이 1개와 양파 1/2개는 먹기 좋은 크기로 썰고,

2 고추장 1.5, 고춧가루 0.5, 식초 1, 설탕 1, 참기름 1, 다진 마늘 0.5, 다진 파 2, 통깨 0.5를 분량대로 한데 섞고,

3 볼에 오이와 양파를 넣고 만들어놓은 양념장으로 조물조물 무치면 끝.

찬밥에 물 말아 먹을 때

오이지무침

오이지무침은요, 찬밥에 물을 만 밥 위에 듬뿍 올려 먹어야 제 맛이 나요.
오도독오도독 씹히는 곰삭은 오이지 맛은 생각만 해도
입 안에 침이 고일 만큼 중독성이 강한 별미랍니다.

 10분   4인분

주재료 오이지 2개, 양파 1/3개, 쪽파 3뿌리, 홍고추 1/3개, 청양고추 1/2개

양념 재료 고춧가루 1, 설탕 1, 다진 마늘 0.5, 참기름 1, 깨소금 1

성실 주부가 귀띔하는 맛내기 비법

오이지무침과 오이지냉국의 맛을 좌우하는 오이지. 오이는 조선오이로 사서 잘 씻어 눌기를 확실히 제거하고, 물과 굵은소금을 12:1의 비율로 팔팔 끓여 뜨거울 때 오이에 부어줍니다. 오이가 뜨지 않게 깨끗이 씻은 무거운 돌로 눌러놓고요. 3~4일 후에 소금물을 따라 붓고 다시 끓인 후 식혀서 부어 10일 정도 삭힌 후 냉장고에 보관하면 돼요.

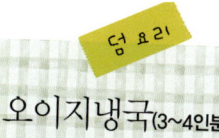
덤 요리

오이지냉국 (3~4인분)

주재료 오이지 1개, 쪽파 1뿌리, 홍고추·청양고추 약간씩, 생수 2컵
양념 재료 고춧가루 0.3, 식초 2, 소금 0.3, 설탕 1, 다진 마늘 0.3, 통깨 0.3

만들기
오이지는 모양을 살려 동글동글하게 썰고 고추는 잘게 썰어 분량의 양념 재료로 조물조물 무쳐 생수 2컵을 오이지무침에 부으면 끝. 얼음을 동동 띄우면 더욱 시원하고 맛있어요.

1 오이지 2개는 모양을 살려 동그랗게 썰고,

2 손이나 면보자기를 이용해서 오이지의 물기를 꼭 짜고,

3 쪽파 3뿌리, 홍고추 1/3개, 청양고추 1/2개는 굵직하게 다져 볼에 오이지와 함께 넣고 고춧가루 1, 설탕 1, 다진 마늘 0.5, 참기름 1, 깨소금 1을 넣고 무치면 끝.

반찬

향에 취하고, 맛에 취하는
마른 취나물

제가 어려서부터 참 잘 먹던 나물이에요.
언제부터인지 정확히 기억나지는 않지만
취나물의 향이 참 좋아지더라고요.
향에 취하고, 그 맛에 취하는 취나물.
마른 나물 볶는 법도 함께 익혀보세요.
마른 나물은 주위 분들이 선물해주신 걸
먹기도 하는데 주로 농협에서 구입해요.
입맛 없는 겨울철 마른 나물 갖다주시는
고마운 분들께 선물 받은 나물을
조물조물 무쳐 다시 선물하면
감동하시더라고요.
음식으로 정을 나누는 일,
세상에서 가장 쉬운 일이 아닐까요.

주재료 말린 취나물 3줌(불린 것은 4줌), 올리브오일 1
양념 재료 국간장 3, 다진 마늘 1, 다진 파 3, 멸치 육수나 물 1컵, 들기름 2, 소금·통깨 적당량씩

1 말린 취나물 3줌은 미지근한 물에 하루 정도 담가 중간 중간 물을 갈아주며 충분히 불리고,

2 불린 취나물을 냄비에 넣고 잠길 정도로 물을 부어 30분간 푹 삶고 1시간 가량 두어 그대로 식히고,

3 취나물을 먹기 좋게 잘라 국간장 3, 다진 마늘 1, 다진 파 3을 넣어 조물조물 무쳐,

4 달군 팬에 올리브오일 1을 두르고 양념한 취나물을 넣고 달달 볶다가,

5 멸치 육수 1컵을 부어 뚜껑을 덮고 약한 불로 국물이 자작해질 정도로 끓이다가,

6 들기름 2를 둘러 향을 낸 후 통깨를 솔솔 뿌리고 소금 간하면 끝.

성실 주부가 귀띔하는 맛내기 비법

마른 나물류를 처음 물에 불릴 때는 중간에 여러 번 물을 갈아줘야 쓴맛이 남아 있지 않아요. 이때 쌀뜨물을 사용하면 좋고요. 삶은 뒤에도 바로 물에 헹구거나 하면 억세지죠. 그냥 삶은 채로 그대로 두어 식히면 나물이 한결 부드러워지죠. 또 나물에 미리 양념 재료로 무친 다음 볶아야 간이 골고루 배어들어 맛있어요.

반찬

뒤늦게 참맛을 알아 미안하다
쪽파 김무침

어느 날 시어머니가 쪽파와 김을 조물조물 무쳐 상에 놓으시더라고요. 평소에는 자주 안 해주시던 반찬인데요, 시어머니표 쪽파 김무침 맛에 반해 요리조리 궁리하며 재현해 보았어요. 쪽파와 김은 의외로 잘 어울려요.

 14분   4인분

주재료 쪽파 40뿌리(120g), 굵은소금 1, 김 3장

양념 재료 간장 2, 맛술 2, 참기름 1, 고춧가루 0.5, 다진 마늘 0.5, 깨소금 0.5, 참치액 0.3

 성실 주부가 귀띔하는 맛내기 비법

맛있는 김을 구입하는 법을 알려 드릴게요. 빛깔이 검고 반짝반짝 윤이 나는 것으로 고르고, 냄새를 맡았을 때 특유의 향이 진하게 나는 것으로 구입하세요. 구우면 검은 빛깔이 청록색으로 변하는 것이 상품이며, 바삭하게 씹히면 잘 고른 거예요.

1 쪽파 40뿌리는 다듬어 끓는 물에 굵은소금 1을 넣고 1~2분간 데쳐 물기를 꼭 짠 다음 적당한 길이로 썰고,

2 김 3장은 약한 불에 바삭하게 구워 비닐봉지에 넣어 부수고,

3 양념 재료인 간장 2, 맛술 2, 참기름 1, 고춧가루 0.5, 다진 마늘 0.5, 깨소금 0.5, 참치액 0.3을 한데 섞고,

4 데쳐놓은 쪽파와 부순 김을 넣고 조물조물 무치면 끝.

콩나물 요리의 새로운 바람

콩나물 매운볶음

콩나물은 늘 무치거나 국을 끓여 먹잖아요.
무쳐서 먹는 콩나물보다 볶아서 먹는 콩나물이 더 아삭하고 맛이 있어요. 후다닥 팬 하나로 볶아보세요. 콩나물도 쫄깃쫄깃 씹히는 맛이 대단하다는 걸 알게 될 거예요.

 20분  4인분

주재료 콩나물 4줌(200g), 올리브오일 2, 쪽파 3뿌리, 홍고추 1/2개

양념 재료 간장 2, 고춧가루 1, 맛술 2, 설탕 0.5, 다진 마늘 0.5, 참기름 1, 후춧가루 적당량, 통깨 1

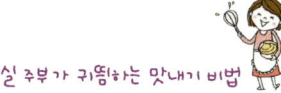
성실 주부가 귀띔하는 맛내기 비법

데치지 않은 콩나물을 맛있게 볶으려면 재빨리 강한 불에 볶고, 시간이 지나면 금세 둘이 생기니 볶아서 바로 먹어야 제 맛을 즐길 수 있어요.

볶아서 바로 먹어야 맛있어요. 시간이 지나면 금세 물이 생기거든요

1 간장 2, 고춧가루 1, 맛술 2, 설탕 0.5, 다진 마늘 0.5, 참기름 1, 후춧가루를 적당히 넣어 양념장을 만들고 콩나물은 씻어서 물기를 빼고,

2 달군 팬에 올리브오일 2를 두른 후 콩나물을 넣고 강한 불에서 달달 볶다가,

3 콩나물의 숨이 살짝 죽으면 양념장을 붓고,

4 쪽파 3뿌리와 홍고추 1/2개를 어슷 썰어 넣고 통깨 1을 뿌려 살짝 더 볶으면 끝.

반찬

우리집의 영원한 단골 메뉴
콩나물무침

식당에 가면 밑반찬으로 잘 나오는 콩나물무침.
빨갛게 무치는 대신 하얗고 깔끔하게 무쳐보세요.
콩나물의 담백한 맛을 살려 고소하게 무쳐 먹는 반찬이에요.

 20분 4인분

주재료 콩나물 4줌(200g), 쪽파 3뿌리

양념 재료 국간장 1, 다진 마늘 0.5, 참기름 1, 깨소금 1, 설탕 0.3, 소금·후춧가루 적당량씩

콩나물재배기 콩나물을 집에서 길러 먹고 싶다면 콩나물재배기를 주목하세요. 콩을 넣고 싱크대에 물 호스만 연결하면 콩나물이 쑥쑥 자라요. 농협중앙회 양곡유통센터에서 나온 콩나물재배기는 4인 가족 한끼 분량의 콩나물을 키울 수 있어요.
하지만 저는 시장에서 조금씩 사먹는 게 편하더라구요.

성실 주부가 귀띔하는 맛내기 비법

콩나물의 몸값도 예전에 비해 비싸졌지만, 그래도 비교적 저렴하게 일 년 내내 구할 수 있는 식재료 중 하나지요. 맛있는 콩나물무침의 비결은 콩나물을 찜통에 찌는 거예요. 물에 데치는 것보다 콩나물 맛을 그대로 살릴 수 있거든요. 남은 콩나물은 불린 당면과 간장을 넣고 달달 볶아 콩나물잡채를 만들어 먹기도 한답니다. 밥 위에 얹어 먹을 수 있는 훌륭한 일품요리가 되지요.

물을 약간 붓고, 굵은 소금을 살짝 넣어 데쳐도 좋아요

1 콩나물 4줌은 깨끗이 다듬어 물에 씻은 후 김이 오른 찜통에 넣어 찌고,

2 쪽파 3뿌리는 송송 썰고 국간장 1, 다진 마늘 0.5, 참기름 1, 깨소금 1, 설탕 0.3, 소금, 후춧가루를 한데 섞은 양념에 콩나물과 쪽파를 넣어 조물조물 무치면 끝.

나를 닮은 사랑스런 그대
콩장

반짝거리는 콩장을 보면 우리 남편의 말이 생각나요. 연애할 때 남편은 오목한 제 이마를 보고 콩자반이 떠오른다고 말하면서, 손가락 한 마디로만 조심스레 만졌었거든요. 이제는 이마 치우라면서 손바닥으로 밀기도 하지만….

 30분 4인분

주재료 검은콩 1컵, 물 1+1/2컵, 올리브오일 0.5
양념 재료 간장 3, 물엿 3, 흑설탕 1, 통깨 0.5

설탕을 처음부터 넣고 조리면 딱딱해지기 쉬워요

1 검은콩 1컵은 물에 씻어 5~6시간 정도 불린 다음 물 1+1/2컵과 올리브오일 0.5를 넣어 삶다가,

2 콩이 어느 정도 익으면 간장 3, 물엿 3을 넣어 윤기 나게 조리고,

3 마지막에 흑설탕 1을 넣고 통깨 0.5를 솔솔 뿌리면 끝.

성실 주부가 귀띔하는 맛내기 비법
검은콩은 검은빛을 띠는 콩을 말합니다. 흑태, 서리태, 서목태 등으로 나뉘는데, 콩이 크고 콩 안에 속 색깔이 노란 것이 '흑태'로 주로 콩자반이나 콩밥에 사용하죠. '서리태'는 콩 안의 색깔이 파란색을 띠는데 역시 콩밥이나 콩자반, 콩떡 등을 만들 때 쓰이죠. '서목태'는 다른 콩에 비해 크기가 작아 '쥐눈이콩' 또는 '약콩'이라고도 불러요.

반찬

꿀꺽꿀꺽 잘 넘어가는
호박잎쌈

누가 호박꽃을 추녀에 비유할까요? 초록 잎 속에 묻힌 노란빛 예쁜 꽃을 말이죠.
게다가 맛있는 애호박에 이렇게 맛난 호박잎까지 덤으로 주는데 말이에요.
호박잎에 밥 한 숟가락 올려 쌈장을 곁들여 싸 먹으면 언제 넘어갔는지도 모르게 꿀꺽 넘어가요.

주재료 호박잎 1단
된장 쌈장 재료 시판용 쌈장 6, 잘게 썬 청양고추 1개분, 잘게 썬 홍고추 1/3개분, 다진 양파 3, 다진 마늘 0.5, 참기름 0.5
간장 쌈장 재료 간장 2, 맛술 1, 참기름 0.5, 참깨 0.5, 고춧가루 0.3, 다진 마늘 0.3, 잘게 썬 청양고추 1개분, 다진 파 2

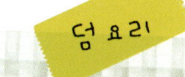

맛있는 참치 쌈장 (3~4인분)

주재료 양파(중간 것) 1/2개, 청양고추 1개, 홍고추 1/2개, 쪽파나 대파 약간, 참치(통조림) 1/2통(80g) **양념 재료** 집된장 1, 시판용 된장 1, 고추장 1, 맛술 1, 다진 마늘 0.5, 물 1/2컵, 생강가루·후춧가루·올리브오일 약간씩

만들기

양파와 고추는 잘게 다지고, 쪽파는 송송 썰어요. 팬에 올리브오일을 약간 두르고 채소와 참치, 집된장, 시판용 된장, 고추장을 넣고 달달 볶다가 물, 생강가루, 후춧가루를 넣어 바글바글 끓여 쪽파 썬 것을 넣고 마무리하면 끝.

★ 참치 쌈장은 양배추쌈이나 호박잎쌈, 상추쌈 등에 곁들여 드세요.

1 호박잎 1단은 줄기 부분을 고구마순 벗기듯 꺾은 후 껍질을 벗겨 흐르는 물에 손으로 비벼 씻고,

2 김이 오른 찜통에 호박잎을 넣고 10~15분간 찌고,

3 시판용 쌈장 6, 잘게 썬 청양고추 1개분, 잘게 썬 홍고추 1/3개분, 다진 양파 3, 다진 마늘 0.5, 참기름 0.5를 한데 섞어 된장 쌈장을 만들고,

4 간장 2, 맛술 1, 참기름 0.5, 참깨 0.5, 고춧가루 0.3, 다진 마늘 0.3, 잘게 썬 청양고추 1개분, 다진 파 2를 한데 섞어 간장 쌈장을 만들어 찐 호박잎과 함께 내면 끝.

성실 주부가 귀띔하는 맛내기 비법

호박잎은 잔털이 많아 까슬까슬하므로 뒷면의 억센 부분은 한 꺼풀 벗겨내야 해요. 한 장 한 장 흐르는 물에 비벼 씻은 뒤 물기를 탁탁 털어내고, 김이 오른 찜통에 넣어 10~15분간 쪄요. 너무 오래 찌면 누렇게 뜨고, 너무 덜 찌면 식었을 때 색이 시커멓게 변하므로 주의해야 해요.

꼭꼭 숨겨두고 싶은 버섯 요리

버섯무침

반찬

급할 때 후다닥 만들 수 있는 반찬 하나 소개해 드릴까요?
버섯은 주로 기름에 달달 볶아서만 드셨죠?
데쳐서 그냥 무치기만 하면 뚝딱 만들어지는 효자 반찬을 공개합니다.

 10분   4인분

주재료 애느타리버섯 2줌(200g), 굵은소금 약간
양념 재료 간장 1, 다진 파 1, 다진 마늘 0.3, 참기름 1, 설탕 0.3, 고춧가루 0.3, 깨소금 0.5, 후춧가루 약간

1 애느타리버섯 2줌은 끓는 물에 굵은소금을 넣어 살짝 데쳐 찬물에 헹궈 물기를 꼭 짜고,

2 볼에 간장 1, 다진 파 1, 다진 마늘 0.3, 참기름 1, 설탕 0.3, 고춧가루 0.3, 깨소금 0.5, 후춧가루를 약간 넣어 섞고,

3 양념장에 데친 버섯을 넣고 조물조물 무치면 끝.

성실 주부가 귀뜸하는 맛내기 비법
양념 재료 중에서 고춧가루를 빼고 간장 양념으로 깔끔하게 무쳐 먹어도 좋아요. 매콤한 맛을 즐긴다면 초고추장 양념에 무쳐도 별미예요.

고기 생각 절대 안 나는
느타리버섯 양념구이

고기보다 맛있고 몸에 좋은 별미를 소개할게요. 빨갛게 양념한 고기 주물럭 맛이 나는 버섯 양념구이예요. 고기를 싫어하는 분들은 버섯을 매콤한 고추장 양념을 해서 구워 드세요.

 20분  4인분

주재료 느타리버섯 3줌(200g), 굵은소금 0.5, 양파(중간 것) 1/2개, 참기름 1, 통깨 적당량

양념 재료 고추장 2, 고춧가루 0.5, 간장 0.5, 설탕 0.5, 맛술 2, 다진 마늘 0.5, 다진 파 2, 생강가루 약간

성실 주부가 귀띔하는 맛내기 비법

버섯은 미리 한 번 데친 것이므로 양념을 해서 오래 굽지 않아도 돼요. 데친 버섯에 양념장을 골고루 발라 중간 불이나 약한 불에 뚜껑을 닫고 익혀야 타지 않아요. 애느타리버섯이나 새송이버섯 또는 더덕을 구울 때도 위의 양념장을 발라 구워 먹어도 맛있답니다.

1 느타리버섯 3줌은 끓는 물에 굵은소금 0.5를 넣고 1분간 살짝 데쳐 물기를 꼭 짜고,

2 양파 1/2개는 굵직하게 채썰고 고추장 2, 고춧가루 0.5, 간장 0.5, 설탕 0.5, 맛술 2, 다진 마늘 0.5, 다진 파 2, 생강가루를 약간 섞어 양념장을 만들고,

3 데친 버섯에 양념장을 넣고 양념이 고루 배도록 무치고,

4 팬에 쿠킹 포일을 깔고 참기름 1을 살짝 두른 후 양념한 버섯을 올려 뚜껑을 덮고 3~4분간 굽듯이 익히면 끝.

상에 낼 때 통깨를 솔솔 뿌리세요!

반찬

남자들이 더 좋아하는 다이어트 메뉴

버섯샐러드

여자들만 샐러드를 좋아한다는 편견은 버리세요.
통통한 내 남자가 다이어트를 원한다면 버섯과 채소가 주인공으로,
상큼한 드레싱을 조연으로 해서 감칠맛을 더한 이 요리를 강추합니다.

 20분   4인분

주재료 느타리버섯 2줌, 양송이버섯 5개, 굵은소금 1, 샐러드용 채소(양상추, 치커리 등) 적당량

버섯 밑간 재료 허브맛 소금 0.2, 올리브오일 0.5

오리엔탈 드레싱 재료 간장 1, 식초 1, 올리브오일 1, 설탕 1, 참기름 0.3, 다진 마늘 0.3, 다진 양파 1

깨 드레싱 재료 통깨 2, 마요네즈 1, 올리브오일 1, 물엿 1, 간장 2, 식초 1, 연겨자 0.3, 다진 양파 1

 성실 주부가 귀뜸놓는 맛내기 비법

허브맛 소금이 없다면 소금과 후춧가루를 살짝 넣고 올리브오일을 발라주면 돼요.

깨 드레싱을 만들어 먹어도 좋아요

1 오리엔탈 드레싱의 재료인 간장 1, 식초 1, 올리브오일 1, 설탕 1, 참기름 0.3, 다진 마늘 0.3, 다진 양파 1을 고루 섞어 냉장고에 넣어두고,

2 끓는 물에 굵은소금 1을 넣고 느타리버섯 2줌과 양송이버섯 5개를 넣어 살짝 데치고,

3 데친 버섯은 찬물에 헹궈 물기를 짜고, 버섯 밑간 양념인 허브맛 소금 0.2와 올리브오일 0.5를 넣어 조물조물 무치고,

4 그릇에 양상추나 치커리 등의 채소를 담고 그 위에 버섯을 올린 후 먹기 전에 드레싱을 끼얹으면 끝.

우리집 날씬이 음식

표고버섯잡채

표고버섯과 냉장고 채소실에 늘 있게 마련인 흔한 채소만으로 만든 잡채예요.
너무나도 담백하고 순수한 맛이랄까.
표고버섯의 쫄깃함과 피망의 독특한 향이 환상적인 궁합을 이루죠.

 20분   4인분

주재료 표고버섯 7개, 청피망(작은 것) 1개, 홍피망(작은 것) 1개, 양파(중간 것) 1/2개, 마늘 3쪽, 올리브오일 적당량

양념 재료 간장 2, 맛술 2, 참기름 1, 생강가루 0.2, 후춧가루 0.2, 물 1/4컵, 통깨 0.5, 검은깨 약간

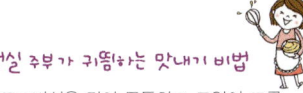 성실 주부가 귀띔하는 맛내기 비법

생표고버섯은 갓이 두툼하고 모양이 고른 것, 갓이 완전히 퍼지지 않고 약간 오므라든 것으로 고르세요. 마른 표고버섯을 사용힐 때는 따뜻한 물에 설탕을 넣으면 금세 불릴 수 있지요. 햇볕에 잘 말린 마른 표고버섯은 생표고버섯보다 향이 진하고 비타민 D가 풍부하답니다.

1 표고버섯 7개, 청피망 1개, 홍피망 1개, 양파 1/2개는 가늘게 채썰고 마늘 3쪽은 편으로 썰고,

2 간장 2, 맛술 2, 참기름 1, 생강가루 0.2, 후춧가루 0.2, 물 1/4컵을 한데 섞고,

3 달군 팬에 올리브오일을 두르고 편으로 썬 마늘을 넣고 향이 나도록 볶다가,

4 채썬 버섯과 피망, 양파를 넣고 볶다가 살짝 익으면 양념장을 부어 달달 볶다가 통깨 0.5와 검은깨를 솔솔 뿌리면 끝.

Part 3 반찬 **155**

반찬

두부 요리계의 슈퍼 스타
새싹채소 연두부 샐러드

한밤중에 배고프다고 외치는 남편에게 해주는 밤참용 요리랍니다. 고소한 연두부와 새싹채소, 그리고 상큼한 드레싱이 곁들여진 맛에 홀딱 빠질지도 몰라요. 물론 밥반찬으로 먹어도 담백하고 맛이 있지요.

 15분   2인분

주재료 새싹채소 1컵, 양상추 1장, 연두부 1팩

드레싱 재료 쪽파(또는 미나리) 3뿌리, 간장 3, 식초 2, 설탕 1.5, 레몬즙 1, 참기름 0.5

장식 재료 홍고추·달걀지단 적당량씩

성실 주부가 귀띔하는 맛내기 비법
채소는 손질해서 물기를 쏙 빼야 제 맛을 즐길 수 있어요. 연두부의 물도 질척한데, 채소 물까지 더해지면 양념장을 곁들여도 맛이 떨어지기 쉽거든요.

1 1컵 분량의 새싹채소와 양상추 1장은 씻어 물기를 쏙 빼고,

연두부는 뚜껑의 비닐을 벗기고 용기 끝쪽에 가위집을 내면 잘 빠져요

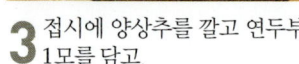

2 송송 썬 쪽파 3뿌리분, 간장 3, 식초 2, 설탕 1.5, 레몬즙 1, 참기름 0.5를 섞어 드레싱을 만들고,

3 접시에 양상추를 깔고 연두부 1모를 담고,

홍고추나 달걀지단을 올려서 장식하면 더욱 먹음직스러워요

4 연두부 위에 새싹채소를 올리고 먹기 직전에 드레싱을 끼얹으면 끝.

손이 많이 가도 맛있어서 용서한다

두부 쇠고기조림

두부 쇠고기조림을 만들려면 첫째도 정성, 둘째도 정성입니다. 손이 많이 가서 번거로운 요리이지만 그래도 맛있어서 용서가 되지요. 너무 예쁜 모양은 먹기 아까울 정도예요. 생일상이나 손님 초대상에 내놓으면 폼 나는 요리랍니다.

 40분  2인분

주재료 두부(큰 손두부) 1/2모, 올리브오일 적당량, 쇠고기 간 것 1/2컵(100g)

부재료 미나리 10줄기, 밀가루 적당량

고기 양념 재료 간장 1, 맛술 1, 다진 마늘 0.3, 설탕 0.3, 후춧가루 약간

양념 재료 간장 1, 굴소스 0.5, 맛술 1, 다진 마늘 0.3, 물엿 0.3, 참기름 0.5, 생강가루 약간, 물 1/2컵

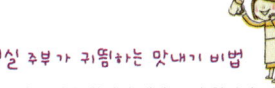

두부의 물기를 확실히 빼야 고기 완자가 잘 붙어요. 어르신들이나 귀한 손님이 오셨을 때 준비하세요.

1 두부 1/2모는 4×6cm 크기의 8조각으로 잘라 키친타월로 물기를 제거한 다음 달군 팬에 올리브오일을 두르고 앞뒤로 노릇하게 지지고,

2 쇠고기 1/2컵은 양념 재료인 간장 1, 맛술 1, 다진 마늘 0.3, 설탕 0.3, 후춧가루를 약간 넣고 팍팍 치대 양념을 하고,

미나리는 줄기 부분만 끓는 소금 물에 살짝 데쳐요

3 지진 두부에 밀가루를 살짝 묻히고 양념한 고기를 납작하게 만들어 샌드위치처럼 만든 다음 데친 미나리로 묶고,

중간 중간에 국물을 끼얹어 가면서 조려요

4 간장 1, 굴소스 0.5, 맛술 1, 다진 마늘 0.3, 물엿 0.3, 참기름 0.5, 생강가루 약간, 물 1/2컵을 냄비에 넣고 바글바글 끓이다가 두부를 넣고 자작하게 조리면 끝.

보글보글 뚝배기에 뚝딱

뚝배기 달걀찜

뚝배기 달걀찜은 제일 만만하게 해 먹는 음식이에요. 또 자주 먹어도 물리지 않은 기특한 메뉴지요.
만만해 보이지만 은근히 어려운 게 달걀찜인데, 성공과 실패를 오가는 맛의 관건은 불의 세기 조절이에요.
이번 기회에 알고 나면 별것 아닌 뚝배기 달걀찜을 완벽하게 마스터하세요.

주재료 달걀 3개, 물 1+1/4컵, 대파 약간
양념 재료 새우젓 0.7, 소금 0.2, 후춧가루 약간

1 먼저 뚝배기에 물 1+1/4컵을 넣어 팔팔 끓이고,

2 물을 끓이는 동안 볼에 달걀 3개를 깨어 넣고 새우젓 0.7, 소금 0.2를 넣고 거품기로 잘 풀고,

3 물이 팔팔 끓으면 달걀 푼 것을 붓고,

4 달걀이 탕처럼 풀어지면 숟가락으로 휘휘 몇 번 저어주고 약한 불로 줄여 뭉근하게 익히다가,

5 달걀찜이 부풀면 대파 썬 것과 후춧가루 넣고 바로 불을 끄면 끝.

성실 주부가 귀뜸놓는 맛내기 비법

너무 오래 익히면 달걀과 물이 분리되어 단단해져요. 뚝배기 특성상 남은 열기로 익혀도 되니 부풀어 오르면 바로 불을 끄고, 만들자마자 바로 먹어야 맛있게 먹을 수 있어요. 그리고 뚝배기를 닦을 때는 가능한 한 주방 세제를 사용하지 않는 게 좋습니다. 쌀뜨물을 부어 몇 시간 정도 그대로 두었다가 세제 없이 수세미로 닦으세요.

새색시처럼 단아한 명품 두부 요리

두부선

궁중 수라상에 올랐다는 고급스런 두부 요리 두부선.
만들기는 번거롭지만 남편 술안주나 아이들 간식으로 좋아요.
닭 안심살 대신 쇠고기나 새우살 등을 사용해도 돼요.

반찬

주재료 두부 1/2모(320g), 닭 안심살 5조각, 표고버섯 1개, 피망 1/4개, 당근 1/6개
닭 밑간 재료 청주 1
양념 재료 다진 마늘 0.5, 소금 0.2, 후춧가루 0.2
고명 재료 황·백 지단·실고추·실파 적당량씩

1 닭 안심살 5조각은 잘게 다져 청주 1로 밑간을 하고 표고버섯 1개와 피망 1/4개, 당근 1/6개는 잘게 다지고,

2 두부 1/2모는 물기를 빼고 으깨어 볼에 담고 닭 안심살과 표고버섯, 당근, 피망을 넣고 다진 마늘 0.5, 소금 0.2, 후춧가루 0.2를 넣고 찰기가 생기도록 손으로 팍팍 치대어,

3 둥그런 그릇에 두부를 꾹꾹 눌러 담고 윗면을 평평하게 한 후,

그릇에 참기름을 살짝 펴서 바르면 나중에 훨씬 잘 떨어져요

4 김이 오른 찜통에 넣고 뚜껑을 덮고 20~25분간 푹 찌고,

5 찌는 동안 달걀지단을 부치고 실파는 송송 썰어 실고추와 함께 고명으로 얹으면 끝.

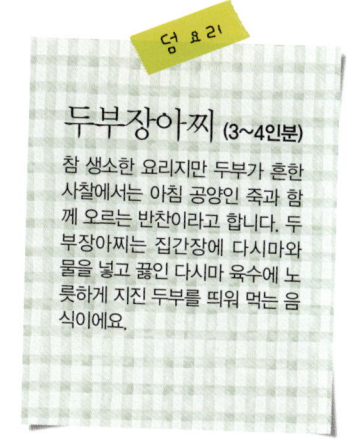

덤 요리

두부장아찌 (3~4인분)

참 생소한 요리지만 두부가 흔한 사찰에서는 아침 공양인 죽과 함께 오르는 반찬이라고 합니다. 두부장아찌는 집간장에 다시마와 물을 넣고 끓인 다시마 육수에 노릇하게 지진 두부를 띄워 먹는 음식이에요.

성실 주부가 귀띔하는 맛내기 비법

두부선은 김이 오른 찜통에 쪄도 되지만 오븐에 구워도 돼요. 두부선에는 실고추나 황·백 지단 등 고명을 적절히 올리면 더욱 먹음직스러워 보인답니다.

척척 걸쳐 먹으면 최고야!

고구마순 고등어조림

고구마순을 고등어와 조려 먹으니 그 맛이 환상이에요. 밥에 고구마순을 척척 걸쳐 먹고 고등어 살점을 똑똑 떼어 먹으면 어느새 밥 한 그릇을 금세 비우게 돼요. 우거지 고등어조림보다 색다른 맛에 젓가락이 바빠지지요. 입맛 없을 때 꼭 드셔보세요.

반찬

 30분  2인분

주재료 고구마순 5줌(500g), 고등어 1마리, 청주나 레몬즙 1, 멸치 육수 2컵, 대파 1/2대, 꽈리고추 2줌
양념 재료 고춧가루 3, 고추장 2, 간장 2, 맛술 2, 물엿 0.5, 설탕 0.5, 다진 마늘 1, 다진 생강 0.3

덤요리

고구마순무침 (3~4인분)

주재료 삶은 고구마순 4줌, 홍고추 1/2개, 실파 5뿌리 **양념 재료** 고춧가루 3, 멸치액젓 3, 간장 1, 설탕 0.5, 다진 마늘 1, 다진 생강 0.2, 참기름 0.5, 통깨 0.5

만들기
실파와 홍고추는 송송 썰고, 분량의 양념 재료를 모두 섞어 무침 양념장을 만들어요. 삶은 고구마순에 양념장을 넣고 조물조물 무치면 끝.

1 삶은 고구마순 5줌을 냄비 바닥에 깔고 토막 내어 청주에 재운 고등어를 그 위에 올리고,

2 고춧가루 3, 고추장 2, 간장 2, 맛술 2, 물엿 0.5, 설탕 0.5, 다진 마늘 1, 다진 생강 0.3을 한데 섞어 양념장을 만들고,

3 양념장을 고등어 위에 끼얹은 다음 멸치 육수 2컵을 부어 강한 불로 끓이다가,

4 고구마순의 숨이 죽으면 중간 불로 줄여 뚜껑을 덮고 뭉근하게 푹 조리고 마지막으로 대파 1/2대를 어슷하게 썰어 넣고 꽈리고추 2줌을 넣어 조금 더 조리면 끝.

성실 주부가 귀띔하는 맛내기 비법

고등어 대신 갈치를 넣고 조려도 맛이 있어요. 고구마순을 생선과 함께 조리면 생선의 감칠맛이 배어 더욱 맛깔스럽지요.

국물 한 방울까지 맛있다
남대문 갈치조림

갈치는 물론이고 바닥에 깔려 있는 무, 국물 한 방울까지 밥에 쓱싹 비벼 끝까지 맛있게 먹을 수 있는 최고! 원더풀! 반찬이지요. 갈치조림의 명물거리로 유명한 남대문 갈치조림이 부럽지 않은 요리예요. 양은 냄비에 담아 내면 센스 만점입니다.

 30분   4인분

주재료 갈치 2마리, 어슷썬 대파 4, 청양고추·홍고추 1개씩
국물 재료 무 1/4토막, 다시마(10×10cm) 1장, 물 4컵
양념 재료 간장 4, 맛술 3, 고추장 1, 고춧가루 2, 다진 마늘 1, 다진 생강 0.3, 설탕 0.3

1 무 1/4토막은 큼직하게 썰어 냄비에 다시마 1장, 물 4컵을 함께 넣고 무가 익을 때까지 끓여 국물을 내고,

2 간장 4, 맛술 3, 고추장 1, 고춧가루 2, 다진 마늘 1, 다진 생강 0.3, 설탕 0.3을 한데 섞어 조림장을 만들고,

3 냄비에 익힌 무를 깔고 그 위에 손질한 갈치 2마리를 잘라 얹고 조림장을 끼얹은 후 무 삶은 물을 붓고 강한 불에 끓이다가 중간 불로 줄여 은근히 조리다가,

4 어느 정도 조려지면 대파 4와 청양고추, 홍고추를 1개씩을 어슷하게 썰어 넣고 살짝 더 조리면 끝.

성실 주부가 귀띔하는 맛내기 비법
갈치조림에 무 대신 감자를 넣고 조려도 좋아요. 감자를 넣을 때는 물 대신 육수를 사용해야 제 맛이 난답니다. 갈치 비린내가 싫다면 갈치에 미리 레몬즙을 살짝 뿌려두면 돼요.

군침 돌게 하는 노릇노릇한 반찬

동태전

기름 맛으로 먹는 지짐이. 한국 사람이라면 전 요리는 기본으로 할 줄 알아야 해요.
누구나 좋아하는 동태전과 쫄깃한 식감의 새송이버섯전을 소개합니다.
모든 전이 뜨거울 때 먹어야 맛있지만, 특히 동태전은 부치면서 먹어야 제 맛이 나요.

30분 / 4인분

주재료 포 뜬 동태나 대구살 8장
양념 재료 소금·후춧가루·올리브오일 적당량씩
부침 재료 밀가루 적당량, 달걀 1개
장식 재료 쑥갓·홍고추 적당량씩

성실 주부가 귀띔하는 맛내기 비법

전을 부칠 때 올리브오일을 주로 사용하는데요, 색보다 맛을 우선한다면 들기름으로 부치세요. 특히 막 짜낸 들기름으로 전을 부치면 고소한 맛과 향이 배가돼요.

1 포를 뜬 동태살 8장은 해동해서 물기를 빼고 소금과 후춧가루로 밑간해 두고,

2 밑간한 동태살에 밀가루옷, 달걀물을 입혀,

3 달군 팬에 올리브오일을 넉넉히 두르고 동태살을 넣어 앞뒤로 노릇하게 지질 때 쑥갓과 홍고추를 고명으로 올리면 끝.

반찬

쫄깃쫄깃 야들야들
새송이버섯전

새송이버섯은 명품 버섯으로 불리는 송이버섯의 맛과 영양을 그대로 담은 서민용 버섯이에요. 송이버섯과 비슷한 맛에 값은 훨씬 저렴해요. 참기름에 달달 볶아 먹어도 맛있지만 전을 부쳐도 별미예요.

 30분   2인분

주재료 새송이버섯(큰 것) 2개
양념 재료 소금 약간
부침 재료 밀가루 적당량, 달걀 1개
장식 재료 쑥갓·홍고추 적당량씩

성실 주부가 귀띔하는 맛내기 비법
전은 겉면이 타지 않도록 잘 부치는 게 중요해요. 중간 불이나 약한 불로 익혀야 하지요. 미리 부쳐두었다가 데워 먹을 때는 기름을 두르지 않은 팬에 약한 불로 데우면 좋아요. 그리고 달걀물을 입혀서 부치는 전에는 쑥갓이나 풋고추, 홍고추로 장식하면 훨씬 먹음직스러워요.

1 새송이버섯은 크고 좋은 것으로 2개를 골라 편으로 썰어 소금을 살짝 뿌려서 밑간하고,

2 밑간한 새송이버섯에 밀가루 옷, 달걀물을 입혀,

3 올리브오일을 두른 팬에 넣어 지져 쑥갓과 홍고추로 장식해 달걀물이 익도록 살짝 지지면 끝.

삼삼한 밥도둑

삼치조림

담백하고 비린 맛도 덜한 삼치는 조림을 해도, 구워도 맛있어요. 우리 남편은 고등어보다 삼치를 더 좋아한답니다. 그래서 종종 삼치조림을 밥상에 올립니다. 가시를 발라 먹기 쉬워 아이들도 좋아하지요.

 30분  4인분

주재료 삼치(큰 것) 1마리, 청주 1, 감자(중간 것) 2개, 양파 1/2개, 대파 1/2대, 홍고추 1개, 청양고추 1개, 멸치 육수 1+1/2컵

양념 재료 간장 3, 고추장 1, 고춧가루 2, 청주 2, 다진 마늘 1, 다진 생강 0.3, 물엿 0.5

성실 주부가 귀띔하는 맛내기 비법

삼치조림은 감자 대신 잘 익은 김장김치의 속을 털어 넣고 같은 방법으로 조려도 맛이 있어요. 김치를 넣을 때는 간장의 양을 줄여 짜지 않게 조리해야 해요.

강한 불에 조리다가 나중에 중간 불로 줄여 은근히 조리세요

1 삼치 1마리는 깨끗이 손질해서 청주 1을 뿌려 담시 재워두고,

2 감자 2개, 양파 1/2개, 대파 1/2대, 홍고추 1개, 청양고추 1개는 먹기 좋은 크기로 썰고 간장 3, 고추장 1, 고춧가루 2, 청주 2, 다진 마늘 1, 다진 생강 0.3, 물엿 0.5를 한데 섞어 양념장을 만들고,

3 냄비에 감자를 먼저 깐 다음 삼치를 올리고 양파를 넣은 후 양념장, 멸치 육수 1+1/2컵을 부어 강한 불에 바글바글 조리다가,

4 어느 정도 조려지면 어슷하게 썬 대파와 홍고추, 청양고추를 넣으면 끝.

반찬

은은한 깻잎 향을 머금은

깻잎 고기전

아이들을 위해 고기 완자전을 주로 만들어 왔다면 오늘은 약간 맛을 바꿔보면 어떨까요?
깻잎 안에 양념한 고기를 넣고 부치면 고기에 향긋한 깻잎 향도 배고 맛도 상승하지요.
또 고기 반죽을 피망 안에 넣고 부치면 피망 향이 확 살아요. 모양도, 맛도 예쁘게 만드세요.

주재료 다진 돼지고기 반 근(300g), 두부 1/5모(120g), 양파 1/2개, 당근 1/5개, 피망 1/3개, 실파 5뿌리
부재료 깻잎 20장, 피망 1개, 홍피망 1/2개, 올리브오일 적당량
돼지고기 밑간 재료 청주 1, 다진 마늘 0.5, 소금·후춧가루·생강가루 약간씩
양념 재료 달걀 1개, 다진 마늘 1, 참기름 1, 간장 1, 소금 0.3, 후춧가루 0.3
부침옷 재료 밀가루 1컵, 달걀 3개

1 다진 돼지고기 반 근은 청주 1, 다진 마늘 0.5, 소금, 후춧가루, 생강가루를 약간 섞어 재워두고,

2 두부 1/5모는 물기를 꼭 짜서 으깨고 양파 1/2개, 당근 1/5개, 피망 1/3개는 잘게 썰고 실파 5뿌리는 송송 썰어 달걀 1개, 다진 마늘 1, 참기름 1, 간장 1, 소금 0.3, 후춧가루 0.3을 넣고 팍팍 치대어 찰기 있는 반죽을 만들고,

3 20장의 깻잎 안쪽에 밀가루를 묻히고 반죽을 적당히 넣고 반을 접어 깻잎전을 만들고,

4 피망 1개와 홍피망 1/2개는 동그랗게 모양을 내어 잘라 고기 반죽을 채워 넣고,

달걀은 약간의 소금을 넣고 잘 풀어 주세요

5 깻잎전과 피망전에 1컵 분량의 밀가루 옷을 입히고 달걀 3개를 푼 달걀물에 담가 부침옷을 입히고,

6 달군 팬에 올리브오일을 두르고 앞뒤로 노릇하게 지지면 끝.

성실 주부가 귀띔하는 맛내기 비법

오븐이 있다면 오븐 팬에 기름을 살짝만 두르고 전을 쭉 나열한 후 부치면 돼요. 이렇게 하면 기름기 없는 담백한 전을 빠른 시간에 많이 부칠 수 있어 좋아요. 그리고 전을 부칠 때 가루옷을 입히기 은근히 번거롭죠? 비닐봉지 안에 밀가루를 넣고 전 재료를 한꺼번에 넣어 가루옷을 묻히면 훨씬 간편해요.

초간단 버전
북어구이

유장에 바르는 과정을 생략한 간단하게 만들어 먹는 북어구이예요. 일반적인 조리법인 유장구이와는 확실히 다른 색다른 맛이 나죠. 참기름을 발라 구우면 고소한 향이 솔솔 나요. 양념이 촉촉하게 북어에 배어들어 맛도 아주 좋아요.

 20분　 4인분

주재료 북어포 2개, 참기름 1

양념 재료 고추장 2, 고춧가루 2, 맛술 2, 청주 1, 물엿 1, 다진 마늘 1, 참기름 1, 생강가루·후춧가루·깨소금 약간씩

장식 재료 송송 썬 대파 적당량, 깨소금 약간

 성실 주부가 귀띔하는 맛내기 비법

북어포는 물에 불리는 과정을 꼭 거쳐야 보들보들한 북어구이를 먹을 수 있어요. 일반적인 레시피는 참기름과 간장을 1:1로 섞은 유장을 발라 애벌구이한 후 고추장 양념장을 발라 다시 굽는 거예요.

1 북어포 2개는 먼지를 털어내고 머리와 꼬리를 다듬은 후 물에 씻어 북어살에 물기가 배어 누글누글해지면 물기를 살짝 짜고,

2 고추장 2, 고춧가루 2, 맛술 2, 청주 1, 물엿 1, 다진 마늘 1, 참기름 1, 생강가루, 후춧가루, 깨소금을 약간씩 섞어 양념장을 만들고,

3 조리용 붓을 이용해 북어에 양념장을 발라 15분쯤 재우고,

4 팬에 쿠킹 포일을 깔고 참기름 1을 두르고 북어를 올려 약한 불에 굽다가 중간에 뚜껑을 덮어 윗면까지 완전히 익혀서 다 구워지면 송송 썬 대파와 깨소금을 뿌리면 끝.

아이들을 위한 성장식

닭다리 양념구이

푸짐하게 차려 먹는 닭갈비의 약식 버전이에요.
함께 곁들일 재료가 마땅치 않을 때는 이렇게 고기만으로 양념해서 푸짐하게 먹어요.
밥과 함께 상추쌈에 싸 먹어도 좋답니다.

주재료 닭다리 5개

밑간 양념 재료 허브맛 소금 약간, 청주 2, 생강가루 0.3

양념 재료 고추장 2, 간장 1, 맛술 2, 물엿 2, 참기름 1, 다진 마늘 1, 다진 파 3, 생강가루 0.3, 후춧가루 약간

성실 주부가 귀띔하는 맛내기 비법

닭다리는 살이 발라진 것을 사용하면 편하지만, 그렇지 못할 경우에는 직접 발라내야 해요. 먼저 닭다리는 칼집을 깊숙이 넣고, 왼손으로 닭다리 끝 쪽을 잡고, 오른손으로 칼을 잡고 닭살을 살살 밀어가면서 뼈에서 살을 떼어내면 돼요.

1 닭다리 5개는 살만 발라내 허브맛 소금 약간, 청주 2, 생강가루 0.3을 한데 섞어 잠시 재워두고,

2 고추장 2, 간장 1, 맛술 2, 물엿 2, 참기름 1, 다진 마늘 1, 다진 파 3, 생강가루 0.3, 후춧가루를 약간 섞어 양념장을 만들고,

3 달군 팬에 밑간한 닭다리를 펼쳐 넣고 중간 불로 닭이 익을 때까지 굽다가,

4 만들어놓은 양념장을 팬에 넣고 조금 더 익히면 끝.

짭조름한 도시락 반찬

고기완자조림

혹시 남편 도시락 쌀 일 있으세요?
짭조름하게 조린 고기완자를
도시락 반찬으로 하면 고민이 해결됩니다.
어릴 때 궁핍했던 도시락 반찬을
떠올린다면 고기 반찬이라면
무조건 좋아할 거예요.
그러고 보니 제가 어릴 때는
콩자반에 멸치볶음이
최고의 도시락 반찬이었네요.
아이들 소풍 도시락이나
가족 나들이에도
빠지지 않는 메뉴예요.

주재료 다진 쇠고기 1컵(200g), 다진 돼지고기 1컵(200g), 올리브오일 적당량
고기 양념 재료 빵가루 1컵, 다진 양파 1/2개분, 다진 파 1줌, 다진 마늘 1, 맛술 2, 소금 0.3, 후춧가루 0.3
데리야키 소스 재료 물 6, 간장 4, 맛술 2, 물엿 1, 흑설탕 0.5, 생강가루 약간, 마늘 2쪽, 청양고추 1개
녹말물 재료 녹말가루 0.5, 물 2

 30분    3~4인분

1 다진 쇠고기 1컵, 다진 돼지고기 1컵은 빵가루 1컵, 다진 양파 1/2개분, 다진 파 1줌, 다진 마늘 1, 맛술 2, 소금 0.3, 후춧가루 0.3을 넣고 찰기 있게 팍팍 치대어,

2 동글 납작하게 한입 크기로 빚어,

3 달군 팬에 올리브오일을 살짝 두르고 완자를 넣어 약한 불에 앞뒤를 노릇하게 굽고,

4 물 6, 간장 4, 맛술 2, 물엿 1, 흑설탕 0.5, 생강가루 약간, 편으로 썬 마늘 2쪽, 어슷썬 청양고추 1개를 냄비에 모두 넣어 바글바글 끓이다가 녹말가루 0.5, 물 2를 섞은 녹말물을 넣어 걸쭉하게 소스를 만들고,

5 소스에 고기완자를 넣고 골고루 버무리면 끝.

 성실 주부가 귀띔하는 맛내기 비법

자극 없고 담백하면서 달콤한 맛 때문에 많은 사람들이 선호하는 데리야키 소스, 특히나 아이들이 참 좋아하지요. 닭고기나 연어 조릴 때 사용해도 좋고, 흔한 두부 요리나 어묵 볶을 때 양념으로 활약해요.

반찬

생강 먹은 돼지

돼지고기 생강조림

4천 8백만이 사랑하는 돼지고기. 입에 물리는 삼겹살구이 대신 다른 돼지고기 요리에 도전해봐요. 돼지고기와 생강의 만남! 돼지고기에 생강 향이 배어서 정말 맛이 특별해요. 생강 향이 이렇게나 그윽할 수가~ 돼지고기 특유의 누린내는 생강에 맡겨주세요.

 30분   2~3인분

주재료 돼지고기(목살) 300g, 올리브오일 적당량, 생강(엄지손가락만 한 것) 2톨, 마늘 2쪽

부재료 곁들이 채소 적당량

돼지고기 밑간 재료 허브맛 소금 적당량, 청주 1

양념 재료 간장 3, 꿀 2, 청주 1, 맛술 1, 참기름 0.5

성실 주부가 귀뜸하는 맛내기 비법

돼지고기를 팬에 익힐 때 기름기를 빼서 바삭하게 익히세요. 다시 팬을 사용할 때는 뜨거울 때 키친타월로 깨끗이 닦아주면 소스 끓일 때 다시 사용할 수 있어요.

1 돼지고기 300g은 얄팍하게 썰어 허브맛 소금 적당량, 청주 1로 잠시 재워두고,

2 달군 팬에 올리브오일을 살짝 두르고 밑간한 돼지고기를 넣어 다 익으면 따로 접시에 담아두고,

3 생강 2톨과 마늘 2쪽은 편으로 썰어 달군 팬에 올리브오일을 살짝 두르고 향이 나도록 볶다가 간장 3, 꿀 2, 청주 1, 맛술 1을 넣고 바글바글 끓이다가,

4 미리 익힌 고기를 팬에 넣어 양념이 골고루 배도록 하고 마지막으로 참기름 0.5를 두르고 뒤적이면 끝.

아이 같은 당신에게 보내는 선물!

오징어채볶음

식성이 아이 같은 남자라면 오징어채볶음을 싫어할 리가 없어요.
학교 다닐 때 단골 도시락 반찬이기도 했었잖아요.
달콤하고 매콤한 맛이 맨입에 먹을 수 있는 반찬이기도 하고요.

 15분   4인분

주재료 오징어채 4줌(200g)

양념 재료 고추장 2, 물엿 4, 간장 3, 설탕 1, 맛술 4, 다진 마늘 1, 마요네즈 3, 통깨 1

성실 주부가 귀뜸하는 맛내기 비법

오징어채를 오렌지 주스에 담갔다 사용하면 은은한 향이 돌아요. 양념장에 마요네즈를 넣으면 부드럽고 고소한 맛으로 먹을 수 있어요.

1 오징어채 4줌은 물에 살짝 씻어서 물기를 빼고,

2 달군 팬에 고추장 2, 물엿 4, 간장 3, 설탕 1, 맛술 4, 다진 마늘 1, 마요네즈 3을 한데 섞어 바글바글 끓이다가,

3 양념에 오징어채를 넣고 양념이 고루 섞이도록 뒤적이며 볶다가 통깨 1을 뿌리면 끝.

사계절 밑반찬계의 최강자
쇠고기장조림

우리집에서 최고로 치는 반찬은 쇠고기장조림이에요. 일 년 내내 즐길 수 있는 영양 듬뿍 반찬이잖아요.
식구들이 모두 좋아하는 장조림은 넉넉히 만들어 두고두고 먹을 수 있으니 반찬 걱정 살짝 덜어주는 메뉴이지요.
고기는 물론 메추리알도 꼭꼭 씹어 먹고 마지막 국물 한 방울까지 남기지 말아야지요.

주재료 쇠고기(장조림용으로 적당한 홍두깨살이나 우둔살) 200g, 메추리알 20개
고기 삶는 물 재료 물 5컵, 마늘 7쪽, 생강 1톨, 대파(흰 부분) 1대, 청양고추 2개, 청주 3
조림장 재료 간장 8, 맛술 2, 흑설탕 0.5, 마른 고추 1개

1 쇠고기 200g은 기름기가 적은 홍두깨살이나 우둔살로 구입해 찬물에 30분간 담가 핏물과 누린내를 제거하고 메추리알 20개는 삶아서 껍질을 까고,

2 고기 삶는 물 재료인 물 5컵, 마늘 7쪽, 생강 1톨, 대파 1대, 청양고추 2개, 청주 3을 냄비에 모두 넣고 팔팔 끓으면 쇠고기를 넣어 중간 중간 거품을 깨끗하게 걷어내며 삶고,

3 고기가 충분히 삶아지면 체에 밭쳐 고기는 건지고 육수는 따로 담아두고,

4 쇠고기는 먹기 좋게 결대로 찢고,

5 쇠고기 삶은 육수에 간장 8, 맛술 2, 흑설탕 0.5, 마른 고추 1개를 넣어 팔팔 끓이다가,

6 먼저 메추리알을 넣고 조리다가 고기를 넣고 국물이 자박하게 조리면 끝.

성실 주부가 귀띔하는 맛내기 비법

장조림을 할 때 쇠고기를 너무 오래 조리면 질겨져요. 쇠고기는 이미 한 번 익혔기 때문에 국물이 자박할 정도로 조리면 돼요. 남은 장조림 국물은 밥에 비벼 먹어도 좋아요. 메추리알 대신 데친 꼬막이나 꽈리고추를 넣어 조리기도 해요.

밑반찬계의 스터디셀러
마른 새우 고추장볶음

촉촉하고 부드러운 맛을 살린 새우볶음이죠.
딱딱한 갑옷을 입은 새우를 물에 적셔 촉촉하게 만들어 볶으면 훨씬 부드러워요.

반찬

 15분  4인분

주재료 마른 새우 2컵, 올리브오일 2

양념 재료 고추장 2, 간장 0.5, 물엿 2, 맛술 2, 물 4, 다진 마늘 1, 생강가루 약간, 송송 썬 실파 2, 통깨·참기름 적당량씩

 성실 주부가 귀띔하는 맛내기 비법

마른 새우는 물에 씻는다는 생각으로 담갔다가 바로 꺼내세요. 물에 살짝 씻으면 물기가 새우에 배어 촉촉해져요. 또는 마른 면보자기에 싸서 살살 비비면 까슬까슬한 수염과 다리가 떨어져요. 이렇게 손질하면 바삭한 새우볶음이 가능해요.

1 마른 새우 2컵은 물에 살짝 씻어 건져 물기를 빼고,

2 달군 팬에 올리브오일 2를 두르고 새우를 넣어 약한 불에 달달 볶아 새우가 보슬보슬해지면 접시에 담고,

3 고추장 2, 간장 0.5, 물엿 2, 맛술 2, 물 4, 다진 마늘 1, 생강가루를 약간 넣어 바글바글 끓여,

4 볶은 새우를 ③에 넣고 볶다가 송송 썬 실파 2, 통깨와 참기름을 적당히 넣고 볶으면 끝.

없으면 허전한 단골 밑반찬

멸치 고추장볶음

일주일 동안 먹을 밑반찬을 만들 때 없으면 왠지 허전한 것이 바로 멸치볶음이죠.
우리집 멸치볶음은 고추장과 고춧가루로 칼칼하게 볶아요.

 15분   4인분

주재료 가이리 멸치 2컵, 올리브오일 3

양념 재료 고추장 2, 고춧가루 1, 다진 마늘 1, 설탕 1, 물엿 1, 맛술 2, 참기름 1, 통깨 0.5

성실 주부가 귀뜸하는 맛내기 비법

보통 건어물 가게에 가서 멸치를 달라고 하면 아저씨가 "가이리로 드릴까요? 지리로 드릴까요?"라고 묻곤 하죠? 가이리와 지리는 멸치의 크기 차이예요. 가이리는 보통 3cm 정도 되는 멸치이고, 지리멸치는 1.5cm 이하의 작은 멸치를 말해요. 멸치볶음을 할 때는 조금 크기가 큰 가이리 멸치가 적당해요.

1 고추장 2, 고춧가루 1, 다진 마늘 1, 설탕 1, 물엿 1, 맛술 2를 한데 섞어 양념장을 만들고,

2 가이리 멸치 2컵은 잡티를 없애고 달군 팬에 올리브오일 3을 두르고 멸치가 바삭해질 때까지 중간 불에 달달 볶아 불을 끄고 잠깐 식히고,

불을 양념장 있는 쪽으로 기울게 해서 끓여주면 멸치가 타지 않아요

3 팬을 다시 달군 후 양념장을 팬 한쪽에 넣어 바글바글 끓여 멸치와 함께 골고루 섞이게 볶고,

4 참기름 1을 두르고, 통깨 0.5를 솔솔 뿌려 골고루 볶으면 끝.

Part 3 반찬

반찬

칼슘이 듬뿍 들어 있는
뱅어포구이

멸치보다 칼슘이 더 많이 들어 있는 칼슘 왕이 바로 뱅어포예요.
성장기 어린이들 반찬으로 아주 좋지요.
그런데 저는 왜 다닥다닥 눌려 있는 뱅어포를 보면 가여운 생각이 먼저 드는 걸까요?

 20분　 4인분

주재료 뱅어포 4장, 올리브오일 적당량, 실파나 대파 약간

양념 재료 고추장 2, 고춧가루 0.5, 간장 2, 물엿 2, 다진 마늘 0.5, 참기름 0.5, 깨소금 0.5, 후춧가루 약간

성실 주부가 귀띔하는 맛내기 비법

보통 뱅어포는 양념을 해서 굽는데, 그렇게 하면 팬에 기름을 두르고 조리하니 기름을 너무 많이 먹고, 양념이 눌러붙거나 잘 타더라고요. 한 번 뱅어포를 굽고 나서, 끓이거나 전자레인지에 데운 양념을 바르면, 더욱 부드럽고 담백하게 먹을 수 있어서 좋아요.

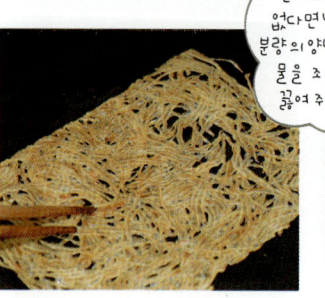

1 뱅어포 4장은 잡티를 털어내고 반을 잘라서 잘 달군 중간 불의 팬에 올리브오일을 살짝 두르고 앞뒤로 굽고,

전자레인지가 없다면 냄비에 분량의 양념 재료에 물을 조금 넣고 끓여 주면 돼요

2 고추장 2, 고춧가루 0.5, 간장 2, 물엿 2, 다진 마늘 0.5, 참기름 0.5, 깨소금 0.5, 후춧가루 약간을 그릇에 넣고 잘 섞어 전자레인지에 1분간 돌리고,

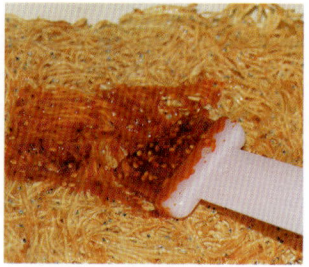

3 노릇하게 구운 뱅어포에 조리용 솔로 양념장을 골고루 발라,

4 먹기 좋은 크기로 자른 다음 상에 내기 전에 송송 썬 실파나 다진 대파를 올리면 끝.

홈쇼핑 최고 인기 메뉴로 등극한

꽃게무침

최근 갑자기 흔해진 음식이 꽃게장이에요.
TV만 켜면 각 홈쇼핑의 단골 손님이 됐죠. 하지만 제가 만든 것이 가장 위생적이고
맛있다던데~. 문성실표 꽃게장, 저도 한번 팔아볼까 봐요. 호호호.

20분 / 4인분

주재료 꽃게 7마리(1kg), 청양고추 1개, 홍고추 1개

양념 재료 간장 9, 고춧가루 6, 물엿 5, 설탕 1, 참기름 3, 양파 간 것 5, 맛술 2, 다진 마늘 2, 다진 파 3, 다진 생강 0.3, 통깨 1, 후춧가루 0.3

성실 주부가 귀띔하는 맛내기 비법

꽃게장을 손으로 팍팍 무치면 꽃게 다리에 손을 다치기 쉬워요. 꽃게 다리가 생각보다 단단하고 날카로워 잘못하면 위험하거든요. 양념을 넣고 살살 볼째 위아래로 흔들어 뒤적이거나 고무장갑을 끼고 무치는 것이 안전합니다.

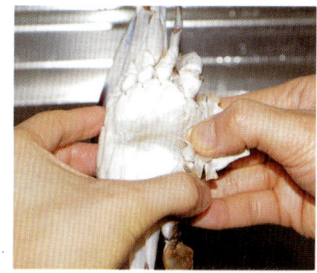
1 꽃게 7마리는 조리용 솔로 껍데기를 잘 닦은 다음 다리 부분을 다듬고 등딱지를 떼어 안의 아가미를 손질하고,

2 먹기 좋게 2~4등분을 해서 찬물에 잘 씻어 물기를 빼고 청양고추 1개, 홍고추 1개는 어슷하게 썰고,

3 간장 9, 고춧가루 6, 물엿 5, 설탕 1, 참기름 3, 양파 간 것 5, 맛술 2, 다진 마늘 2, 다진 파 3, 다진 생강 0.3, 통깨 1, 후춧가루 0.3을 한데 섞어 양념장을 만들고,

4 무침 양념장에 손질한 꽃게와 어슷썬 청양고추와 홍고추를 넣고 살살 무치면 끝.

짜면 낭패

미역줄기볶음

미역줄기볶음은 제가 한번 실패한 후 어렵게 다시 익힌 요리 중 하나예요.
미역줄기의 소금기를 확실하게 제거하고 볶아야 제 맛이 나요.
물에 여러 번 헹구거나 담가 짠맛을 우려내는 것, 잊지 마세요.

 20분 4인분

주재료 미역줄기 3줌(500g), 양파(중간 것) 1개, 홍고추 1개, 올리브오일 2

양념 재료 다진 마늘 1, 국간장 1, 설탕 0.5, 다진 파 3, 통깨 1, 참기름 1, 물엿 1, 소금·후춧가루 적당량씩

성실 주부가 귀띔하는 맛내기 비법

미역줄기와 양파를 함께 넣고 오랫동안 달달 볶을수록 더 부드러워져요. 그리고 고추장 1과 고추기름 1을 더 넣으면 매콤하게 색다른 맛으로도 즐길 수 있어요.

1 미역줄기 3줌은 물에 여러 번 헹구고 깨끗한 물에 1시간 정도 담가 염기를 뺀 후 먹기 좋은 크기로 썰고,

2 양파 1개와 홍고추 1개는 일정한 간격으로 채썰고,

3 약한 불로 달군 팬에 올리브오일 2를 두르고 다진 마늘 1을 넣어 향을 내어 볶다가 미역줄기와 양파를 넣고 부드럽게 볶다가,

4 어느 정도 익으면 홍고추, 국간장 1, 설탕 0.5, 다진 파 3, 통깨 1, 참기름 1, 물엿 1, 소금, 후춧가루를 적당히 넣고 간해서 볶으면 끝.

대충 볶아도 맛있는 고마운 반찬

새송이버섯 호박볶음

맛있는 새송이버섯과 애호박은 같이 볶으면 대충 볶아도 맛있어요.
애호박이 제철인 여름에는 재료비도 참으로 착하답니다.
아이들도 담백한 맛에 아주 좋아해요.

 15분  4인분

주재료 새송이버섯(중간 것) 5개, 애호박 1/2개, 올리브오일 적당량

양념 재료 다진 마늘 0.3, 간장 1, 설탕 0.3, 참기름 0.5, 통깨 0.5, 소금·후춧가루 적당량씩

성실 주부가 귀띔하는 맛내기 비법

버섯은 생각보다 물기가 많아요. 볶아서 바로 먹어야 물기 없이 맛있게 먹을 수 있어요. 볶고 나서 시간이 오래 지나면 버섯 안에서 수분이 빠져 맛이 떨어지거든요.

1 새송이버섯 5개와 애호박 1/2개는 길쭉하고 굵게 채썰고,

2 달군 팬에 올리브오일을 두르고 다진 마늘 0.3을 넣어 향을 내어 볶다가,

3 썰어놓은 새송이버섯과 호박을 넣어 볶다가,

4 어느 정도 익으면 간장 1, 설탕 0.3, 참기름 0.5, 통깨 0.5, 소금, 후춧가루를 적당히 넣고 간하면 끝.

초간단 장금이표 요리

청포묵무침

반찬

청포묵무침을 만들면
장금이가 아닐까 하는 착각을 해요.
호호호.
임금님이 분명히 맛있게 드시던
그 음식이겠지요?
저는 늘 넣는 고기를 빼고 간단하게
만들어 봤어요.
그래도 크게 떨어지는 맛은 아니랍니다.
고기가 빠지니 감칠맛은 살짝 빠지지만,
담백하고 깔끔한 맛에
고기의 허전함이 사라져요.
밥반찬으로도 좋고
출출할 때 밤참으로 적당하지요.

주재료 청포묵 400g, 표고버섯 2개, 달걀 1개, 김 2장
묵 양념 재료 소금 0.3, 참기름 1
표고버섯 양념 재료 간장 1, 다진 마늘 0.5, 설탕 0.3, 후춧가루 약간
추가 양념 재료 참기름 2, 소금 약간, 통깨 적당량

1 청포묵 400g은 가늘게 썰어 팔팔 끓는 물에 데쳐,

2 체에 밭쳐 물기를 쪽 뺀 다음 소금 0.3, 참기름 1을 넣고 살살 무쳐 밑간해 두고,

3 달걀 1개는 황·백 지단으로 나눠 부쳐 곱게 채썰고,

4 표고버섯 2개는 채썰어 간장 1, 다진 마늘 0.5, 설탕 0.3, 후춧가루를 약간 넣고 조물조물 무쳐 팬에 달달 볶고,

5 미리 밑간한 청포묵에 황·백 지단, 표고버섯, 김을 구워 부숴 넣고,

6 ⑤에 참기름 2, 소금 약간, 통깨 적당량을 넣고 살살 무치면 끝.

 성실 주부가 귀띔하는 맛내기 비법

청포묵은 반드시 끓는 물에 투명한 속살이 비칠 때까지 살짝 데쳐야 부드럽게 먹을 수 있어요. 끓는 물에 풍덩 담그면 미끌거리기 때문에 건지기 힘들고 건지면서 부서지기 쉬워요. 청포묵을 먹기 좋게 잘라서 체에 밭쳐서 데치면 쉽고 간단하게 할 수 있어요. 또 물에 헹구지 말고, 자연스레 식히세요. 뜨거운 기운이 남아 있을 때 소금과 참기름으로 밑양념을 해야 간이 배어 맛있답니다.

반찬

볶은 오이의 참맛

쇠고기 오이볶음

오이를 볶아 먹는 것을 별로 좋아하지 않는 분들 많죠?
으레 무쳐 먹기 마련인 오이를 볶으면 특별한 요리가 된다는 사실!
오도독 오도독 씹히는 식감이 특별한, 고급스런 밥반찬이에요.

 30분   2인분

주재료 오이 1개, 꽃소금 0.5, 다진 쇠고기 1/2컵(100g)

쇠고기 양념 재료 간장 1, 청주 1, 설탕 0.5, 다진 마늘 0.5, 다진 파 1, 참기름 0.3

양념 재료 후춧가루·통깨 적당량씩

성실 주부가 귀띔하는 맛내기 비법

쇠고기의 양을 줄이거나 아예 빼고 오이만 볶아서 먹어도 맛있어요. 오이는 절여 물기를 꼭 짜야 간기도 빠지면서 볶았을 때 아삭한 맛으로 먹을 수 있어요.

1 오이 1개는 얄팍하게 썰어 꽃소금 0.5를 넣고 20분간 절이고 다진 쇠고기 1/2컵은 간장 1, 청주 1, 설탕 0.5, 다진 마늘 0.5, 다진 파 1, 참기름 0.3에 재우고,

2 절인 오이는 찬물에 두어 번 헹궈 손으로 물기를 꼭 짜고,

3 달군 팬에 양념한 쇠고기를 넣고 달달 볶다가,

4 이어서 오이를 넣어 볶고 통깨와 후춧가루를 식성대로 뿌리면 끝.

삼치구이가 입에 물리면

삼치데리야키

삼치 요리 하면 구이 먼저 떠오르죠! 삼치는 데리야키 소스와 궁합이 잘 맞는 생선이에요. 저는 삼치의 담백한 맛을 한껏 살려 조리하고 싶을 때면 데리야키 소스를 발라 구워요. 달달한 맛에 아이들도 두 손 들어 환영하는 반찬이랍니다.

 20분   2인분

주재료 삼치(큰 것) 1/2마리, 밀가루 1, 올리브오일 적당량

데리야키 소스 재료 간장 2, 맛술 3, 물엿 1, 다진 양파 1, 다진 마늘 0.3, 생강가루 약간

성실 주부가 귀뜸하는 맛내기 비법

생선을 팬에 구울 때 그냥 굽는 것보다 밀가루옷이나 녹말가루옷을 입혀 구우면 생선 안에 맛있는 육즙이 빠져나가지 않아 촉촉하고 더 맛있게 구워져요.

1 삼치 1/2마리는 깨끗이 손질해 껍질 쪽에 칼집을 넣고 밀가루옷을 골고루 입혀,

2 달군 팬에 올리브오일을 넉넉히 두르고 앞뒤로 노릇하게 굽다가,

3 삼치가 노릇하게 익으면 팬에 남은 올리브오일을 키친타월로 닦아내고,

4 간장 2, 맛술 3, 물엿 1, 다진 양파 1, 다진 마늘 0.3, 생강가루를 약간 넣고 고루 섞어 팬에 붓고 반짝반짝 윤기 나게 조리면 끝.

마늘 먹는 재미에 자주 상에 올리는

닭고기 통마늘조림

닭고기와 함께 반짝반짝 조리는 마늘은 닭고기보다 더욱 맛이 있어요.
주재료인 닭고기보다 부재료인 마늘을 넉넉히 넣어도 손해 볼 것 없는 요리랍니다.
흰색 식재료만 봐도 마늘인 줄 알고 기겁하는 쌍둥이들도 이 요리만큼은 거부하지 않아요.

 30분   2인분

주재료 토막 낸 닭 600g(큰 닭 1/2마리), 마늘 15쪽, 물 1/3컵, 청양고추 1개, 대파 1/2대, 무순 적당량

양념 재료 간장 4, 맛술 2, 물엿 1, 참기름 2, 다진 마늘 0.3, 생강가루 약간, 깨·소금·후춧가루 적당량씩

 성실 주부가 귀띔하는 맛내기 비법

한국 사람이라면 유난히 마늘을 많이 먹는데요. 마늘은 우리 몸 안에 들어온 독성 물질을 몸 밖으로 내보내고, 김치 속의 농약 성분도 없애줄뿐더러, 세포의 노화도 막아주고, 피로회복에도 도움을 줍니다. 또한 꾸준히 먹으면 암도 예방할 수 있다고 하네요. 몸에 좋은 마늘 많이 먹어야겠죠?

1 닭 600g은 기름기를 제거해 깨끗이 씻고 마늘 15쪽은 꼭지를 잘라내고 대파 1/2대는 어슷하게 썰고,

2 닭을 끓는 물에 살짝 데쳐 기름기를 어느 정도 제거하고,

3 간장 4, 맛술 2, 물엿 1, 참기름 2, 다진 마늘 0.3, 생강가루 약간을 한데 섞어 팬에 닭과 함께 넣고 물 1/3컵을 부어 중간 불로 조리다가,

무순을 곁들이면 더맛있어요

4 국물이 반 정도 졸아들면 약한 불로 줄이고 마늘과 청양고추 1개를 썰어 넣고 윤기 나게 조리다가 깨소금과 후춧가루, 대파를 넣으면 끝.

한식으로 만나는 서양 식재료

브로콜리 된장무침

브로콜리는 보통 데쳐서 초고추장에 찍어 먹는 게 일반적이죠?
그런데 어느 날 브로콜리를 된장 양념에 무쳤더니 색다른 맛이 나더라고요.
종종 새로운 브로콜리 요리법에도 도전해 보세요.

 30분   2인분

주재료 브로콜리 1송이(300g), 굵은소금 약간

양념 재료 일본된장 1, 고추장 1, 다진 마늘 0.5, 참기름 0.5, 물엿 0.5, 통깨 약간

성실 주부가 귀띔하는 맛내기 비법
브로콜리를 데칠 때는 끓는 물에 굵은소금을 넣고 살짝 데쳐야 푸른색이 더욱 선명해지고, 씹는 맛도 아삭아삭합니다. 얼음물에 헹궈내면 맛이 더욱 좋아요.

1 브로콜리 1송이는 먹기 좋게 다듬어 끓는 소금물에 살짝 데쳐 찬물에 헹궈 물기를 짜고,

2 일본된장 1, 고추장 1, 다진 마늘 0.5, 참기름 0.5, 물엿 0.5를 한데 섞어 양념장을 만들고,

3 데친 브로콜리에 양념장을 넣고 조물조물 무쳐 통깨를 솔솔 뿌리면 끝.

반찬

찌개만 끓이나요, 조려도 먹는
동태 무조림

동태는 보통 찌개로만 드시죠?
동태는 살이 많고 연해서 조려 먹어도 맛이 좋아요.
찌개 대신 촉촉하게 조려 별미 반찬으로 입맛을 돋우세요.

 40분 3~4인분

주재료 동태 1마리, 큼직하게 썬 무 4쪽, 멸치 육수 2컵, 대파 1/2대, 청양고추 1개, 홍고추 1개

양념 재료 고춧가루 4, 간장 3, 맛술 3, 올리브오일 1, 다진 마늘 1, 흑설탕 1, 생강가루 0.2, 후춧가루 0.2, 소금 0.3

성실 주부가 귀띔하는 맛내기 비법

동태를 조릴 때 처음부터 약한 불에 조리면 생선살이 사르르 부서져요. 처음에 강한 불로 후다닥 조리고, 동태살이 단단해지면 불을 줄여 뭉근하게 익히세요.

간장 대신 참치액을 넣어요

1 동태 1마리는 지느러미와 비늘을 잘 다듬어 깨끗이 씻고 무는 도톰하게 나박썰기하고,

2 고춧가루 4, 간장 3, 맛술 3, 올리브오일 1, 다진 마늘 1, 흑설탕 1, 생강가루 0.2, 후춧가루 0.2, 소금 0.3을 한데 섞어 양념장을 만들고,

3 냄비에 무를 담고 그 위에 동태를 올린 후 양념장과 멸치 육수 2컵을 붓고 강한 불에서 조리다가,

4 어느 정도 졸아들면 대파 1/2대와 청양고추 1개, 홍고추 1개를 어슷하게 썰어 넣고 살짝 조리면 끝.

어른, 아이 입맛 사로잡는 든든한 밑반찬

꼬마쥐포볶음

집에 늘 있어야만 든든한 마른반찬으로는 오징어채볶음과 멸치볶음, 쥐포볶음 등을 꼽을 수 있겠죠. 살이 도톰한 꼬마쥐포를 간장과 고추장으로 볶으니 아이들이 맨입에 간식처럼 먹더라고요. 나중에는 물을 벌컥벌컥 먹는 사태가 났지만 말이죠.

 15분   4인분

주재료 꼬마쥐포 2줌(100g)

양념 재료 간장 2, 고추장 0.5, 맛술 2, 물엿 2, 다진 마늘 0.3, 통깨 0.5, 참기름 0.3

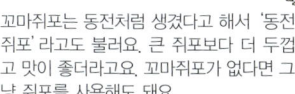
꼬마쥐포는 동전처럼 생겼다고 해서 '동전 쥐포'라고도 불러요. 큰 쥐포보다 더 두껍고 맛이 좋더라고요. 꼬마쥐포가 없다면 그냥 쥐포를 사용해도 돼요.

1 꼬마쥐포 2줌은 먹기 좋은 크기로 잘라서,

2 물에 1분 정도 담가 살짝 불린 다음 체에 밭쳐 물기를 쏙 빼고,

3 팬에 간장 2, 고추장 0.5, 맛술 2, 물엿 2, 다진 마늘 0.3을 넣고 바글바글 끓이다가,

4 불려둔 쥐포를 넣어 볶다가 통깨 0.5, 참기름 0.3을 둘러 볶으면 끝.

반찬

매일 먹고 싶어지는
꿀간장 닭조림

닭은 우리나라 국민이
너무나도 사랑하는 음식이지요.
조류독감이네 인플루엔자네 해도
닭을 향한 온 국민의 사랑은
식을 줄 모르는 것 같아요.
버터 향을 더하고, 꿀을 넣어서
윤기 나게 조리면 그냥 간식 삼아
먹기에도 좋은 닭 요리가 만들어지죠.
가끔 고소한 향 폴폴 나는
닭조림을 예쁘게 포장해
이웃들에게 선물하기도 해요.

주재료 닭(큰 것) 1/2마리, 고구마 1개, 버터 0.5, 다진 마늘 1, 청양고추 1개, 홍고추 1개
닭 밑간 재료 소금·후춧가루·청주 약간씩
양념 재료 간장 5, 물 5, 맛술 3, 꿀 3, 생강가루 약간, 참기름 0.5, 깨소금 0.5, 실파 적당량

1 닭 1/2마리는 닭갈비용으로 작게 잘라 찬물에 여러 번 헹궈 씻어 고기 밑간 재료인 소금, 후춧가루, 청주를 넣어 양념을 하고,

2 고구마 1개는 잘 씻어 껍질째 닭 크기와 비슷하게 자르고,

3 팬에 버터 0.5를 넣어 약한 불로 녹이고, 밑간한 닭과 고구마를 넓게 펼쳐 깔고 뚜껑을 덮고 중간 불로 익히고,

> 고구마와 닭이 완전히 다 익으면 따로 꺼내 담아 놓으세요

4 약하게 달군 팬에 다진 마늘 1과 청양고추 1개, 홍고추 1개를 동글동글하게 썰어 넣고 살살 볶아 향을 내고,

5 간장 5, 물 5, 맛술 3, 꿀 3, 생강가루를 약간 넣어 바글바글 끓여 소스를 만들고,

6 소스가 살짝 졸아들면 닭과 고구마를 넣어 윤기 나게 조리다가 참기름 0.5, 깨소금 0.5, 송송 썬 실파를 적당히 넣으면 끝.

성실 주부가 귀띔하는 맛내기 비법

닭은 생각보다 잘 안 익어요. 고구마는 너무 잘게 자르면 닭보다 먼저 익으면서 물러질 수 있으니 썰 때 크기를 잘 조절해야 해요. 먼저 닭을 완전히 익혀야 하며, 나중에는 소스에 넣고 버무리기만 한다고 생각하면 돼요.

친정 엄마의 숨겨진 반찬

콩 땅콩 멸치볶음

친정 엄마가 자주 만들어 주시던 중독성 강한 반찬이에요.
왜 중독 반찬인 줄 아세요? 밥 없이도 자꾸만 먹게 되어 결국 끝을 보게 되는
반찬이라서 우리집에서는 그렇게 불러요.

 20분   3인분

주재료 검은콩 1컵, 땅콩 2컵, 가이리 멸치 2컵
양념 재료 올리브오일 2, 고추장 4, 물엿 6, 맛술 1, 참기름 0.5, 통깨 1

1 검은콩 1컵은 물에 3~4차례 씻어 체에 받쳐 물기를 빼고 땅콩 2컵은 껍질을 까고 가이리 멸치는 머리와 똥을 발라내고,

2 마른 팬을 약한 불로 달궈 검은콩을 넣고 계속 저어가며 타지 않게 볶고 다 볶은 콩은 다른 그릇에 옮겨 따로 담아 두고,

따로 불리지 않아도 돼요

3 이어서 팬에 올리브오일 2를 두르고 멸치를 넣고 볶다가 바로 땅콩을 넣어 볶고,

4 콩도 함께 넣고 고추장 4, 물엿 6, 맛술 1, 참기름 0.5, 통깨 1을 넣어 양념과 재료가 잘 섞이도록 볶으면 끝.

성실 주부가 귀띔하는 맛내기 비법
먼저 볶아두었다가 나중에 다시 넣어 조리는 검은콩은 확실하게 다 익혀야 해요. 아주 약한 불에 나무주걱으로 계속 뒤적이면서 볶다보면 콩 껍질이 갈라지면서 속살이 드러나죠. 많은 콩들이 갈라지면 거의 다 익었다고 생각하면 돼요.

김장김치가 물릴 때 먹는
콩나물 파채무침

삼겹살이나 고기 등을 먹을 때 곁들이면 좋은 파채무침을 콩나물과 함께 넣고 무쳐봤어요. 김장김치가 물리기 시작하는 늦겨울에서 초봄 사이에 먹으면 입맛 살리는 반찬이에요.

 20분　 4인분

주재료 대파 2대, 콩나물 3줌(300g)
양념 재료 고춧가루 2, 간장 2, 설탕 0.5, 다진 마늘 0.3, 참기름 1, 통깨 1, 소금·후춧가루 약간씩

1 대파 2대는 가늘게 채썰어 찬물에 담가 아린 맛을 빼고,

2 콩나물 3줌은 데친 후 찬물에 헹궈 아삭한 맛을 살리고,

3 볼에 물기를 쪽 뺀 파채를 넣고 고춧가루 2, 간장 2, 설탕 0.5, 다진 마늘 0.3, 참기름 1, 통깨 1을 넣어 살살 무치고,

4 이어서 콩나물을 넣고 대강 버무린 후 소금, 후춧가루로 간을 맞추면 끝.

성실 주부가 귀띔하는 맛내기 비법
콩나물은 살짝 데친 다음 찬물에 헹궈야 아삭한 맛을 살릴 수 있어요. 콩나물국 끓이듯 너무 오래 데치지 마세요.

반찬

과식 주의보 내리는
깻잎 오징어채무침

조금만 생각을 바꾸면 의외로 맛 좋은 반찬이 탄생해요.
깻잎과 오징어채가 이렇게나 잘 어울리다니!
깻잎 향이 밴 오징어채가 맛있어서 밥 두 그릇은 기본이에요.

 20분 3인분

주재료 오징어채 2줌(100g), 깻잎 30장
부재료 대파 1/4대
양념 재료 고추장 3, 고춧가루 1, 다진 마늘 1, 설탕 0.5, 물엿 2, 간장 1, 참기름 1, 통깨 1

1 오징어채 2줌은 먹기 좋게 잘라서 물에 잠시 담갔다가 건져 물기를 빼고,

2 깻잎 30장은 씻어서 듬성듬성 썰고,

3 고추장 3, 고춧가루 1, 다진 마늘 1, 설탕 0.5, 물엿 2, 간장 1, 참기름 1, 통깨 1을 한데 섞어 고추장 양념장을 만들고,

4 불린 오징어와 깻잎에 양념장을 넣어 양념이 골고루 배도록 손으로 조물조물 무치면 끝.

성실 주부가 귀띔하는 맛내기 비법
오징어채 대신 데친 어묵을 넣어도 색다른 맛이 나요. 또는 생물 오징어를 데쳐 넣어도 맛있답니다.

맛 좋고 간단하고 저렴한 음식

깻잎절임

깻잎이 싼 여름이면 넉넉히 사서 젓갈 양념으로 생절임을 꼭 해두죠.
익힌 깻잎보다 생깻잎 자체로 절여 먹으면, 알싸한 맛이 식욕을 돋워요.
삼겹살 쌈용 깻잎을 당당한 주연으로 대접해 주세요.

 30분　 4인분

주재료 깻잎 5묶음(60장)
양념 재료 다진 홍고추 1개분, 다진 청양고추 1개분, 다진 대파 2, 다진 양파 5, 다진 마늘 1, 까나리액젓 3, 간장 3, 맛술 1, 물엿 2, 고춧가루 2, 물 2, 참기름 0.5, 깨소금 1

1 깻잎은 한 장 한 장 잘 씻어 물기를 탁탁 털어 준비하고,

2 다진 홍고추 1개분, 다진 청양고추 1개분, 다진 대파 2, 다진 양파 5, 다진 마늘 1, 까나리액젓 3, 간장 3, 맛술 1, 물엿 2, 고춧가루 2, 물 2, 참기름 0.5, 깨소금 1을 한데 섞어 양념장을 만들고,

3 깻잎을 4~5장씩 깔고 그 위에 양념을 적당히 발라주는 과정을 반복하여 실온에서 하루 정도 두었다가 냉장 보관해서 먹으면 끝.

성실 주부가 귀띔하는 맛내기 비법
깻잎절임은 한 달 이상 냉장고에 넣어두고 먹을 수 있어요.

Breakfast
Lunch
Dinner

문성실의 집밥 먹고 살기 프로젝트

Part 4

내 손으로 직접 담근
김치·장아찌·피클

요즘 김치 담글 줄 아는 주부들이 점점 줄어들고 있다지요. 친정집에서 얻어먹고, 시댁에서 가져오고, 홈쇼핑에서 주문해 먹고…. 아무리 바쁘고 번거로워도 세계인이 주목하는 건강 발효 식품 김치를 담가 먹읍시다! 배추김치, 깍두기 등 기본 김치와 장아찌, 피클의 주전 선수를 소개합니다. 칼질도 못하는 요리 초보인 남편들도 쉽게 따라할 수 있어요.

당신 없으면 못 살아
배추김치

포기김치 담기 두려워하시는 분들 많으시죠?
김치를 사먹거나 친정이나 시댁에서 공수해온 것만 먹다보면 절대 김치 담그는 실력이 늘지 않아요.
포기하지 말고 기본 중의 기본인 배추김치에 도전해 보세요.

김치·장아찌·피클

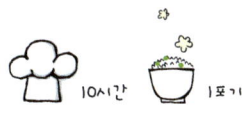

주재료 배추 1포기, 굵은소금 1/3컵, 채썬 무 3줌(400g), 대파나 쪽파 1/2대
절임물 재료 물 12컵, 굵은소금 3/4컵
찹쌀풀 재료 물 2컵, 찹쌀가루 2
양념 재료 고춧가루 12, 새우젓 3, 멸치액젓 6, 꽃소금 1.5, 설탕 3, 다진 마늘 2, 다진 생강 1

중간에 위치를 바꿔주면 좋아요

1 배추 1포기는 뿌리 쪽에 열십자 모양의 칼집을 내서 손으로 4쪽으로 나누고 물 12컵에 굵은소금 3/4컵을 녹인 절임물에 배추를 담그고,

봄이나 여름에는 5시간 정도 절이고, 김장배추는 10시간 정도 절여요

2 굵은소금 1/3컵을 배춧잎 사이사이에 고루 나눠 뿌려 8시간 정도 절였다가 다 절여지면 배추를 씻어 채반에 건져 물기를 빼고,

3 물 2컵에 찹쌀가루 2를 넣어 멍울 없이 풀어서 뭉근하게 끓여 찹쌀풀을 만들어 식히고,

4 식힌 찹쌀풀에 고춧가루 12, 새우젓 3, 멸치액젓 6, 꽃소금 1.5, 설탕 3, 다진 마늘 2, 다진 생강 1을 골고루 섞어,

대파 대신 쪽파를 넣으면 더 좋아요

5 양념 재료에 채썬 무 3줌과 어슷썬 대파 1/2대를 넣고 팍팍 버무리고,

보통 실온에 하루정도 익혔다가 냉장고에 넣어서 먹으면 맛있어요

6 배추 사이사이에 양념한 무생채를 고루 나눠서 양념을 넣고 김치통에 꾹꾹 눌러 담아 익히면 끝.

성실 주부가 귀띔하는 맛내기 비법

배추를 절일 때 보통 배추 1통당 물 1ℓ에 굵은소금 1컵 정도 필요해요. 배추를 절이는 시간은 계절에 따라 다른데 겨울에는 10~12시간, 여름에는 4~6시간 정도 절이면 되지요. 꼭 중간에 한두 번 뒤집어줘야 골고루 절여진답니다. 물기를 빼는 시간도 2~3시간 채반에 받쳐두어야 하고요. 김치를 담가 익힐 때는 보통 실온에서 하루 정도 익히고 김치냉장고에 보관하며, 20일 정도 익힌 다음 먹는 것이 제일 맛이 있어요. 3개월 이상 오래 보관하는 김치는 찹쌀풀을 빼고 담가야 하는 것 잊지 마시고요. 찹쌀풀을 넣으면 빨리 시기 때문이죠.

김치·장아찌·피클

아삭아삭 씹히는 초보자용 김치
깍두기

초보자도 아주 쉽게 담을 수 있는 김치가 바로 깍두기예요. 생애 첫 김치 담그기에 나서는 분, 김치 담그기에 나섰지만 매번 실패만 하는 분에게 추천하고 싶어요. 식당에서 나오는 깍두기 맛을 내고 싶다면 무를 절일 때 뉴슈가와 사이다를 넣으면 돼요.

2시간   20인분

주재료 무 1kg, 굵은소금 2, 쪽파나 대파 썬 것 5

양념 재료 다진 새우젓 1, 고춧가루 5, 멸치액젓 2, 다진 마늘 2, 다진 생강 0.5, 설탕 1, 소금·통깨 적당량씩

성실 주부가 귀뜸하는 맛내기 비법

깍두기에 사용하는 무는 단단하면서도 매끈한 조선무를 사용해야 쉽게 무르지 않아요. 깍두기는 쉽게 물러지기 때문에 먹을 만큼 조금씩 담가 먹어야 하죠. 새우젓과 멸치액젓을 함께 넣어 담가야 맛이 좋아요.

1 무 1kg은 사방 2cm 크기로 썰어 굵은소금 2를 넣고 1시간 정도 절여 물에 헹궈 물기를 쏙 빼고,

2 다진 새우젓 1, 고춧가루 5, 멸치액젓 2, 다진 마늘 2, 다진 생강 0.5, 설탕 1을 한데 섞어 양념장을 만들고,

3 무에 양념장을 넣고 골고루 버무리다가 쪽파와 통깨를 넣고 소금 간해서 한 번 더 버무리면 끝.

깊은 감칠맛에 중독되는

파김치

파김치처럼 쉬운 것이 어디 있을까요? 쪽파 다듬는 게 번거롭고 귀찮은 생각이 들어서 그렇지 담그는 것은 정말 너무너무 쉽답니다. 우리집에서는 파 자체가 자극적이고 매워서 다른 양념을 많이 넣지 않고 깔끔하게 담가요.

 40분 20인분

주재료 쪽파 1단

양념 재료 밀가루풀 6(물 2/3컵+밀가루 0.7), 멸치액젓 6, 고춧가루 5, 설탕 1, 통깨 1

 성실 주부가 귀띔하는 맛내기 비법

쪽파는 뿌리 부분이 둥글둥글하고 굵고 길이가 짧은 재래종으로 골라야 해요. 뿌리 부분이 너무 굵은 것은 칼등으로 으깨지지 않도록 살살 누드려 담그세요. 쪽파 하면 멸치액젓이 단짝이지요. 시간이 넉넉하다면 파에 멸치액젓을 뿌려 20분 정도 절이면 더 깊은 감칠맛이 나요. 또 김장철에 등장하는 갓을 넣고 담그면 한결 맛있어요.

1 쪽파 1단은 깨끗하게 다듬어 흐르는 물에 씻은 다음 체에 밭쳐 물기를 빼고,

2 2/3컵의 물에 밀가루 0.7을 넣어 멍울지지 않게 잘 푼 다음 약한 불에 저어가며 밀가루풀을 쑤고,

3 식힌 밀가루풀 6에 멸치액젓 6, 고춧가루 5, 설탕 1, 통깨 1을 넣고 양념장을 만들고,

오래 푹 익힌 것을 좋아하면 실온에 하루나이틀 두었다가 냉장 보관하세요

4 파에 양념장을 골고루 바르고 김치통에 차곡차곡 담으면 끝.

김치·장아찌·피클

봄이 왔네~ 봄이 와
봄동겉절이

봄을 대표하는 채소인 봄배추, 봄동.
밥 먹기 직전에 무쳐 먹으면 입맛이 확 살아나죠.
봄동을 고를 때는 노란색을 띠고, 통통하고 속잎이 꽉 찬 것을 고르세요.

40분 / 4인분

주재료 봄동 6줌(250g), 양파 1/4개

양념 재료 고춧가루 3, 멸치액젓이나 까나리액젓 3, 물 1, 다진 파 2, 다진 마늘 1, 설탕 1

성실 주부가 귀띔하는 맛내기 비법

겉절이, 쌈으로 즐겨 먹는 봄동. 어리고 연한 배추인 봄동은 단백질을 구성하는 아미노산이 풍부해 씹을수록 고소한 맛이 나고 향이 진한 것이 특징이에요. 또 김장배추보다 수분이 많아 즉석에서 양념장에 버무려 먹으면 신선한 맛을 즐길 수 있답니다. 봄동은 숨이 죽지 않도록 먹기 직전에 무쳐야 아삭한 맛이 살아 있어요.

1 봄동 6줌은 물에 깨끗이 씻어 먹기 좋게 손으로 뜯고,

참기름 0.5, 통깨 1을 넣으면 맛있어요

2 양파 1/4개는 채썰고 고춧가루 3, 멸치액젓 3, 물 1, 다진 파 2, 다진 마늘 1, 설탕 1을 한데 섞어 양념장을 만들고,

3 봄동에 양파와 양념장을 넣고 손으로 조물조물 버무리면 끝.

덤 요리

미나리김치 (3~4인분)

주재료 데친 미나리(주먹 크기) 3덩어리 **양념 재료** 고춧가루 3, 멸치액젓 3, 다진 마늘 1, 다진 생강 0.3, 설탕 0.5, 통깨 적당량

만들기
미나리는 다듬어 끓는 물에 굵은소금을 넣고 살짝 데쳐 미지근한 물에 씻어 물기를 짜요. 데친 미나리에 분량의 양념 재료를 한데 섞어 데친 미나리에 넣고 조물조물 무치면 끝.

짭조름한 밥도둑

조개젓무침

뜨거운 밥에 젓갈을 올려 먹으면 그 맛이 아주 꿀맛인 친정 엄마표 조개젓.
엄마에게 맛있게 무치는 방법을 알려달라고 했지요. 사이다나 식초 물에 담가 짠기를
빼서 무치는 것이 비법이더라고요.

 20분    4인분

주재료 조개젓 1컵, 사이다 1/2컵

양념 재료 홍고추 1개, 청양고추 1개, 대파 2, 다진 마늘 0.3, 고춧가루 0.5, 참기름 1, 깨소금 0.5

 성실 주부가 귀띔하는 맛내기 비법

조개젓은 초여름에 담근 것이 가장 맛있어요. 싱싱한 조개를 골라 해감을 토하게 한 후 살만 발라내서 엷은 소금물에 살살 흔들어 씻어줘요. 씻은 조개는 체에 밭쳐 물기를 빼고, 소금에 버무려 항아리에 담아요. 끓인 소금물을 식혀서 항아리에 붓고, 단단히 봉한 다음 3~4주 정도 삭히면 되지요.

1 조개젓 1컵은 사이다 1/2컵에 20분간 담가 짠맛을 없애고,

2 조개젓은 체에 밭쳐 물기를 빼고 홍고추 1개, 청양고추 1개, 대파는 잘게 다지고,

3 조개젓에 홍고추 1, 청양고추 1, 대파 2, 다진 마늘 0.3, 고춧가루 0.5, 참기름 1, 깨소금 0.5를 넣고 조물조물 무치면 끝.

입맛 확 살리는 우리집 저장식

고추 마늘피클

고추 마늘피클을 담가두면 정말 맘이 든든해요. 만들기도 너무너무 간단하고 오래 삭히면 삭힐수록 우러나오는 깊은 맛에 홀딱 빠지거든요. 대신 오래 기다려야 하는 건 즐겁게 감수해야겠죠.

 30분   2인분

주재료 풋고추 40~50개, 마늘 10쪽

절임물 재료 물 1컵, 청하 1/2컵, 식초 3/4컵, 간장 1+1/4컵, 설탕 3/4컵

성실 주부가 귀띔하는 맛내기 비법

고추는 오래 삭힐수록 더욱 맛있어진답니다. 실온에 2~3주간 두었다가 냉장고로 옮겨 보관하세요. 삭힌 고추는 깔끔한 맛으로 먹기도 하고 양념장에 무치면 밥반찬으로 그만이지요. 잘게 다져 김밥에 넣거나 칼국수 위에 얹어 먹어도 맛있고, 양념장 안에 넉넉히 넣어 뜨끈한 밥에 비벼도 입안에서 군침이 돌지요.

이렇게 해야 고추 속까지 절임물이 잘 배어들어요

1 풋고추 40~50개는 잘 씻어 이쑤시개로 군데군데 5~6번 정도 찌르고,

2 물 1컵, 청하 1/2컵, 식초 3/4컵, 간장 1+1/4컵, 설탕 3/4컵을 한데 섞어 설탕이 녹을 때까지 잘 저어 준비하고,

청하를 넣은 절임물은 따로 끓이지 않고 그냥 섞어요

3 병에 마늘 10쪽과 풋고추를 세워 차곡차곡 넣고 미리 만들어 둔 절임물을 붓고,

여름에는 2주, 겨울에는 3주 동안 실온에서 삭히면 돼요

4 재료가 떠오르지 않도록 무거운 도자기 컵 등으로 꾹 눌러 실온에 2~3주간 두면 적당히 삭혀지는데 그 후에는 냉장 보관하면 끝.

맛들이면 안 먹고는 못 배기는
마늘종장아찌

한 식당에서 먹어본 후 그 맛에 반해 제 나름대로 재현해본 음식이에요.
맨입으로 한 접시를 싹 비웠거든요.
맛내기 비법은 맛이 잘 배도록 배합초를 두 번 끓이는 거예요.

30분 / 3인분

주재료 마늘종 100줄기
배합초 재료 간장 3컵, 물 3컵, 식초 2컵, 설탕 2컵

성실 주부가 귀띔하는 맛내기 비법

마늘종장아찌는 실온에 이틀 동안 두었다가 간장물을 냄비에 따라 붓고 다시 끓여 식혀서 부어주세요. 역시 실온에 2~3일간 두었다가 냉장고에 넣어두고 드시면 돼요. 마늘종장아찌는 오래 묵힐수록 깊은 맛이 나지요.
　마늘종장아찌를 건져 고추장, 물엿, 참기름, 들깨를 넣고 무치면 더욱 맛있게 먹을 수 있어요.

배합초가 넘치지 않게 조심하세요

1 마늘종 100줄기(작은 단으로 3단 정도)는 씻어서 4~5cm 길이로 자르고,

2 냄비에 간장 3컵, 물 3컵, 식초 2컵, 설탕 2컵의 배합초 재료를 넣어 팔팔 끓이고 마늘종을 유리용기에 담고,

3 뜨거운 배합초를 붓고 마늘종이 떠오르지 않게 무거운 것으로 눌러놓으면 끝.

선물하기에 좋은
양파장아찌

늘 친정 엄마의 도움으로 만들어 먹던 장아찌. 이제는 직접 만들어서 엄마에게 선물해 보세요. 용기에 장아찌를 담아 예쁘게 포장해서 가까운 이웃이나 친구에게 선물해도 좋아요. 양파장아찌는 입맛을 살리는 최고의 음식이랍니다.

 20분　 30인분

주재료 양파(큰 것) 7개, 청양고추 7개, 홍고추 2개

배합초 재료 간장 3컵, 물 3컵, 식초 2컵, 설탕 2컵

 성실 주부가 귀뜸하는 맛내기 비법

장아찌를 담글 때 사용하는 간장은 시판되는 일반 양조간장이나 다시마나 표고버섯 등을 우린 기능성 간장을 사용하면 돼요. 장아찌 간장을 만들 때는 물이 들어가지 않도록 유의해야 하고 담근 후 용기에서 꺼낼 때도 물기 없는 숟가락을 사용해야 하죠. 그리고 장아찌를 꺼낸 다음 잘 눌러서 남은 장아찌가 간장에 촉촉이 잠기게 해야 두고두고 맛있게 먹을 수 있어요. 칼칼하고 개운한 맛으로 먹으려면 홍고추 대신 마른 고추를 넣으면 되고요.

간장 물이 넘치지 않도록 옆에서 지켜 보세요

적당히 식으면 냉장 보관해서 다음 날부터 먹으면 돼요

1 양파 7개는 껍질을 벗기고 물에 씻어 굵직하게 채썰고 청양고추 7개와 홍고추 2개는 어슷하게 썰고,

2 냄비에 간장 3컵, 물 3컵, 식초 2컵, 설탕 2컵을 한데 섞어 팔팔 끓이고,

3 양파를 유리용기에 담고 배합초가 뜨거울 때 부으면 끝.

기름진 고기 요리와 세트 메뉴

모둠피클

새콤달콤해서 고기와 함께 먹으면 좋은 피클이랍니다. 여러 가지 재료들을 넣고 만들어서 취향대로 골라 먹을 수 있지요. 피클링 스파이스가 없다면 넣지 않아도 괜찮아요.

 20분   30인분

주재료 무 1/2개, 오이 2개, 양배추 1/4통, 양파(중간 것) 2개, 청양고추 3개, 홍고추 2개, 깻잎 1묶음(12장)

배합초 재료 물 5컵, 식초 2+1/2컵, 설탕 2+1/2컵, 소금 2, 피클링 스파이스 0.5

성실 주부가 귀띔하는 맛내기 비법

피클링 스파이스를 절임물에 넣어 끓이면 맛과 향을 더해 깊은 맛을 낼 수 있어요. 피클링 스파이스는 정향, 후추, 월계수 잎 등을 섞어 만든 피클 전용 향신료로 백화점이나 대형마트에서 구입할 수 있어요. 우리집에서는 피클을 담글 때 일반 식초나 사과식초를 사용해요. 과일 향이 상큼한 식초 맛이 피클에 잘 어울리더라고요. 2배·3배 식초는 되도록 사용하지 마시고요. 배합초 만드는 비율에 다소 실패하기 쉽거든요.

1 무 1/2개와 오이 2개, 양배추 1/4통, 양파 2개는 굵직굵직하게 채썰고 청양고추 3개와 홍고추 2개, 깻잎 12장도 적당한 크기로 채썰고,

2 물 5컵, 식초 2+1/2컵, 설탕 2+1/2컵, 소금 2, 피클링 스파이스 0.5를 냄비에 담고 팔팔 끓여 배합초를 만들고,

다음 날부터 먹을 수 있어요

3 무, 오이, 양배추, 양파, 청양고추, 홍고추, 깻잎에 뜨거운 배합초를 부어 식힌 후 유리용기에 담아 냉장 보관하면 끝.

Breakfast
Lunch
Dinner

문성실의 집밥 먹고 살기 프로젝트

Part 5

외식보다 맛있다!
우리집 특별 요리

주 5일 근무시대, 주말마다 꽉 막힌 도로 위에서 불편한 가족여행을 다니세요? 우리집은 맛있는 요리해 먹으며 편하고 느긋하게 보내요. 어깨너머로 요리를 배운 남편이 교촌치킨을 만들면 쌍둥이들은 아빠 옆에서 밀가루 반죽을 갖고 놀지요. 저는 뭐하냐고요? 식탁에 화사한 매트 깔고 예쁜 접시를 꺼내 레스토랑 못지않은 분위기를 연출하지요. 한식 대표 선수 갈비찜, 중국 대표 선수 오렌지 탕수육 등 전세계 요리 대표가 모인 성실네 메뉴판을 주목하세요.

고기 요리의 대명사

불고기와 채소무침

한국 주부라면 맛있는 불고기 요리법쯤은 꼭 익혀두어야 하죠. 우리집에서는 불고기 요리에 항상 붙이는 세트 메뉴가 있으니 바로 채소무침이랍니다. 맛도 좋고 균형적인 영양으로 상승 작용을 하거든요.

 30분   2인분

주재료 쇠고기 300g, 채소(상추, 무순 등) 3줌

불고기 양념 재료 배즙 4, 청주 1, 간장 4, 설탕 1, 맛술 1, 다진 파 2, 다진 마늘 1, 참기름 1, 깨소금 0.5, 생강즙·후춧가루 적당량씩

채소 양념 재료 간장 1.5, 식초 1, 맛술 0.5, 다진 마늘 0.5, 고춧가루 0.5, 설탕 0.3, 참기름 0.5, 깨소금 0.5

성실 주부가 귀띔하는 맛내기 비법
쇠고기를 양념할 때 미리 배즙이나 양파즙, 청주에 재웠다가 사용하면 연하고 부드러운 육질을 즐길 수 있는 것은 물론 잡냄새도 사라진답니다. 양념을 할 때 간장을 먼저 넣으면 고기가 질겨지기 쉬우니 유의하세요.

미리 재웠다가 냉장 숙성하면 더욱 맛이 있어요

1 쇠고기 300g은 배즙 4, 청주 1에 20분간 재웠다가 간장 4, 설탕 1, 맛술 1, 다진 파 2, 다진 마늘 1, 참기름 1, 깨소금 0.5, 생강즙, 후춧가루를 적당히 넣어 양념하고,

2 달군 팬에 양념한 고기를 넣어 달달 볶다가,

3 채소 양념 재료인 간장 1.5, 식초 1, 맛술 0.5, 다진 마늘 0.5, 고춧가루 0.5, 설탕 0.3, 참기름 0.5, 깨소금 0.5를 한데 섞어 양념장을 만들고,

4 먹기 직전에 적당한 크기로 뜯어 놓은 채소에 양념장을 넣고 살살 버무려 불고기와 곁들이면 끝.

보기 좋은 떡이 맛도 좋은

떡갈비

왜 떡갈비라는 이름을 지었을까요? 떡도 없는데 말이죠. 떡갈비란 이름은 쇠고기를 다져 만든 모양이 떡을 닮아서 붙여졌다고 해요. 궁중에서 임금이 즐기던 요리로 전라도 담양, 화순과 경기도 광주, 양주 일원이 유명하답니다.

 30분　 3인분

주재료 쇠고기(안심이나 등심) 300g, 올리브오일 적당량, 잣이나 호두 다진 것·통깨 적당량씩

양념 재료 맛술 1, 청주 1, 양파 간 것 2, 간장 3, 다진 파 3, 다진 마늘 1, 생강즙이나 생강가루 0.3, 꿀 1, 흑설탕 1, 참기름 0.5, 후춧가루 0.3, 찹쌀가루 1

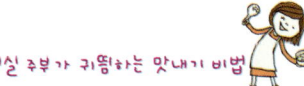

본래는 갈빗살을 곱게 다져 만드는 것인데 집에서 하기가 번거로워 안심이나 등심을 사용했어요. 다진 고기를 사서 하는 것보다 집에서 잘게 갈거나 다져야 육질이 느껴져요.

1 쇠고기 300g은 연한 안심이나 등심으로 준비해 손으로 다지거나 커터기로 고기의 입자가 살도록 갈고,

2 쇠고기에 맛술 1, 청주 1, 양파 간 것 2, 간장 3, 다진 파 3, 다진 마늘 1, 생강즙 0.3, 꿀 1, 흑설탕 1, 참기름 0.5, 후춧가루 0.3, 찹쌀가루 1을 넣고 오래 치대고,

3 양념한 고기는 넓적하게 모양을 내서 빚고,

4 약하게 달군 팬에 올리브오일을 살짝 두르고 앞뒤로 타지 않게 구워 상에 낼 때 잣이나 호두 다진 것, 통깨를 솔솔 뿌리면 끝.

특별요리

명절에 빠지면 섭섭한
소갈비찜

만만치 않은 가격에 자주 밥상에 올리지 못하는 소갈비찜. 그래도 명절에 안 먹고 넘어가면 서운한 요리지요.
가족 모두 좋아하는 비싼 소갈비가 맛없게 만들어지면 정말 쥐구멍에라도 들어가고 싶어요!
맛있게 만드는 법 익혀두셨다가 솜씨 한번 뽐내보세요.

주재료 소갈비 1kg, 무(5×5cm) 2토막, 밤 7개, 대추 7개, 은행 20알, 홍고추 1개, 청양고추 1개, 대파 1대

양념 재료 배 1/2개나 키위(작은 것) 1개, 양파 1/2개, 다진 마늘 2, 다진 생강 0.3, 간장 12, 물엿 3, 흑설탕 2, 굴소스 1, 맛술 5, 청주 4, 핫소스 2, 후춧가루 0.3, 참기름 0.5

1 갈비 1kg은 찬물에 3~4시간 정도 담가 핏물을 빼고,

2 배 1/2개, 양파 1/2개는 믹서에 갈아 다진 마늘 2, 다진 생강 0.3, 간장 12, 물엿 3, 흑설탕 2, 굴소스 1, 맛술 5, 청주 4, 핫소스 2, 후춧가루 0.3, 참기름 0.5와 섞고,

고기에 양념이 잘 배면 더욱 맛이 좋아요

3 고기의 핏물이 어느 정도 빠지면 고기에 양념이 잘 스며들도록 칼집을 군데군데 넣어 양념장에 재운 다음 냉장고에 넣어 만 하루 정도 숙성시키고,

압력솥에 익히면 육질이 연해져요

4 양념한 고기를 압력솥이나 속이 깊은 냄비에 넣어 뚜껑을 덮고 추가 흔들릴 때까지 푹 무르게 익히고,

무는 겉면을 모양지게 다듬어서 넣으면 더욱 예쁘고 잘 익어요

5 고기가 익는 동안 무 2토막, 밤 7개, 대추 7개, 은행 20알과 홍고추 1개, 청양고추 1개, 대파 1대는 어슷하게 썰고,

6 고기가 다 익으면 뚜껑을 열고 위에 뜬 기름을 숟가락으로 말끔히 걷어내고, 기름기가 어느 정도 제거되면 준비한 재료들을 넣어 밤과 무가 익고 자작하던 국물이 자박하게 졸아들 때까지 끓이면 끝.

성실 주부가 귀띔하는 맛내기 비법

갈비를 물에 담가 핏물을 뺄 때 중간에 두세 번 물을 갈아줘야 고기 누린내가 사라져요. 갈비 요리는 먹기 직전에 재우기보다 2~3일 전에 미리 재료를 양념해 냉장고에 두었다가 요리하는 것이 맛있어요.

결혼기념일용 특별 만찬

안심스테이크

특별요리

집에서 결혼기념일을 챙길 때면
특별한 만찬이 필요하겠죠?
안심스테이크에 와인 한잔 어떠세요?
안심스테이크는 왠지 그런 날
꼭 먹어야 할 것 같아요.
특별한 날을 위해서 미리 익혀두세요.
안심스테이크에는
레드 와인이 제격이죠.
요즘 대형마트나 백화점 식품매장에
가면 1만~3만원대의 비교적 저렴한
와인이 많아요. 칠레나
남아프리카공화국의 와인이
인기라고 하니 와인도 준비하는
센스를 발휘하세요.

주재료 쇠고기(안심) 400g, 곁들이 채소 또는 으깬 감자 샐러드
고기 밑간 재료 올리브오일 2, 허브맛 소금(또는 소금과 후춧가루) 적당량
소스 재료 버터 0.5, 다진 마늘 0.3, 다진 양파 1/4개분, 다진 파인애플(통조림) 1조각분, 시판 스테이크 소스 10, 파인애플 통조림국물 5, 물엿 1, 핫소스 2, 후춧가루 약간

밑간하는 동안 다른 곁들이 채소들을 다듬거나 조리하면 좋아요

1 쇠고기 400g은 올리브오일 2, 허브맛 소금을 넣어 재우고,

2 약하게 달군 팬에 버터 0.5를 두르고 다진 마늘 0.3을 볶아 마늘 향을 내고 다진 양파 1/4개분, 다진 파인애플 1조각분을 넣어 볶다가,

3 시판 스테이크 소스 10, 파인애플 통조림 국물 5, 물엿 1, 핫소스 2, 후춧가루를 약간 넣어 바글바글 끓여 소스를 만들고,

줄무늬팬을 이용하면 먹음직스럽게 구워져요.

4 재워둔 쇠고기는 뜨겁게 달군 팬에 육즙이 빠져나가지 않도록 강한 불에 고기의 겉면을 익히고 중간 불로 줄여서 원하는 굽기로 구워 접시에 담고,

5 스테이크에 볶은 채소나 으깬 감자 샐러드를 곁들이면 끝.

성실 주부가 귀띔하는 맛내기 비법

혹 상태가 좋지 않은 고기를 구입했다면 밑간을 할 때 파인애플을 적당히 갈아 넣고 재우세요. 파인애플이 고기의 육질을 부드럽게 할 뿐만 아니라 소화도 도와요. 또 레드 와인을 같이 넣고 재워도 좋고요. 고기를 구울 때 강한 불로 굽는 이유는 고기의 겉면을 바싹 익혀 고기 안의 육즙이 빠져나가지 않도록 하기 위해서예요.

특별 요리

쇠고기가 울고 가는
돼지갈비찜

쇠고기보다 저렴한 돼지고기로 만든 갈비찜. 그 맛이 소갈비찜에 결코 뒤지지 않아요.
성실네 돼지갈비찜의 맛내기 비법은 갈비를 한 번 데친 후 양념에 재웠다가 찌는 거예요.
전 돼지갈비찜이 소갈비찜보다 더 좋라고요. 꿀꿀~

주재료 돼지갈비(찜용) 1kg, 감자(중간 것) 3개, 당근 1/2개, 양파(작은 것) 1개, 마른 고추 2개, 물이나 육수 2컵

양념 재료 사과(작은 것) 1개, 마늘 10쪽, 생강 1톨, 간장 12, 캐러멜 소스 1, 물엿 4, 흑설탕 3, 굴소스 1, 맛술 4, 청주 4, 핫소스 2, 후춧가루 0.3, 참기름 1

갈비 삶는 물 재료 물 4컵, 월계수 잎 2장, 통후추 0.3, 인스턴트 커피 0.5, 마늘 3쪽

60분 / 4인분

중간에 2~3번 물을 갈아야해요

1 돼지갈비 1kg은 찜용으로 구입해 기름을 떼어내고 찬물에 3~4시간 담가 핏물과 누린내를 없앤 후 체에 밭쳐 물기를 빼고,

2 사과 1개, 마늘 10쪽, 생강 1톨은 갈고 간장 12, 캐러멜 소스 1, 물엿 4, 흑설탕 3, 굴소스 1, 맛술 4, 청주 4, 핫소스 2, 후춧가루 0.3, 참기름 1을 한데 섞고,

3 물 4컵, 월계수 잎 2장, 통후추 0.3, 인스턴트 커피 0.5, 마늘 3쪽을 바글바글 끓이다가 핏물 뺀 갈비를 넣고 10분간 데치듯이 익혀 찬물에 깨끗이 씻고,

4 데친 갈비에 양념장을 부어 골고루 재우고,

5 감자 3개, 당근 1/2개, 양파 1개는 큼직하게 모양 내어 썰고,

중간에 위로 뜬 기름기는 제거해 주세요

6 냄비에 양념한 고기, 감자와 당근, 양파, 마른 고추 2개를 넣고 물 2컵을 붓고 국물이 자박하게 졸아들 때까지 조리면 끝.

성실 주부가 귀뜸하는 맛내기 비법

식당에서 파는 맛깔스런 빛깔의 돼지갈비찜의 비밀은 캐러멜 소스에 있어요. 돼지갈비찜을 더 맛있게 보이기 위해 캐러멜 소스를 넣었는데, 반드시 넣어야 할 필요는 없어요.

Part 5 우리집 특별 요리 **219**

특별요리

날 보쌈해 가소

보쌈과 무생채

여보~내가 만든 보쌈 먹고
평생 날 보쌈해 가소~ 하하.
밥상에 보쌈을 올리고
남편과 주고받는 농담이에요.
돼지고기를 무생채와 곁들여 먹으면
한없이 먹게 되니 식욕 조절이 필요한
보양식이랍니다.
손님상에 내놓으면
다른 별미가 필요 없지요.

주재료 통삼겹살 800g

무생채 재료 무 5줌, 굵은소금 1, 배 1/4개, 밤 3개, 잣 0.5

생채 양념 재료 고춧가루 2, 멸치액젓 1, 새우젓 0.5, 다진 마늘 0.5, 다진 파 2, 설탕 0.5, 물엿 1, 통깨 적당량

고기 삶는 물 재료 물 7컵, 된장 1, 인스턴트 커피 0.3, 청주 5, 대파(흰 부분) 2대, 통마늘 5쪽, 생강 1톨, 통후추 0.5, 월계수 잎 3장, 소금 1

1 무 5줌은 채썰어 굵은소금 1을 넣고 절여 물기를 꼭 짜고,

2 물기를 꼭 짠 무에 고춧가루 2를 넣고 조물조물 무쳐 고춧물을 들이고,

3 배 1/4개와 밤 3개는 채썰고 잣 0.5와 무, 생채 양념 재료인 멸치액젓 1, 새우젓 0.5, 다진 마늘 0.5, 다진 파 2, 설탕 0.5, 물엿 1, 통깨를 적당히 한데 섞어 조물조물 무치면 무생채 완성.

중간 불이나 약한 불로 40~60분간 푹 끓여 주세요

4 냄비에 고기 삶는 물 재료인 물 7컵, 된장 1, 인스턴트 커피 0.3, 청주 5, 대파(흰 부분) 2대, 통마늘 5쪽, 생강 1톨, 통후추 0.5, 월계수 잎 3장, 소금 1을 넣고 끓여 물이 팔팔 끓으면 통삼겹살을 덩어리째 넣고 삶고,

5 고기는 건져내 편으로 얇게 썰어 접시에 담고 무생채를 곁들이면 끝.

성실 주부가 귀띔하는 맛내기 비법

고기는 삶는 물을 팔팔 끓여 향신채소의 맛이 막 우러나오려 할 때 고기를 넣어야 해요. 고기를 처음부터 넣고 삶으면 맛있는 성분이 다 빠져나가요. 그렇게 어느 정도 끓으면 중간 불로 줄여 푹 삶아야 기름기 없는 깔끔한 고기를 먹을 수 있지요.

진수성찬 고기 요리

LA돼지갈비

갈비 한 조각에 뼈 세 조각이 들어 있도록 자른 것이 바로 LA 갈비래요.
쇠고기로도, 돼지고기로도 만들 수 있겠지요.
매콤한 맛을 즐기려면 두반장을 조금 넣고, 깔끔한 단맛을 즐기려면 흑설탕 대신 유자청을 넣으면 돼요.

특별 요리

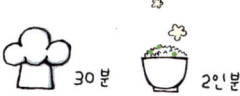

주재료 돼지갈비(LA갈비용) 1kg, 월계수 잎 5장, 통후추 1
양념 재료 키위 1/2개, 양파(작은 것) 1/2개, 마늘 8쪽, 간장 10, 물엿 1, 흑설탕 2, 굴소스 1, 맛술 2, 청주 2, 후춧가루 0.3, 생강가루 0.3, 참기름 1

1 돼지갈비 1kg은 LA갈비용으로 구입해 찬물에 3~4시간 담가 핏물과 누린내를 빼고,

2 키위 1/2개, 양파 1/2개, 마늘 8쪽은 믹서에 넣어 갈고,

3 나머지 양념 재료인 간장 10, 물엿 1, 흑설탕 2, 굴소스 1, 맛술 2, 청주 2, 후춧가루 0.3, 생강가루 0.3, 참기름 1을 한데 섞고,

4 핏물을 뺀 고기를 양념장에 재우고,

5 용기에 차곡차곡 담아 냉장고에서 하루(24시간) 정도 숙성시키고,

6 달군 팬에 돼지갈비를 넣고 앞뒤로 노릇하게 구우면 끝.

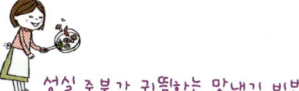

성실 주부가 귀띔하는 맛내기 비법

키위를 넣으면 질긴 고기가 연해지죠. 대신 너무 많은 양을 넣으면 고기가 흐물흐물해질 수 있으니 조금만 사용하세요. 고기 양이 레시피보다 많더라도 키위는 1개 이상 넣지 마세요. 고기를 양념에 재웠다가 냉장고에 넣어 숙성시키면 양념이 잘 배고, 고기 맛도 연해진답니다. 미리 준비했다가 손님들이 모이면 직접 불에 구워가며 바로 바로 드세요.

특별 요리

보기만 해도 군침 도는

립 바비큐

요새는 등갈비도 마트에서 흔하게 팔더라고요.
시판 바비큐 소스로 패밀리 레스토랑에서 먹던 그 맛을 재현해 보세요.
값은 훨씬 저렴하게, 맛은 두 배로 즐길 수 있어요.

 80분 2인분

주재료 돼지고기(등갈비) 800g **고기 삶는 물 재료** 월계수 잎 3장, 통후추 0.5, 대파(흰 부분) 1대, 마늘 5쪽, 생강 1톨, 청하나 소주 5, 물 5컵 **소스 재료** 바비큐 소스 10, 케첩 3, 꿀 2, 간장 3, 핫소스 2, 다진 마늘 1, 청주 2, 생강즙이나 생강가루 0.3

1 돼지고기는 등갈비로 800g을 준비해 찬물에 3~4시간 정도 담가 핏물을 빼고,

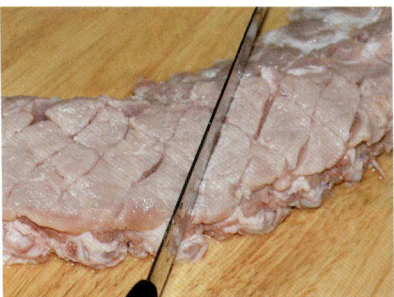

2 등갈비는 양념이 잘 배도록 살과 중간 뼈마디 속에 칼집을 내고,

3 냄비에 월계수 잎 3장, 통후추 0.5, 대파 1대, 마늘 5쪽, 생강 1톨, 청하 5, 물 5컵을 넣고 끓여 물이 팔팔 끓으면 등갈비를 넣어 30분간 푹 삶고,

4 고기를 삶는 동안 소스 재료인 바비큐 소스 10, 케첩 3, 꿀 2, 간장 3, 핫소스 2, 다진 마늘 1, 청주 2, 생강즙 0.3을 냄비에 넣고 끓여 걸쭉하게 만들어 식히고,

5 푹 삶은 고기는 건져서 조리용 솔로 소스를 발라 1시간 이상 재웠다가,

6 210℃로 예열한 오븐에 고기를 넣어 중간에 소스를 덧발라가며 20~25분간 구우면 끝.

고기의 익은 색을 보아 그릴로 5~10분 정도 더 구워도 돼요

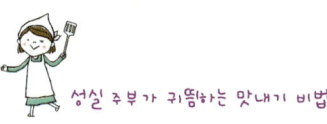 **성실 주부가 귀띔하는 맛내기 비법**

바비큐 소스가 집에 없을 때는 사과즙 7, 스테이크 소스 8, 케첩 1, 간장 1, 핫소스 2, 흑설탕 1, 청주 2, 다진 마늘 1, 고운 고춧가루 0.5, 생강가루와 후춧가루를 약간씩 넣고 섞어 고기에 재웠다가 구워 드시면 돼요.

 덤 요리

웨지감자 (3~4인분)

주재료 감자(중간 것) 3개, 굵은소금 0.5, 올리브오일 2, 파르메산 치즈가루 2, 허브맛 소금 0.5, 파슬리가루 적당량

만들기

감자는 껍질째 잘 씻어 반달 모양으로 잘라 굵은소금을 넣은 끓는 물에 70% 정도 익혀 체에 밭쳐 물기를 쪽 빼요. 올리브오일, 파르메산 치즈가루, 허브맛 소금, 파슬리가루를 뿌려 골고루 버무리고, 양념한 감자는 오븐 팬에 겹치지 않게 깔고 210℃로 예열한 오븐에 넣어 15~20분간 구우면 끝.

특별요리

상큼한 소스로 힘을 준
오렌지탕수육

늘 먹던 탕수육 소스가 아닌 상큼한 오렌지 주스로 맛을 낸 소스가 활약한 특제 탕수육이에요.
중국집의 무난한 탕수육 소스에 질린 어느 날 새로운 소스를 궁리하다가 만들게 됐어요.
바쁜 주부라면 오렌지 주스를 넣고, 시간 여유가 있다면 오렌지즙을 내서 만들면 더 상큼해요.

주재료 돼지고기(안심이나 등심) 300g, 튀김기름 적당량
고기 밑간 재료 다진 마늘 0.5, 청주 1, 허브맛 소금 적당량
튀김옷 재료 달걀흰자 1개분, 불린 녹말 4
소스 재료 청양고추 1개, 홍고추 1/2개, 마늘 4쪽, 오렌지주스 1+1/2컵, 물 1/2컵, 설탕 3, 식초 4, 소금 0.3, 생강가루·후춧가루 약간씩
녹말물 재료 녹말가루 2, 물 4

40분 2인분

1 돼지고기 300g은 밑간 재료인 다진 마늘 0.5, 청주 1, 허브맛 소금을 적당히 넣어 30분간 재우고,

녹말을 미리 불려두지 못했다면 녹말가루 4와 물 2, 달걀흰자 1개분을 섞으면 돼요

2 밑간한 고기에 달걀흰자 1개분, 불린 녹말 4를 넣어 튀김옷을 입히고,

3 끓는 튀김기름에 고기를 넣고 중간 불이나 약간 강한 불로 고기가 익는 정도로만 한 번 튀기고 튀긴 고기는 키친타월 위에 두어 기름기를 빼고,

4 기름기를 뺀 고기를 튀김기름에 넣어 다시 한 번 강한 불로 바짝 튀겨,

5 청양고추 1개, 홍고추 1/2개는 적당한 크기로 자르고 마늘 4쪽은 편으로 썰어 오렌지주스 1+1/2컵, 물 1/2컵, 설탕 3, 식초 4, 소금 0.3, 생강가루, 후춧가루를 약간 넣고 끓인 후 녹말가루 2와 물 4를 넣은 녹말물을 조금씩 부어가면서 농도를 맞추고,

6 튀긴 고기에 오렌지 소스를 붓고 검은깨를 솔솔 뿌려 장식하면 끝.

성실 주부가 귀띔하는 맛내기 비법

탕수육 고기는 고기가 익을 정도로 한 번 튀긴 후 기름기를 빼고 다시 한 번 튀겨야 튀김 안의 수분이 날아가면서 바삭바삭해요. 또 고추기름과 간장을 1:1로 섞은 기름장에 콕콕 찍어 먹으면 더욱 맛있어요.

특별요리

중국집 차려볼까
찹쌀탕수육

밖에서 사먹은 요리를 그대로 집에서 만들어야 직성이 풀리는 사람이 바로 저예요.
회식자리에서 먹어본 맛있는 찹쌀탕수육을 재현해서 밥상에 올렸더니 남편이 그러더군요.
"우리 중국집 차리자"라고요. 하하~ 저와 함께 중국집 분점을 늘려나가 볼까요?

주재료 돼지고기(안심) 500g, 찹쌀가루 1/2컵, 청양고추 1개, 튀김기름 적당량
고기 밑간 재료 허브맛 소금 0.7, 청주 2, 생강가루 0.3
튀김옷 재료 찹쌀가루 1컵, 감자녹말 6, 물 1컵
소스 재료 물 1컵, 굴소스 1, 간장 1, 식초 3, 설탕 2, 맛술 1, 감자녹말 1, 생강가루 약간
곁들인 간장 재료 고추기름 1, 간장 1

1 돼지고기는 안심으로 덩어리째 500g 정도를 구입해 넓적하게 편으로 썰어 허브맛 소금 0.7, 청주 2, 생강가루 0.3에 잠시 재우고,

2 밑간한 고기에 찹쌀가루 1/2컵을 골고루 묻히고,

3 찹쌀가루 1컵, 감자녹말 6, 물 1컵을 섞어 고기에 튀김옷을 입히고,

찹쌀탕수육은 한 번만 튀겨도 돼요

4 튀김기름에 고기를 넣어 바삭하게 튀기고,

5 냄비에 소스 재료인 물 1컵, 굴소스 1, 간장 1, 식초 3, 설탕 2, 맛술 1, 감자녹말 1, 생강가루 약간을 분량대로 섞어 뭉근하게 끓여 소스를 만들고,

6 청양고추 1개를 송송 썰어 튀긴 고기에 올리고 소스를 끼얹으면 끝.

성실 주부가 귀뜸하는 맛내기 비법

보통 탕수육의 고기는 두 번 튀겨야 바삭하고 맛이 있죠. 하지만 찹쌀탕수육은 한 번만 튀겨도 쫄깃하면서 바삭한 맛이 오래 가요.

은근히 튀겨야 제 맛

치즈롤가스

롤가스는 약한 불로 속까지 다 익도록 튀겨야 해요.
튀김팬에 감자나 고구마를 넣고 같이 튀기면 롤가스를 태우지 않고 오래 튀길 수 있지요.
같이 익힌 감자도 곁들여 먹으면 되고요.

주재료 돼지고기(등심) 큼직한 것 3조각(600g), 깻잎·양파·피망·홍피망·피자 치즈 적당량씩, 튀김기름 적당량, 감자(중간 것) 1개, 마요네즈·돈가스 소스 적당량씩
고기 밑간 재료 허브맛 소금이나 소금·후춧가루 적당량씩, 생강가루 적당량
튀김옷 재료 밀가루 적당량, 달걀 2개, 빵가루 2컵
소스 재료 케첩 5, 돈가스 소스 2, 간장 1, 핫소스 1, 사과잼 2, 우유 2, 물 3, 후춧가루 약간

1 돼지고기 3조각은 얇게 펴서 두드리고 허브맛 소금, 생강가루를 적당히 뿌려 밑간하고,

2 깻잎은 물에 씻고 양파와 피망, 홍피망은 채썰고,

3 넓적하게 편 돼지고기에 밀가루를 살짝 묻힌 후 깻잎을 깔고 피망, 양파 등의 채소를 채썰어 올리고 피자 치즈를 넣고 꾹꾹 눌러가면서 돌돌 말고,

> 안에 체다 슬라이스 치즈를 넣고 같이 말아도 좋아요

4 고기를 밀가루, 달걀물, 빵가루 순으로 튀김옷을 입히고,

5 롤가스는 큼직큼직하게 썬 감자와 함께 튀김기름에 넣고 중간 불로 속까지 익도록 튀기고,

6 냄비에 소스 재료인 케첩 5, 돈가스 소스 2, 간장 1, 핫소스 1, 사과잼 2, 우유 2, 물 3, 후춧가루를 약간 넣고 걸쭉하게 끓여 롤가스 위에 얹고 마요네즈와 돈가스 소스를 함께 뿌리면 끝.

> 시간되는 스위트칠리 소스를 뿌려 먹어도 좋아요

성실 주부가 귀띔하는 맛내기 비법

롤가스는 속이 잘 익어야 해요. 튀길 때 감자를 조각 내어 함께 튀기면 롤가스 겉이 타는 것을 막을 수 있답니다. 또 빵가루에 파슬리가루를 넣고 튀김옷을 입히면 색깔도 예쁘고 맛도 좋아요.

누워서 떡 먹는 중국 요리

고추잡채

집에서 만들기 제일 쉬운 중국 요리는 아마도 고추잡채가 아닐까요.
중국 요리는 대부분 튀기는 조리법이 많은데 고추잡채는 잘 볶기만 하면 되거든요.
누구나 쉽게 할 수 있는 고추잡채 '꼭 만들어보기'. 오늘의 요리 숙제입니다.

주재료 돼지고기(잡채용) 200g, 피망 1개, 노랑 파프리카 1개, 빨강 파프리카 1개, 양파(중간 것) 1/2개, 꽃빵 6개
돼지고기 밑간 재료 청주 1, 다진 마늘 0.3, 소금·후춧가루 약간씩
양념 재료 1 식용유 2, 다진 마늘 0.5, 채썬 생강 0.3, 굴소스 1, 간장 1, 고추기름 1, 청주 2
양념 재료 2 물 2/3컵, 녹말가루 0.3, 굴소스 0.5, 참기름 0.5

1 돼지고기 200g은 잡채용으로 구입해 청주 1, 다진 마늘 0.3, 소금, 후춧가루를 약간씩 넣어 조물조물 무쳐 재워두고,

2 피망 1개, 노랑 파프리카 1개, 빨강 파프리카 1개, 양파 1/2개는 가늘게 채썰고,

3 달군 팬에 식용유 2를 두르고 다진 마늘 0.5, 채썬 생강 0.3을 넣고 약한 불로 기름에 향이 배도록 달달 볶다가 밑간을 해둔 돼지고기를 넣어 볶고,

4 고기가 어느 정도 익었다 싶으면 채소를 넣어 볶아 굴소스 1, 간장 1, 고추기름 1, 청주 2를 넣어 양념하고 다 볶은 고추잡채는 접시에 담고,

5 팬에 조금 남아 있는 양념에 물 2/3컵, 녹말가루 0.3, 굴소스 0.5, 참기름 0.5를 넣고 잘 섞어 살짝 끓이고,

6 고추잡채 위에 양념장을 끼얹으면 윤기가 자르르 흐르는 고추잡채 완성.

성실 주부가 귀뜸하는 맛내기 비법

두어 가지 요리를 동시에 빨리 만드는 것이 좋잖아요. 고추잡채를 볶는 동안 다른 불에서는 김이 오른 찜통에 꽃빵을 찌면 되겠지요. 고추잡채는 꽃빵에 싸서 먹어야 제 맛이에요. 꽃빵은 북창동의 중국 요리 식재료상이나 온라인 식품 쇼핑몰에서 구입할 수 있어요.

소동파가 사랑한 당신
동파육

송나라의 시인인 소동파가 즐겨 먹었던 요리가 바로 동파육이래요.
제 이름을 딴 요리도 한 가지 있었으면 좋을 텐데 말이에요.
그럼 성실육, 한번 만들어 볼까요? 썰렁~

 80분　 3~4인분

주재료 통삼겹살 800g

고기 삶는 물 재료 물 6컵, 된장 1, 인스턴트 커피 0.3, 청주 5, 대파(흰 부분) 2대, 마늘 5쪽, 생강 1톨, 통후추 0.5, 월계수 잎 3장

조림장 재료 물 1/2컵, 맛술 1/3컵, 청주 1/3컵, 간장 5, 굴소스 1, 흑설탕 2, 생강 1톨

 성실 주부가 귀띔하는 맛내기 비법

삼겹살을 미리 팬에 한 번 지지고 삶으면 육즙이 빠져나가지 않고, 색깔도 먹음직스러워요. 달군 팬에 흑설탕과 식용유를 적당히 두른 후 고기를 넣고 사방을 돌려가면서 익혀주면 되지요. 동파육은 청경채나 파채, 또는 곁들이 채소와 함께 내면 훨씬 맛있어요.

1 냄비에 물 6컵, 된장 1, 인스턴트 커피 0.3, 청주 5, 대파 2대, 마늘 5쪽, 생강 1톨, 통후추 0.5, 월계수 잎 3장을 넣어 끓으면 통삼겹살을 넣고 1시간 동안 끓이고,

2 삶은 고기는 건져 먹기 좋게 편으로 썰고,

3 물 1/2컵, 맛술 1/3컵, 청주 1/3컵, 간장 5, 굴소스 1, 흑설탕 2, 생강 1톨을 넣고 팔팔 끓이다가,

4 썰어놓은 고기를 넣고 뭉근하게 조리면 끝.

또 하나의 결혼기념일 메뉴

연어말이쌈

결혼기념일에 선보인 비장의 요리, 연어말이쌈.
우리 남편이 이 맛에 그만 꼴까닥 넘어갔어요. 그래서 해마다 우리집 기념일에는
연어말이쌈이 올라온다는 전설이 전해지고 있답니다.

 30분  2인분

주재료 훈제연어 슬라이스 8장, 치커리·무순 적당량씩, 다진 양파 1줌, 다진 오이피클 1줌

소스 재료 플레인 요구르트(가당) 1통, 마요네즈 1, 머스터드 0.5, 레몬즙 1, 소금·후춧가루 약간씩

성실 주부가 귀띔하는 맛내기 비법
양파와 오이피클 다진 것을 함께 말기 힘들면, 소스에 섞어서 나중에 듬뿍 찍어 먹어도 좋아요.

1 훈제연어 슬라이스 8장을 준비하고 치커리와 무순은 물에 씻어 물기를 빼고,

2 플레인 요구르트 1통, 마요네즈 1, 머스터드 0.5, 레몬즙 1, 소금, 후춧가루를 함께 섞어 소스를 만들고,

3 훈제연어 위에 치커리와 무순을 올리고 다진 양파와 오이피클을 넣고 양 끝을 감싸 돌돌 말아 소스와 곁들이면 끝.

Part 5 우리집 특별 요리 **235**

너무 매운 당신의 이름은
매콤달콤 불닭

특별요리

입에서 불나고 가슴에서는 사랑의 불이!
남편은 매운 불닭이 먹고 싶으면 저를 이렇게 부른답니다. "둥이 엄마~" 하고 말이죠.
어느새 제 이름을 잊고 둥이 엄마라는 이름으로 불리는 아줌마로 살아가고 있답니다.

주재료 닭다리 5개, 떡볶이 떡 2줌, 실파 4뿌리
고기 밑간 재료 소금·후춧가루·청주 약간씩
양념 재료(2회 분량) 청양고추 3개, 양파(중간 것) 1/2개, 사과(작은 것) 1/2쪽, 마늘 4쪽, 대파(흰 부분) 1/2대, 고추장 4, 고춧가루 3, 카레가루 1, 간장 3, 맛술 3, 굴소스 1, 흑설탕 0.7, 물엿 2, 생강가루 0.3, 후춧가루 적당량

1 청양고추 3개, 양파 1/2개, 사과 1/2쪽, 마늘 4쪽, 대파 1/2대는 믹서에 넣어 갈고,

2 ①에 나머지 양념 재료인 고추장 4, 고춧가루 3, 카레가루 1, 간장 3, 맛술 3, 굴소스 1, 흑설탕 0.7, 물엿 2, 생강가루 0.3, 후춧가루를 적당히 섞어 소스를 만들고,

3 닭다리 5개는 살만 발라내 먹기 좋게 손질해 소금, 후춧가루, 청주를 약간씩 뿌려 잠시 재워두고,

4 달군 팬에 쿠킹 포일을 깔고 재운 닭을 올리고 뚜껑을 덮어 애벌구이하고,

5 애벌구이한 닭에 말랑말랑한 떡 2줌을 넣고 양념장을 적당히 덜어 넣고 골고루 섞고,

6 다시 달군 팬에 양념한 닭을 넣고 자글자글 익혀 그릇에 담고 송송 썬 실파를 뿌리면 끝.

성실 주부가 귀띔하는 맛내기 비법

불닭 양념 소스는 미리 만들어 실온에서 하루 정도 숙성시키면 맛이 더욱 깊어져요. 숙성시킨 양념은 냉장고에 넣어 보관하고, 남은 양념은 떡볶이나 다른 볶음 양념으로 사용하세요.

특별요리

집에서 만들어 먹는
교총치킨

저녁 온 가족 간식으로
즐겨 먹는 치킨.
우리집 치킨을 맛본 사람들의 반응은
"이거 그 맛이잖아",
"아니 집에서도 그 맛이 되는 군" 해요.
이젠 시켜 먹지 말고
집에서 만들어 먹어요.
주문해놓고 언제 오나 주린 배를
움켜잡고 기다리지 않아도 되거든요.
건강을 위해서
샐러드도 함께 준비하세요.

 40분 2~3인분

주재료 닭날개 500g(약 17개), 녹말가루 1/2컵, 튀김기름 적당량
닭 밑간 재료 청주 2, 허브맛 소금 0.5, 다진 마늘 0.5, 생강가루 0.3
소스 재료 마른 고추 3개, 간장 2, 굴소스 1, 맛술 2, 물엿 1, 흑설탕 1, 생강가루 0.3, 물 1/2컵

1 닭날개는 깨끗이 씻어 군데군데 양념이 잘 배도록 칼집을 내고,

2 손질한 닭날개에 청주 2, 허브맛 소금 0.5, 다진 마늘 0.5, 생강가루 0.3을 넣어 30분간 재우고,

3 닭을 재우는 동안 냄비에 마른 고추 3개, 간장 2, 굴소스 1, 맛술 2, 물엿 1, 흑설탕 1, 생강가루 0.3, 물 1/2컵을 넣어 소스 양이 반이 될 때까지 조리다가,

녹말가루를 묻히고 잠시 수분이 나오게 두세요

4 비닐 안에 녹말가루 1/2컵을 담고 밑간을 한 닭날개를 넣어 녹말가루를 골고루 묻히고,

5 끓는 튀김기름에 닭날개를 넣어 노릇하고 튀기고,

6 튀긴 닭날개에 조린 소스를 조리용 솔로 여러 번 덧바르면 끝.

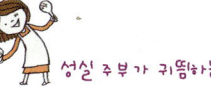

성실 주부가 귀띔하는 맛내기 비법

닭 냄새에 아주 민감한 식구가 있는 집이라면 우유에 재우세요. 닭 특유의 비릿한 냄새가 사라지거든요. 그리고 닭날개는 두 번 튀겨야 더욱 바삭바삭해요.

특별요리

콩나물이 더 맛있는
해물 콩나물찜

해물 콩나물찜을 하면 "난 콩나물이 더 맛있어"라며 해물을 남편 밥 위에 살포시 올려주지요.
아마 그게 사랑인가 봐요~. 엄마들이 생선을 먹을 때 생선살은 남편이나 아이들 숟가락에 올려주고
살도 없는 머리만 드시는 것처럼 말이에요.

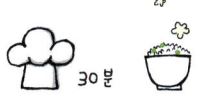
30분 3인분

주재료 바지락 1봉지, 소금 약간, 낙지(큰 것) 1마리, 칵테일 새우 20마리, 콩나물 3줌(300g), 미나리 1줌(50g), 대파 1/3대, 물 1컵, 참기름 0.5, 통깨 0.5
양념장 재료 고추장 1.5, 고춧가루 1.5, 설탕 1, 맛술 1, 다진 마늘 1, 생강가루·후춧가루 약간씩
물녹말 재료 물 2, 녹말가루 2

1 바지락 1봉지는 옅은 소금물에 담가 해 감을 토하게 하고 낙지 1마리는 깨끗이 손질해 물에 씻어 자르고 칵테일 새우 20마리도 함께 준비하고,

2 콩나물 3줌은 데쳐 물기를 빼고 미나리 1줌은 줄기 부분만 다듬어 씻고,

3 고추장 1.5, 고춧가루 1.5, 설탕 1, 맛술 1, 다진 마늘 1, 생강가루, 후춧가루를 넣어 양념장을 만들고,

4 냄비에 물 1컵을 붓고 바글바글 끓어오 르면 바지락을 넣고 끓이다가 바지락이 입을 벌리면,

5 낙지와 칵테일 새우를 넣은 후 양념장을 살살 풀어 넣고,

6 이어서 데친 콩나물과 미나리, 대파 1/3 대를 어슷하게 썰어 넣고 녹말물을 조금 씩 풀어가며 재빨리 섞은 다음 참기름과 깨소 금을 솔솔 뿌리면 끝.

성실 주부가 귀띔하는 맛내기 비법

녹말물을 미리 만들어두면 찜 요리를 간단하게 할 수 있어요. 찜 요리는 만반의 준비를 다 해놓고, 재빨리 하는 것이 요령이라면 요령이지요. 또 만들자마자 바로 먹어야지 그렇지 않으면 금세 물이 생겨 해물과 채소의 맛이 질겨져요.

특별요리

색이 곱고 단아하구나
색색 구절판

구절판은 만들 때는 힘들어도 다 만들어서 그 모습을 보면
'과연 이게 내가 만든 게 맞나' 싶을 정도로 감탄사가 절로 나오지요.
밀전병 부치는 게 힘들어도 완성된 구절판의 아름다움을 생각하며 즐겁게 만드세요.

242 문성실의 아침 점심 저녁

2시간　4인분

주재료 쇠고기 1줌, 새우살 1줌, 표고버섯 3개, 굵은소금 약간, 달걀 2개, 크레미 맛살(작은 것) 4줄, 오이 1/2개, 당근 1/4개, 올리브오일 적당량
쇠고기 양념 재료 간장 1, 다진 파 1, 다진 마늘 0.3, 설탕 0.3, 참기름 0.3, 후춧가루 약간
밀전병 재료 밀가루 1컵, 물 1+1/4컵, 소금 약간
겨자 소스 재료 1 연겨자 0.7, 설탕 0.5, 식초 1, 레몬즙 1, 물엿 0.5, 소금 0.1
겨자 소스 재료 2 연겨자 0.5, 땅콩버터 0.5, 설탕 0.5, 간장 0.5, 식초 1, 소금 약간

1 겨자 소스는 1과 2 중 원하는 맛의 재료를 한데 섞은 후 냉장고에 넣어두고 쇠고기 1줌은 채썰어 간장 1, 다진 파 1, 다진 마늘 0.3, 설탕 0.3, 참기름 0.3, 후춧가루를 약간 넣어 재우고,

2 새우살 1줌과 표고버섯 3개는 끓는 소금물에 데쳐 찬물에 헹구고 달걀은 황·백 지단을 부쳐 식혀 채썰고 크레미 맛살 4줄은 가늘게 찢고 오이 1/2개와 당근 1/4개는 채썰고,

오이와 당근, 표고버섯에 살짝 소금 간을 해서 볶아 주세요

3 달군 팬에 올리브오일을 살짝 두르고 채 썬 오이, 당근, 표고버섯, 쇠고기 순으로 볶고,

4 접시에 준비한 재료들을 가운데를 비우고 색스럽게 돌려 담고,

밀전병 대신 쌈무를 사용해도 좋아요

5 밀전병 재료인 밀가루 1컵, 물 1+1/4컵, 소금을 약간 넣고 잘 섞어 멍울 없이 풀고 달군 팬에 기름을 살짝 발라 밀전병 반죽을 숟가락으로 펴서 부쳐, 접시 가운데 담고 소스를 함께 내면 끝.

성실 주부가 귀띔하는 맛내기 비법

밀전병을 한 장씩 부치기가 번거롭다면 큼직하게 부쳐서 동그란 컵이나 뚜껑을 이용해서 찍어도 돼요. 그래도 한 장씩 부치는 것이 더 쉽답니다. 키친타월에 기름을 적셔 팬에 발라가며 부쳐야 예쁜 모양이 나와요. 구절판의 모든 재료는 같은 길이로 가늘게 채썰어야 모양이 예뻐요.

특별요리

백인백색의 색다른 음식
초간단 월남쌈

월남쌈을 식당에서 사먹으면
얼마인지 아세요?
재료의 단가를 생각하면 너무 비싸
식욕이 떨어지는 메뉴 중 하나지요.
하지만 집에서 얼마든지
저렴한 가격으로
만들 수 있다는 사실!
좋아하는 채소와 고기, 과일을 채썰어
마음대로 싸 먹기만 하면 되는걸요.
배불리 먹어도 칼로리가 높지 않아
다이어트식으로 그만이고
냉장고 속의 자투리 채소로
뭘 해 먹어야 하는지 고민되는 날.
월남쌈을 떠올리세요.

60분 4인분

주재료 라이스 페이퍼 20장, 쇠고기(불고깃감) 100g, 오이 1/2개, 당근 1/4개, 노랑 파프리카 1/2개, 빨강 파프리카 1/2개, 적양배추 3장, 파인애플 슬라이스(통조림) 2조각, 새싹채소 1줌
고기 양념 재료 간장 1, 청주 1, 설탕 0.3, 다진 마늘 0.3, 다진 파 1, 후춧가루 약간
피시 파인애플 소스 재료 피시 소스 1, 파인애플 통조림국물 2, 레몬즙 1, 청양고추 1개
땅콩 소스 재료 땅콩버터 1, 간장 1, 물엿 1, 식초 1, 연겨자 0.3
겨자 마늘 소스 재료 연겨자 0.3, 다진 마늘 0.5, 식초 1, 맛술 1, 설탕 1, 고추기름 1, 소금 0.3

1 입맛에 맞는 소스를 선택하여 분량대로 한데 섞어 소스를 만들고,

2 쇠고기 100g은 불고깃감으로 준비해 간장 1, 청주 1, 설탕 0.3, 다진 마늘 0.3, 다진 파 1, 후춧가루를 약간 넣어 조물조물 양념해 달군 팬에 달달 볶아 먹기 좋게 썰고,

3 오이 1/2개, 당근 1/4개, 노랑 파프리카 1/2개, 빨강 파프리카 1/2개, 적양배추 3장은 채썰고 파인애플 슬라이스 2조각도 먹기 좋게 썰고 새싹채소 1줌은 씻어 물기를 빼고,

4 뜨거운 물을 볼에 담고 라이스 페이퍼를 담갔다가 원하는 재료들을 싸서 원하는 소스에 듬뿍 찍어 먹으면 끝.

성실 주부가 귀띔하는 맛내기 비법

쌀로 만든 종잇장처럼 얇은 피인 라이스 페이퍼는 마트에 가면 쉽게 구입할 수 있어요. 보다 깔끔한 맛을 원한다면 라이스 페이퍼 대신 무절임으로 싸 먹어도 좋아요. 소스 만들기가 번거롭다면 시판되는 칠리 소스를 이용해도 되고요.

특별요리

세상에서 제일 맛있는 부침개
녹두부침개

세상에서 제일 맛있는 부침개는
녹두로 만든 부침개가 아닐까 싶어요.
빈대떡으로 더 유명한 녹두부침개.
부침가루나 밀가루의 깊이 없는 맛과
비교할 수 없죠.
최근에는 녹두가 몸 안의 독소를
빼주는 데 좋다고 하여 더 인기라죠.
녹두가 비싸고 만들기 번거로워
자주는 못 해먹지만
특히 장마철에 집안일 끝내놓고
옆집 아줌마, 윗집 아줌마들과
남편 흉보며 먹는 맛이 최고죠.

주재료 녹두 2컵, 물 1+1/2컵, 돼지고기 2줌, 신 김치 1/4포기, 숙주 2줌(150g), 고사리 1줌(100g), 채 썬 대파나 쪽파 1줌, 찹쌀가루 2, 올리브오일 적당량, 쑥갓·홍고추 적당량씩
고기·나물 양념 재료 국간장 2, 다진 마늘 1, 다진 생강 0.2, 참기름 1, 소금·후춧가루 약간씩

1 녹두 2컵은 하루 전날 물에 담가 불린 후 바락바락 문질러 씻어 껍질을 벗겨 여러 번 헹구고,

2 잘 씻은 녹두는 체에 밭쳐 물기를 빼고 믹서에 물 1+1/2컵을 함께 넣어 곱게 갈고,

3 돼지고기 2줌은 잘게 자르고 신 김치 1/4포기는 속을 털어 잘게 자르고 숙주 2줌은 끓는 물에 데쳐서 물기를 짜서 자르고 데친 고사리 1줌도 적당한 크기로 자르고,

4 볼에 돼지고기, 신 김치, 숙주, 고사리, 파를 넣고 국간장 2, 다진 마늘 1, 다진 생강 0.2, 참기름 1, 소금, 후춧가루를 약간 씩 넣어 주물조물 간이 배도록 무치고,

찹쌀가루 대신 쌀을 갈아서 넣어도 돼요

5 무친 재료들은 갈아놓은 녹두에 넣고 찹쌀가루 2를 넣어서 농도를 맞추며 반죽해서,

6 달군 팬에 올리브오일을 두르고 반죽을 한 국자씩 떠서 동그랗게 모양을 잡고 쑥 갓과 홍고추로 장식한 다음 앞뒤로 노릇하게 부치면 끝.

성실 주부가 귀띔하는 맛내기 비법

녹두는 껍질을 일일이 벗기기 엄청 힘들죠? 충분히 불려서 쌀 씻듯이 바락바락 문질러 씻으면 껍질이 벗겨지면서 물 위로 둥둥 떠올라요. 그렇게 몇 차례 씻어주면 쉽게 껍질을 깔 수 있답니다. 전은 취향대로 작은 크기로 부쳐내도 좋아요.

특별요리

중국집을 옮겨놨나
양장피

세상에나 제가 양장피를 만들다니,
중국집이 그대로 우리집으로 옮겨온 것 같아요.
손님상에 내면 아마도 중국집에서 배달시킨 것으로 오해할지도 몰라요.

60분 4~5인분

주재료 양장피 2장, 새우살 1줌, 오징어(몸통) 1마리, 굵은소금 약간, 오이 1개, 당근 1/2개, 크래미 맛살(작은 것) 5줄, 달걀 2개, 올리브오일 적당량
부재료 돼지고기(잡채용) 1줌, 양파 1/2개, 표고버섯 3개, 피망 1/2개, 홍피망 1/2개, 애호박 1/5개
땅콩 겨자 소스 재료 연겨자 2, 땅콩버터 2, 설탕 2, 물엿 2, 간장 1, 식초 5, 레몬즙 2, 다진 마늘 0.3, 참기름 0.5, 소금 0.3
돼지고기 밑간 재료 두반장 1.5, 굴소스 1, 맛술 2, 다진 마늘 0.5, 생강가루·후춧가루 약간씩
양장피 밑간 재료 참기름 1, 간장 0.5

1 연겨자 2, 땅콩버터 2, 설탕 2, 물엿 2, 간장 1, 식초 5, 레몬즙 2, 다진 마늘 0.3, 참기름 0.5, 소금 0.3을 한데 섞어 땅콩 겨자 소스를 만들어 냉장고에 넣어 차게 해두고,

2 돼지고기 1줌은 채썰어 두반장 1.5, 굴소스 1, 맛술 2, 다진 마늘 0.5, 생강가루, 후춧가루를 약간씩 넣어 재우고,

3 양파 1/2개, 표고버섯 3개, 피망 1/2개, 홍피망 1/2개, 애호박 1/5개는 채썰고,

4 양장피 2장은 끓는 물에 삶아 참기름 1, 간장 0.5로 조물조물 무치고,

양념한 양장피는 가운데에 올려 주세요

5 새우살 1줌과 오징어 1마리는 끓는 물에 소금을 넣고 데쳐 썰고 오이 1개, 당근 1/2개, 크래미 맛살 5줄은 채썰고 달걀 2개는 황·백 지단을 부쳐 식혀서 채썰고 모든 재료를 접시에 빙 둘러 담고,

6 달군 팬에 올리브오일을 두르고 양념한 돼지고기를 넣고 볶다가 채썰어놓은 ③의 채소를 넣고 달달 볶아 양장피 위에 모양을 내어 올리고 땅콩 겨자 소스를 먹기 전에 곁들이면 끝.

성실 주부가 귀뜸하는 맛내기 비법

양장피는 녹말로 만든 것인데 마트에 가면 손쉽게 살 수 있답니다. 끓는 물에 소금을 살짝 넣어서 피가 다 익도록 삶아 체에 밭쳐 뜨거운 기운이 남아 있을 때 참기름과 간장을 넣고 양념해두면 붇지 않아요.
양장피에 곁들이면 좋은 깔끔한 맛의 겨자 소스 만드는 방법도 알려 드릴게요. 연겨자 1, 설탕 2, 식초 2, 레몬즙 2, 다진 마늘 0.5, 소금 0.3을 고루 섞으면 돼요.

특별 요리

조기 한번 쳐다보고 밥 한술 뜨고
조기찜

조기만 보면 한참 위 사촌뻘인 굴비가 생각나요.
왠지 먹으면 안 될 것 같고 쳐다만 봐야 할 것 같은 생각이 마구마구 들거든요. 특히나 이렇게 큰 조기는 더요.
조기는 사람에게 기운을 북돋워주는 효험이 있다고 하여 이름 붙여졌다고 하지요.
소화를 돕고 성장기 어린이들의 발육을 돕는 조기 요리를 밥상에 자주 올리세요.

 30분 2~3인분

주재료 조기(25cm 길이) 1마리, 마늘 2쪽, 생강 1톨, 대파 1/2대, 달걀 1개, 청양고추·홍고추·실파 약간씩

양념 재료 조선간장 1.5, 청주 1, 맛술 1, 참기름 0.3

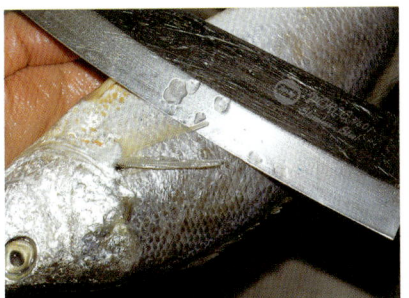

1 조기 1마리는 비늘을 깨끗이 벗기고 아가미 속을 다듬어서 2~3cm 간격으로 칼집을 깊숙이 내고,

2 마늘 2쪽은 편으로 썰고 생강 1톨은 채썰고 대파 1/2대는 길쭉하게 썰어 파채를 만들고,

3 접시에 파채를 깔고 그 위에 손질한 조기를 올리고 칼집을 낸 사이사이 마늘과 생강채를 끼워 넣고,

4 조선간장 1.5, 청주 1, 맛술 1, 참기름 0.3을 한데 섞어 양념장을 만들고,

5 김이 오른 찜통에 조기를 올린 접시를 놓고 양념장을 골고루 뿌린 후 뚜껑을 덮고 20~25분간 푹 쪄서,

실고추로 장식해도 좋아요

6 달걀 1개는 황·백 지단을 부치고 청양고추와 홍고추는 채썰어 조기 위에 실파와 함께 올려 장식하면 끝.

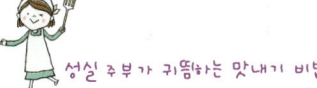

성실 주부가 귀띔하는 맛내기 비법

모처럼 장바구니에 얼굴을 내민 큼직한 조기를 고급스럽게 요리할 때는 찜만한 게 없죠. 작은 조기를 찔 때는 같은 양념으로 2~3마리를 한꺼번에 만드세요.

식은 죽 먹기보다 쉬운
왕새우구이

특별요리

새우는 무슨 요리를 만들어도 다 맛있지요. 만들기도 간단하고요.
새우 본래의 맛을 풍부하게 살리고 싶다면 원초적인 맛의 왕새우구이를 추천합니다.
칠리 소스나 마요네즈 소스 중 입맛대로 곁들여 드세요.

 30분 2인분

주재료 새우(중하) 20마리, 올리브오일 적당량

새우 밑간 재료 허브맛 소금 약간, 올리브오일 적당량

칠리 소스 재료 편으로 썬 마늘 3쪽분, 다진 양파 2, 다진 피망 2, 케첩 4, 핫소스 3, 우스터 소스 1, 물엿 1, 물 3, 후춧가루 약간

마요네즈 소스 재료 파인애플 슬라이스(통조림) 1조각, 파인애플 통조림국물 5, 마요네즈 5, 설탕 0.5, 레몬즙 1, 소금·버터 약간씩

 성실 주부가 귀띔하는 맛내기 비법

오븐이 없다면 팬에 앞뒤로 살짝 구워주세요.

1 새우 20마리는 머리와 껍질을 제거하고 등 쪽의 내장을 빼내 허브맛 소금, 올리브오일을 살짝 뿌려 밑간을 하고,

2 180℃로 예열한 오븐에 새우를 넣어 10분간 굽고,

3 달군 팬에 올리브오일을 두르고 마늘을 넣어 향을 내고 다진 양파 2와 다진 피망 2를 넣고 볶다가 케첩 4, 핫소스 3, 우스터 소스 1, 물엿 1, 물 3, 후춧가루를 넣고 은근한 불에 끓여 칠리 소스를 만들고,

4 달군 팬에 버터를 살짝 두르고 잘게 자른 파인애플 슬라이스 1조각을 넣고 볶다가 파인애플 통조림국물 5, 마요네즈 5, 설탕 0.5, 레몬즙 1, 소금을 약간 넣고 끓여 마요네즈 소스를 만들어 구운 새우에 뿌리면 끝.

마늘과 함께 구우면 좋아요

꼬들꼬들 씹는 맛
해파리냉채

해파리냉채는 해파리 씹는 맛이 특색 있지요.
꼬들꼬들 씹히는 소리가 재미있어요.
겨자 소스에 무쳐 먹으면 새콤한 맛이 입맛을 살려주지요.

 20분  4인분

주재료 염장 해파리 3줌(300g), 오이 1/2개, 홍피망 1/2개, 게맛살 2줄, 새우(중하) 2마리, 통깨 약간

해파리 밑간 재료 식초 2, 설탕 1, 소금 약간

겨자 소스 재료 연겨자 0.7, 식초 2, 물 1, 설탕 1, 소금 0.3, 다진 마늘 0.5, 참기름 0.3

성실 주부가 귀띔하는 맛내기 비법
해파리는 짠기를 확실히 빼고 요리해야 해파리냉채의 제 맛이 나지요. 여러 번 조물조물 헹구고 약간 뜨겁다 싶은 물에 데치세요.

1 해파리는 물에 여러 번 헹궈 소금기를 빼고 끓인 물에 담가 꼬들꼬들하게 데쳐,

2 식초 2, 설탕 1, 소금으로 밑간을 하고 오이 1/2개, 홍피망 1/2개는 채썰고 게맛살 2줄은 적당한 굵기로 찢고,

3 연겨자 0.7, 식초 2, 물 1, 설탕 1, 소금 0.3, 다진 마늘 0.5, 참기름 0.3을 한데 섞어 겨자 소스를 만들고,

4 밑간한 해파리와 채썬 채소, 맛살을 모두 섞어 겨자 소스를 부어 뒤적거리며 무치면 끝.

특별요리

참치의 색다른 변신

참치스테이크

비싼 고기로만 스테이크를 만드는 건 아니죠.
찬장 안에 비상용으로 챙겨둔 참치로 훌륭한 스테이크를 만들 수 있어요.
바삭하게 씹히는 참치스테이크. 집에서 한껏 뽐내며 맛보는 외식 메뉴랍니다.

30분 2인분

주재료 양파(중간 것) 1개, 피망 1/3개, 참치(통조림) 1통(150g), 식용유 적당량
반죽 양념 재료 다진 마늘 0.5, 소금 0.3, 후춧가루 적당량, 달걀 1개, 빵가루 2/3컵
소스 재료 스테이크 소스 5, 케첩 1, 물엿 1, 물 3, 머스터드 적당량

당근이나 파 등도 잘게 잘라 함께 넣어도 좋아요

1 양파 1개, 피망 1/3개는 잘게 다지고,

2 참치는 기름기를 쏙 빼서 볼에 담고,

3 다진 양파, 피망, 다진 마늘 0.5, 소금, 후춧가루, 달걀 1개를 깨어 넣고 빵가루 2/3컵을 넣고 골고루 섞어,

너무 치대면 곱게 갈아져서 씹는 맛이 없어져요

4 손으로 약간의 끈기가 생길 때까지 치대어,

5 둥글 넓적하게 모양을 만들고,

6 중간 불로 잘 달군 팬에 식용유를 두르고 참치스테이크를 앞뒤로 노릇하게 굽고 스테이크 소스 5, 케첩 1, 물엿 1, 물 3을 냄비에 넣고 팔팔 끓여 소스를 만들어 스테이크와 곁들이면 끝.

성실 주부가 귀뜸하는 맛내기 비법

케첩이나 돈가스 소스를 뿌려 먹어도 되지만 맛이 좀 시고 강하죠? 물과 물엿을 적당히 섞어서 한 번 더 끓여서 사용하면 훨씬 맛있는 소스를 만들 수 있어요. 또 참치스테이크를 맛있게 구워 접시에 담고 소스를 끼얹은 다음 머스터드 소스로 모양을 내면 먹음직스러워요.

Part 5 우리집 특별 요리

아이, 어른 모두 좋아하는 베스트 메뉴
립강정

특별요리

명절날 늘 먹던 갈비찜이 물린다면
이렇게도 한번 만들어 보세요.
갈비가 찜에서 바삭바삭한
튀김 요리로 변신하니까요.
색다른 맛에 놀라
립강정 팬이 될지도 몰라요.
아이들이 더 좋아할 것 같지만,
어르신들도 아주 좋아하세요.
대파를 얇게 채썰어 튀겨
립강정에 곁들이면 환상적이에요.

주재료 돼지고기(등갈비) 800g, 녹말가루 2/3컵, 튀김기름 적당량
고기 밑간 재료 허브맛 소금 0.5, 청주 2, 다진 마늘 0.5
소스 재료 간장 3, 사과식초 3, 굴소스 1, 맛술 3, 물 5, 흑설탕 1, 물엿 3, 다진 마늘 0.5, 생강가루 0.2

정육점에서 잘라달라고 하세요

1 돼지 등갈비는 한 대 한 대 잘라서 찬물에 30분 이상 담가 중간에 2~3번 물을 갈아주며 핏물을 빼고,

고기를 연하게 하려면 재울 때 간 배를 넣고 오래 재워두면 돼요

2 고기는 체에 밭쳐 물기를 빼고 큼직한 덩어리에 듬성듬성 칼집을 내어 허브맛 소금 0.5, 청주 2, 다진 마늘 0.5에 잠시 재워두고,

3 간이 어느 정도 배면 녹말가루 2/3컵을 넣고 녹말가루옷이 골고루 스며들도록 잠시 재웠다가,

4 끓는 튀김기름에 넣어 전체적으로 노르스름한 빛깔이 날 때까지 바삭하게 튀기고,

식초의 신맛이 다 날아가고 윤기가 돌아 약간 걸쭉하게 되도록 조리세요

5 팬에 간장 3, 사과식초 3, 굴소스 1, 맛술 3, 물 5, 흑설탕 1, 물엿 3, 다진 마늘 0.5, 생강가루 0.2를 넣고 바글바글 끓여,

김 솔을 이용해 고기에 소스를 발라도 좋아요

6 자글자글 끓인 소스에 미리 튀긴 립을 넣고 소스가 골고루 묻도록 버무리면 끝.

성실 주부가 귀띔하는 맛내기 비법

어르신들이 드실 거라면 립을 배즙이나 양파즙으로 밑간을 하고, 김이 오른 찜통에 한 번 쪄서 요리하면 훨씬 연하고 맛이 부드러워집니다.

특별 요리

새우로 샐러드가 가능해?
새우튀김 샐러드

외식하러 시내에 나갔다가
먹은 샐러드를 보고 흉내 내 봤어요.
꿀과 파인애플로 만든 달콤한 드레싱은
새우튀김과 참 잘 어울려요.
먹고 나면 입 안도 개운하고요.
새우를 바삭하게 튀기면 머리부터
꼬리까지 맛있게 먹을 수 있지요.
샐러드인 만큼 새우와
맛의 조화를 이루는 무순,
양상추, 베이비 채소와 콘플레이크를
듬뿍 넣어 먹어요.

주재료 새우(중하) 6마리, 소금·후춧가루 약간씩, 튀김기름 적당량, 양상추·베이비 채소·콘플레이크 적당량씩
튀김옷 재료 녹말가루 약간
드레싱 재료 파인애플 슬라이스(통조림) 2조각, 머스터드 0.5, 식초 1, 소금 0.3, 플레인 요구르트 1통, 꿀 3

1 파인애플 슬라이스 2조각, 머스터드 0.5, 식초 1, 소금 0.3, 플레인 요구르트 1통, 꿀 3을 믹서에 드르륵 갈아 드레싱을 만들고,

2 새우 6마리는 머리 쪽 수염 부분만 다듬고 껍질은 벗기지 말고 등 쪽에 칼집을 내어 이쑤시개로 내장을 제거한 후 소금과 후춧가루를 뿌려 밑간하고,

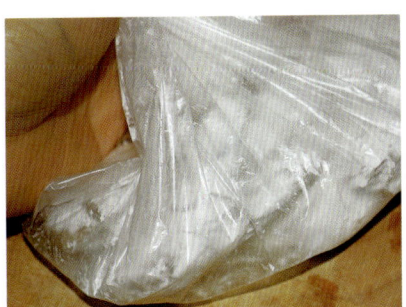

3 일회용 비닐봉지 안에 녹말가루와 새우를 함께 넣고 가루옷을 묻혀,

4 끓는 튀김기름에 새우를 넣고 바삭하게 튀기고 그릇에 양상추와 베이비 채소 등을 모양 내서 담고 새우를 올린 후 콘플레이크를 솔솔 뿌리고 먹기 직전에 드레싱을 뿌리면 끝.

 성실 주부가 귀띔하는 맛내기 비법

새우를 튀기는 것이 번거롭다면 팬에 구워도 돼요. 샐러드에 들어가는 채소는 찬물에 씻어 물기를 확실히 제거하고 사용하세요. 샐러드스피너 또는 채소탈수기라고 불리는 도구를 사용하면 물기를 확실히 제거할 수 있어 더욱 아삭아삭한 샐러드를 즐길 수 있어요.

문성실의 집밥 먹고 살기 프로젝트

Part 6

입이 심심할 때, 특별 간식

대형마트에서 파는 1+1 과자나 배달해 먹는 간식으로 주린 배를 채우지 마세요. 후다닥 만들어 후루룩 먹는 면 요리들이 훌륭한 건강 간식을 소개하니까요. 입맛 없을 때는 메인 요리로도 손색 없어요.

특별 간식

출출할 때 고마운 요깃거리

감자 참치샐러드

출출할 때 속이 든든한 감자와 참치는 찰떡궁합이죠.
집에 늘 있는 흔한 재료로 뚝딱 만들어 보세요.
요구르트 소스를 함께 곁들이면 깔끔한 맛이 나요.

30분 / 한접시

주재료 감자(중간 것) 2개, 참치(통조림) 1/2통, 오이나 오이피클 1/2개, 양파 1/4개

양념 재료 마요네즈 2, 머스터드 0.5, 소금·후춧가루 적당량씩

요구르트 소스 재료 플레인 요구르트 1통, 마요네즈 1, 꿀이나 물엿 0.5

성실 주부가 귀띔하는 맛내기 비법

감자 참치샐러드의 양념 재료에 마요네즈와 함께 카레가루나 생크림을 넣어도 맛있어요. 또 요구르트 소스 대신 크림치즈 소스를 곁들여도 좋아요. 크림치즈 소스는 크림치즈 2, 레몬즙 1, 꿀 1을 잘 섞으면 돼요.

오이피클은 잘게 다지세요

카레가루를 약간 넣어도 맛있어요

1 감자 2개는 먹기 좋게 썰어 끓는 소금물에 삶아 체에 밭쳐 식히고,

2 참치 1/2통은 기름기를 빼고 오이 1/2개는 어슷썰어 소금에 살짝 절여 물기를 짜고,

3 볼에 감자, 참치, 절인 오이, 양념 재료인 마요네즈 2, 머스터드 0.5, 소금, 후춧가루를 적당히 넣어 살살 무쳐,

4 접시에 감자 참치샐러드를 담고 플레인 요구르트 1통, 마요네즈 1, 꿀이나 물엿 0.5를 한데 섞어 만든 요구르트 소스를 함께 내면 끝.

바쁜 아침 든든한 한 잔
단호박셰이크

아침에 밥을 못 드시고 출근하시는 분들이 많으시더라고요.
늦잠을 자서 남편 밥상 차릴 시간이 없을 때 당당하게 내놓는 단호박셰이크예요.
그런 분들을 위한 든든한 한끼를 소개합니다.

 5분    1인분

주재료 찐 단호박 1/4통, 우유 1+1/2컵, 꿀 1, 소금 약간

1 단호박 1/4통은 내열용기에 담고 랩을 씌워 전자레인지에 4~5분간 돌려 익히고,

2 찐 단호박은 껍질을 벗기고 우유와 꿀도 준비하고,

3 믹서에 단호박과 우유 1컵, 꿀 1을 넣어,

4 곱게 갈면 끝.

성실 주부가 귀띔하는 맛내기 비법
단호박셰이크는 먹기 직전에 갈아 먹어야 맛있고요, 단호박 대신 고구마로 만들어도 돼요.

특별 간식

비가 오면 생각나는
김치 오징어부침개

비가 오면 꼭 생각나는 김치부침개.
한 TV 프로그램에서 실험을 했는데, 비 오는 소리와 부침개 지지는 소리가 너무 비슷하더라고요.
비 오는 날에는 군내 나는 신 김치와 오징어 듬뿍 넣고 빗소리 들으며 부침개를 부쳐 드세요.

 30분   2인분

주재료 오징어 1마리, 신 김치 1/2포기, 양파(중간 것) 1/2개, 쪽파 10뿌리, 올리브오일 적당량
반죽 재료 부침가루 2컵, 얼음물 1+1/3컵

1 신 김치 1/2포기는 송송 썰고,

2 오징어 1마리는 껍질을 벗겨 물에 씻어 먹기 좋은 크기로 썰고 양파 1/2개와 쪽파 10뿌리도 적당한 크기로 썰고,

3 부침가루 2컵에 얼음물 1+1/3컵을 넣고 멍울 없이 잘 풀어 부침 반죽을 만들고,

4 부침 반죽 안에 준비한 재료를 넣어 골고루 섞고,

5 달군 팬에 올리브오일을 두르고 반죽을 얇고 넓게 펴서 앞뒤로 노릇하게 부치면 끝.

성실 주부가 귀띔하는 맛내기 비법

부침개는 한 면을 완전히 바삭하게 익힌 다음 뒤집어야 찢어지지 않고 잘 부쳐져요. 반죽이 약간 되직해야 바삭하게 부쳐져서 맛있답니다.

아이들이 너무 좋아하는
고구마 찹쌀도넛

특별 간식

달콤한 고구마와 쫀득한 찹쌀의 환상적인 하모니.
너무 맛있어서 멈출 수가 없어요. 동네 아줌마 친구들의 말을 빌리면 이것이 진정 '마약 도넛' 이에요.
단 너무 먹으면 뚱보가 될 수 있으니 주의하세요.

주재료 찐 고구마 으깬 것 2컵, 설탕 2, 찹쌀가루 2컵, 우유 1/2컵, 튀김기름 적당량
묻힌 설탕 재료 설탕·계핏가루 적당량씩

1 찐 고구마 으깬 것 2컵에 설탕 2를 넣고 포크로 잘게 으깨고,

찹쌀가루나 고구마의 상태에 따라 우유 양을 조절해야 해요

2 찹쌀가루 2컵을 체에 쳐서 으깬 고구마와 섞어,

3 우유 1/2컵을 조금씩 나눠 부어가면서 약간 되직하게 반죽하여,

4 원하는 모양의 도넛을 만들어,

5 튀김기름에 넣어 중간 불로 타지 않게 노릇하게 튀기고,

6 도넛이 뜨거울 때 설탕과 계핏가루를 섞어 겉면에 묻히면 끝.

성실 주부가 귀띔하는 맛내기 비법

링 도넛은 모양이 예쁘지만 기름을 많이 먹어요. 그냥 둥글 넓적하게 빚어서 튀겨도 좋아요. 고구마 찹쌀도넛은 오븐에 굽거나 팬에 기름을 넉넉히 두르고 지져도 돼요.

특별 간식

비 오는 날 화끈하게

비빔만두

비가 오는 후덥지근한 날에는 화끈한 음식이 생각나지요.
매운 고추장 소스를 곁들인 비빔만두를 추천해요. 느끼한 군만두가 화끈해지거든요.

 20분　 3인분

주재료 군만두 20개, 식용유 적당량

부재료 채소(양배추·당근·깻잎·데친 콩나물·양파·무순 등) 적당량

소스 재료 고추장 3, 설탕 1, 식초 3, 물엿 2, 맛술 2, 참기름 1, 다진 마늘 0.5, 통깨 1, 후춧가루 약간

성실 주부가 귀뜸하는 맛내기 비법

비빔만두에 데친 콩나물은 꼭 넣어서 드셔 보세요. 고소한 콩나물이 소스, 군만두와 잘 어울립니다. 소스는 비빔국수 비빔장으로 사용해도 좋아요.

콩나물은 데쳐서 사용하세요

1 양배추, 당근 등의 채소는 모두 채썰고,

2 군만두 20개는 식용유에 노릇하게 앞뒤로 지지고,

3 고추장 3, 설탕 1, 식초 3, 물엿 2, 맛술 2, 참기름 1, 다진 마늘 0.5, 통깨 1, 후춧가루를 한데 섞어 소스를 만들고,

4 그릇에 채소와 군만두를 먹음직스럽게 담으면 끝.

원조보다 맛있어 미인한
신당동떡볶이

연애할 때 꼭 먹어봐야 한다며 갔던 신당동 떡볶이집.
원조 맛은 아니라도 그 맛이 그리울 때 만들어 먹지요.
맵지 않아서 아이들이 더 좋아해요.

 30분 4~5인분

주재료 양배추 4줌, 당근 1/4개, 양파 1/2개, 대파 1대, 떡볶이 떡 3줌(600g), 어묵 3줌(200g), 쫄면 1인분, 라면 1봉지, 삶은 달걀 6개, 고춧가루 약간

양념 재료 고추장 8, 춘장 1, 물엿 5, 맛술 2, 쇠고기맛 조미료 0.5, 라면 수프 1/2봉지, 다진 마늘 2, 멸치다시마 육수나 물 8

미리 준비하기
달걀 삶아놓기, 쫄면 면발 풀어놓기, 채소 다듬어놓기

성실 주부가 귀띔하는 맛내기 비법
양념장은 만들어놓은 것을 한꺼번에 넣지 말고 적당히 간을 보아가며 넣으세요. 4/5 정도 넣으면 적당할 것 같아요.

1 고추장 8, 춘장 1, 물엿 5, 맛술 2, 쇠고기맛 조미료 0.5, 라면 수프 1/2봉지, 다진 마늘 2, 멸치 다시마 육수 8을 한데 섞어 양념장을 만들고,

2 양배추 4줌, 당근 1/4개, 양파 1/2개, 대파 1대는 먹기 좋은 크기로 썰고,

3 냄비에 말랑말랑한 떡 3줌, 어묵 3줌, 쫄면 1인분, 라면 1봉지, 삶은 달걀 6개, 채소를 모두 넣어 물을 자작하게 붓고,

4 양념장을 적당히 넣고 끓이다가 식성에 따라 고춧가루를 살짝 뿌려 보글보글 끓여가면서 즉석에서 먹으면 끝.

특별 간식

우리집 선데이 브런치

B.E.L.T 샌드위치

밥이 물린다고 우리집 남자들이 아우성치면 푸짐하게 만들어주는 샌드위치예요. 베이컨(B)과 달걀(E), 양상추(L), 토마토(T)가 들어간 샌드위치라 B.E.L.T 샌드위치라 불려요. 손 하나 까딱하기 싫은 일요일, 아점 메뉴로 추천합니다.

 30분   1~2인분

주재료 양상추 3장, 토마토 1/2개, 베이컨 3장, 삶은 달걀 1개, 호밀식빵 2조각, 버터 0.5, 머스터드 1, 마요네즈 1

달걀 양념 재료 마요네즈 0.5, 소금·후춧가루 약간씩

 성실 주부가 귀띔하는 맛내기 비법

샌드위치는 네모진 것보다 삼각형 모양으로 잘라야 더 맛있어 보인대요. 완성한 샌드위치는 랩에 싸두었다가 빵 속 채소의 숨이 죽으면, 칼로 썰어야 예쁘게 잘 썰립니다.

1 양상추 3장은 씻어 물기를 빼고 토마토 1/2개는 얇게 썰고 베이컨 3장은 살짝 굽고 삶은 달걀 1개는 마요네즈 0.5, 소금, 후춧가루를 약간 넣어 버무리고,

2 호밀식빵 2조각은 버터 0.5를 두른 팬에 앞뒤로 노릇하게 지지고,

3 구운 식빵 한 면에는 머스터드 1, 다른 한 면에는 마요네즈 1을 바르고,

4 빵 안에 준비한 재료들을 차곡차곡 올리고 랩에 싸서 먹기 좋게 썰면 끝.

당신도 스테이크로 임명하노라

두부스테이크

스테이크를 이만큼 먹으라고 한다면 금세 허리 치수가 늘어날걸요.
고기는 조금만 넣고 담백하게 만든 두부스테이크.
이제는 칭기스칸처럼 영역을 확대하는 뱃살 걱정 없이 마음 놓고 드세요.

 30분   2인분

주재료 두부 1/2모, 다진 쇠고기 1컵(100g), 빵가루 1/2컵, 녹말가루 1, 다진 양파 3, 다진 홍고추 1, 다진 청양고추 1, 소금 0.3, 후춧가루 0.2, 올리브오일 적당량

소스 재료 물 6, 간장 3, 맛술 2, 물엿 1, 흑설탕 0.3, 생강가루 약간

성실 주부가 귀띔하는 맛내기 비법

간장 소스 대신 케첩 소스를 곁들여도 좋아요. 케첩 소스는 물 6, 케첩 3, 돈가스 소스 3, 물엿 1, 후춧가루를 약간 냄비에 넣고 바글바글 끓이면 되지요..

1 냄비에 물 6, 간장 3, 맛술 2, 물엿 1, 흑설탕 0.3, 생강가루를 넣어 바글바글 끓이고,

2 물기를 꼭 짠 두부 1/2모에 다진 쇠고기 1컵, 빵가루 1/2컵, 녹말가루 1, 다진 양파 3, 다진 홍고추 1, 다진 청양고추 1, 소금 0.3, 후춧가루 0.2를 넣고 차지도록 치대어,

3 반죽을 둥글 넓적하게 빚어 달군 팬에 올리브오일을 넉넉히 두르고 앞뒤를 노릇하게 굽고,

4 준비한 소스를 스테이크 윗면에 부어 살짝 익히면 끝.

특별 간식

리사이클링 푸드의 지존

채소부침개

냉장고에 남은 자투리 채소를 해결해야 할 때 모두 모아 쫀득하게 부쳐 먹는 채소부침개. 말 그대로 리사이클링 푸드의 대표주자랍니다. 케첩을 뿌려 먹는 맛이 일품이에요.

20분 2인분

주재료 감자(중간 것) 2개, 양파(중간 것) 1/2개, 당근(중간 것) 1/4개, 소금·후춧가루 약간씩, 올리브오일 적당량, 버터 0.5

양념 재료 부침가루 5, 물 1/3컵, 허브맛 소금 적당량

성실 주부가 귀띔하는 맛내기 비법

부침개에 넣는 채소는 최대한 가늘게 채썰어야 속 안까지 잘 익어요. 부침개에 마요네즈와 돈가스 소스를 가늘게 뿌리고, 가다랑어포를 솔솔 뿌려 먹으면 색다른 맛이 나요.

1 감자 2개, 양파 1/2개, 당근 1/4개는 가능한 한 가늘게 채썰고,

손으로 반죽하세요

2 채썬 채소를 볼에 담고 소금과 후춧가루를 넣어 살짝 밑간을 하고,

3 부침가루 5를 물 1/3컵과 섞고,

파슬리가루나 케첩, 마요네즈를 모양 내서 뿌려 먹어도 좋아요

4 잘 달군 팬에 올리브오일과 버터 0.5를 넣은 후 반죽을 붓고 숟가락으로 평평하게 모양을 잡아 밑면이 노릇하게 잘 익으면 뒤집개로 확 뒤집어 허브맛 소금을 살짝 뿌리고 뚜껑을 덮고 마저 익히면 끝.

호박죽

입맛 사로잡는 황금 자태

황금 빛깔의 호박죽.
여자에게 좋은 호박이지만, 비만이 걱정인 남편에게도 최고 양식이죠.
황금 자태를 보며 소원을 빌어보세요. 돈 많이 벌게 해달라고요.

 50분  3~4인분

주재료 늙은 호박 7줌(1kg), 물 2+1/2컵, 찹쌀가루 1컵, 설탕 1~2, 소금 0.3

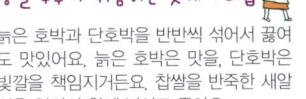 성실 주부가 귀띔하는 맛내기 비법

늙은 호박과 단호박을 반반씩 섞어서 끓여도 맛있어요. 늙은 호박은 맛을, 단호박은 빛깔을 책임지거든요. 찹쌀을 반죽한 새알심을 익혀서 함께 넣어도 좋아요.

1 늙은 호박 1kg은 껍질을 벗겨 큼직하게 잘라 물 2+1/2컵을 넣고 푹 삶고,

2 흐물흐물하게 삶은 호박은 믹서에 멍울 없이 곱게 갈고,

3 호박과 찹쌀가루 1컵을 냄비에 넣고 골고루 저어가면서 끓이다가,

4 간을 보아 설탕 1~2, 소금 0.3을 넣어 살짝 더 끓이면 끝.

동짓날 이웃들과 나눠 먹어야 제 맛

팥죽

특별 간식

유난히 팥죽을 좋아하는 남편 때문에 다른 집보다 자주 쑤지만 매번 눌러붙는 건 어쩔 수 없나 봐요.
그래도 맛있다고 먹는 남편이 고마워 동짓날에도, 동지가 아닌 날에도 팥죽을 쑨답니다.
이렇게 성공과 실패를 거듭하다 보면 팥죽 쑤기 고수의 길에 오르는 날이 있겠죠.

주재료 팥 2컵, 멥쌀 1컵, 물 16컵
새알심 재료 시판 찹쌀가루 1컵, 미지근한 물 6~7, 소금 약간
양념 재료 소금 1, 설탕 3

물을 계속 보충하면서 삶아요

적어도 3~4시간 충분히 쌀을 불리세요

시판 찹쌀가루 대신 방앗간에서 막 빻은 찹쌀가루를 사용할때는 물의 양을 적게 넣어야해요

찹쌀가루와 멥쌀가루를 반반 섞어서 사용 해도 좋답니다

1 팥은 깨끗이 3~4차례 일어 씻고, 냄비에 팥을 넣고 물 2컵을 붓고 불에 올려 3~5분간 끓이다가 삶고 난 첫 물을 따라버리고, 그 팥에 다시 물 6컵을 넣고 팥알이 푹 퍼져 터질 때까지 삶아고, 삶은 팥은 잠시 식혀서,

2 멥쌀 1컵은 깨끗이 씻어 물에 충분히 불려 준비하고,

3 시판 찹쌀가루 1컵은 소금을 약간 넣고 미지근한 물 6~7을 넣고 익반죽을 해서 작은 새알심 모양으로 빚고,

소금과 설탕의 양은 입맛에맞게 가감하세요. 단맛이 싫다면 소금 만넣고 간을 해도 좋아요

4 식힌 팥을 믹서에 물 6컵을 붓고 곱게 갈고 성긴 체에 넣고 걸러 위에는 묵직한 팥 앙금이 남고 아래로는 팥의 맑은 물이 내려오게 하고 여기에 물 2컵을 더 부어 팥물을 내려주고,

5 아래 가라앉은 맑은 팥물에 불린 쌀을 모두 넣고 밥알이 푹 다 익을 때까지 끓이다가 중간 중간 바닥에 눋지 않게 나무주걱으로 계속 저어주고,

6 쌀이 다 익으면 새알심을 넣고 새알심이 익어 위로 떠오를 때까지 끓이다가 체 위에 남아 있는 묵직한 팥 앙금을 모두 넣고 골고루 저어 3~5분간 푹 끓이고 식성에 따라 소금 1, 설탕 3을 넣고 간을 하면 끝.

성실 주부가 귀띔하는 맛내기 비법
냄비에 팥과 멥쌀을 넣어 익힐 때 중간 중간 밥알이 냄비에 눌러 붙지 않게 잘 저어주세요.

스타일이 다르면 맛도 다른

새우튀김

특별 간식

새우가 제철일 때면 우리집에서는 고소한 기름 냄새가 하루 종일 진동하지요.
큰맘 먹고 새우를 넉넉히 사서 새우튀김을 만들거든요. 바삭한 튀김을 먹으려면 얼음물로 반죽하는 것 잊지 마세요.
요구르트 소스와 함께 먹는 새우튀김은 우리 가족에게 행복을 선사합니다.

새우튀김 1

주재료 새우(중하) 20마리, 녹말가루·튀김기름 적당량씩 **튀김옷 재료** 튀김가루 1컵, 녹말가루 3, 얼음물 3/4~1컵 **양념 재료** 소금·후춧가루 약간씩

새우튀김 2

주재료 새우(중하) 20마리, 녹말가루·튀김기름 적당량씩 **튀김옷 재료** 녹말가루 적당량, 달걀 1개, 빵가루 적당량 **양념 재료** 소금·후춧가루 약간씩

요구르트 소스 재료 플레인 요구르트(가당) 1통, 마요네즈 1, 머스터드 0.5, 레몬즙 0.5, 다진 오이피클 1, 소금·후춧가루 약간씩

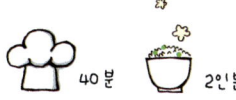
40분 2인분

1 요구르트 소스 재료를 분량대로 한데 섞어 새우튀김에 곁들일 소스를 만들어 냉장고에 넣어 차게 두고,

2 새우 40마리는 머리는 떼고 꼬리를 제외한 나머지 몸통 껍질만 까서 이쑤시개로 등 쪽 내장을 빼내고 소금과 후춧가루를 솔솔 뿌려 밑간을 하고,

3 새우에 녹말가루를 골고루 묻히고,

4 튀김가루 1컵, 녹말가루 3, 얼음물 3/4~1컵을 넣어 섞고,

5 새우에 ④의 튀김옷을 입혀 180℃의 튀김기름에 바삭하게 튀기면 새우튀김 1 완성!

6 ③의 새우 20마리는 달걀 푼 것, 빵가루 순으로 입혀 180℃의 튀김기름에 바삭하게 튀기면 새우튀김 2 완성!

성실 주부가 귀띔하는 맛내기 비법

새우를 다듬을 때 새우 꼬리를 살짝 가위로 잘라 물기를 없애고 튀겨야 기름이 튀지 않아요. 바삭하게 튀기려면 꼭 얼음물을 사용하고, 튀김옷은 젓가락을 이용해 대충 섞어야 해요.

특별 간식

우리집 피로회복용 간식

마늘조림

마늘을 무슨 간식으로 먹느냐고요?
간식도 건강을 생각해서 먹는다면 마늘조림을 강추!
익힌 마늘은 부담 없이 먹을 수 있고 피로회복에도 아주 좋아요.

 20분   2인분

주재료 마늘 2컵, 올리브오일 3
시럽 재료 물엿 5, 맛술 1, 간장 1, 소금 약간

 성실 주부가 귀뜸하는 맛내기 비법

몸에 좋은 마늘을 주로 양념으로만 드셨었죠? 아무리 몸에 좋다지만 생마늘을 먹으려면 힘들죠. 마늘은 가열을 해도 영양소가 파괴되지 않으니 구워 먹거나 조려 드세요. 가끔은 쓰려고 찧어놓은 마늘이 녹색으로 변한 것을 종종 보실 거예요. 이것은 마늘의 효소에 의해 생긴 현상으로 상하거나 변질된 것이 아니니 안심하고 드셔도 돼요.

1 마늘 2컵은 껍질을 벗겨 물에 씻은 후 반 잘라 달군 팬에 올리브오일 3을 두르고 튀기듯이 볶다가,

2 마늘이 노릇노릇하게 익으면 키친타월에 올려 식히고,

3 팬에 물엿 5, 맛술 1, 간장 1, 소금을 약간 넣고 바글바글 끓이다가,

4 익힌 마늘을 넣고 자글자글 조리면 끝.

터지지 않게 조심조심
오징어순대

뜨거울 때 먹는 오징어순대 맛은 정말 황홀하죠.
정성스레 만든 오징어순대가 뻥 하고 터지면 정말 난감하니까 모양 잡기에 신경 쓰세요.
성공의 힌트는 자그마한 오징어를 준비하여 소를 너무 꾹꾹 누르지 않는 거랍니다.

 30분   2인분

주재료 오징어 2마리, 밀가루 약간

소재료 다진 쇠고기 1컵, 두부 1컵, 표고버섯(큰 것) 1개, 양파 1/2개, 옥수수(통조림) 4, 다진 파 3, 다진 당근 3, 달걀물 1/2개분

소 양념 재료 간장 1, 다진 마늘 0.5, 설탕 0.3, 깨소금 1, 참기름 0.5, 소금·후춧가루 약간씩

초간장 재료 간장 2, 식초 0.5, 설탕 약간, 다진 파 1

오징어순대는 충분히 식혀서 자르고 초간장이나 초고추장과 함께 내세요. 또 남은 오징어순대를 먹을 때는 밀가루를 살짝 묻히고, 달걀물에 담가 팬에 노릇하게 지져 밥반찬으로 먹어도 맛있어요.

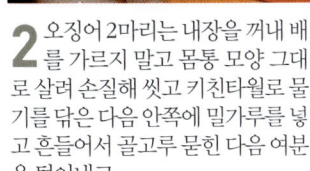

1 다진 쇠고기 1컵, 물기를 꼭 짠 두부 1컵, 표고버섯 1개, 양파 1/2개는 잘게 다지고 옥수수는 물기를 빼고 다진 파 3, 다진 당근 3, 달걀물 1/2개분과 간장 1, 다진 마늘 0.5, 설탕 0.3, 깨소금 1, 참기름 0.5, 소금, 후춧가루를 약간씩 넣어 차지게 치대고,

2 오징어 2마리는 내장을 꺼내 배를 가르지 말고 몸통 모양 그대로 살려 손질해 씻고 키친타월로 물기를 닦은 다음 안쪽에 밀가루를 넣고 흔들어서 골고루 묻힌 다음 여분을 털어내고,

3 오징어 몸통 안에 소 재료를 3/4 가량 채워 넣고 긴 꼬치로 입구 쪽을 막아 고정시키고,

4 김이 오른 찜통에 오징어순대를 올려 꼬치로 몸통을 4~5군데 정도 찔러서 숨구멍을 만들어 터지지 않게 하고 20~25분간 푹 쪄 초간장과 곁들여 내면 끝.

특별 간식

사랑을 부르는 맛

훈제연어 양상추카나페

종종 간식이 별식이 될 때도 있어요.
이 요리는 결혼 10주년 날 함께 있지 못한 우리 부부를 위해 다음 날 만든 요리예요.
남편에게 극찬을 들었던 요리랍니다. 사랑을 부르는 요리라고나 할까요~

 20분   20개

주재료 양상추 5~6장, 훈제연어(슬라이스) 10장, 치커리 적당량, 블랙올리브 5개, 날치알·무순 적당량씩

소스 재료 생크림 요구르트(가당) 1통, 마요네즈 2, 머스터드 1, 레몬즙 1, 다진 양파 2, 다진 오이피클 3, 소금·후춧가루 적당량씩

성실 주부가 귀띔하는 맛내기 비법

훈제연어 대신 칵테일 새우를 끓는 소금물에 데쳐 사용해도 돼요. 케이퍼가 있다면 곁들여도 좋고요.

1 생크림 요구르트 1통, 마요네즈 2, 머스터드 1, 레몬즙 1, 다진 양파 2, 다진 오이피클 3, 소금, 후춧가루를 적당히 넣어 섞고,

2 양상추 5~6장은 손으로 뜯어 접시 모양으로 만들고,

3 훈제연어는 반으로 자르고 치커리는 씻고 블랙 올리브는 자르고,

4 양상추 위에 소스를 올리고 그 위에 치커리, 훈제연어, 날치알, 블랙 올리브, 무순 순으로 모양 내서 올리면 끝.

깔끔 담백한 것이 좋아

참치회무침

톡 쏘는 초고추장 맛 대신 담백한 맛을 그대로 느끼고 싶다면
채소를 듬뿍 넣고 참치회를 무쳐 먹어요. 레몬즙이 상큼함을, 고추냉이가 톡 쏘는 맛을 내요.
산뜻한 맛을 찾는 이들에게 추천합니다.

 20분   2인분

주재료 냉동참치 3줌(200g), 채소(상추, 깻잎, 양배추 등) 채썬 것 3줌

양념 재료 간장 1, 설탕 1, 다진 마늘 0.5, 식초 1, 레몬즙 1, 올리브오일 1, 참기름 0.5, 통깨 1, 소금·후춧가루·연와사비 약간씩

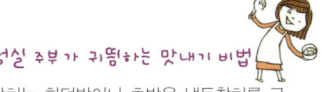

참치는 회덮밥이나 초밥용 냉동참치를 구입하면 되고요. 간장 양념장 대신 초고추장 양념장을 곁들여 먹으면 매콤하면서 상큼한 맛이 나요.

1 상추, 깻잎, 양배추 등의 채소는 채썰고,

2 간장 1, 설탕 1, 다진 마늘 0.5, 식초 1, 레몬즙 1, 올리브오일 1, 참기름 0.5, 통깨 1, 소금, 후춧가루, 연와사비를 한데 섞어 양념장을 만들고,

먹기 직전에 무쳐 내요

3 볼에 채소와 참치, 양념장을 모두 넣고 살살 버무리면 끝.

특별 간식

긴긴 겨울밤 배를 채워주는
도토리묵 김치무침

도토리묵 김치무침은 밥반찬으로 먹는 것보다 잠이 오지 않는 추운 겨울밤에 후루룩 먹으면 더욱 맛있는 것 같아요. 도토리묵만 먹으면 밍밍하지만, 겨울에는 신 김치, 봄, 여름, 가을에는 제철 채소를 풍성하게 넣어 먹으면 맛이 풍부해져요.

 15분   2~3인분

주재료 도토리묵 1모, 신 김치 1/2포기, 김 2장

김치 양념 재료 간장 1, 고춧가루 1, 설탕 0.5, 물엿 0.5, 깨소금 1, 참기름 1, 다진 마늘 0.3, 다진 파 2

성실 주부가 귀뜸하는 맛내기 비법

간장 4, 고춧가루 2, 맛술 1, 물엿 1, 식초 1, 참기름 1, 다진 마늘 0.5, 다진 파 1, 깨소금 1, 생강가루 약간을 섞은 양념장에 도토리묵과 오이, 상추 등의 채소를 넣고 버무려 먹어도 맛있어요.

1 도토리묵 1모는 길쭉하게 썰고 김치 1/2포기는 송송 썰고,

2 김치에 간장 1, 고춧가루 1, 설탕 0.5, 물엿 0.5, 깨소금 1, 참기름 1, 다진 마늘 0.3, 다진 파 2를 넣고 조물조물 무쳐,

3 도토리묵과 구운 김 2장을 부숴 넣고 살살 뒤적이면 끝.

호화스런 달걀 요리

달걀 채소오믈렛

달걀과 자투리 채소들만 있다면 근사하게 차려낼 수 있는 간식이랍니다.
치즈를 넣으면 맛도 모양도 더욱 호화로워지고 소스를 뿌려 장식하면 금상첨화예요.
쌍둥이 친구들이 놀러오면 종종 만들어 준답니다.

 30분   2인분

주재료 달걀 3개, 우유 3

부재료 햄, 양파, 당근, 호박 등의 채소(잘게 썬 것) 적당량, 체다 슬라이스 치즈 적당량, 올리브오일 1

양념 재료 소금, 후춧가루 적당량씩

장식 재료 케첩·허니 머스터드 소스·파슬리가루 적당량씩

달걀에 우유나 생크림을 넣으면 더욱 부드러워져요. 올리브오일 대신 버터를 두르면 풍미가 더해지고요.

1 달군 팬에 올리브오일 1을 두르고 잘게 썬 채소를 넣어 달달 볶다가 소금과 후춧가루로 간을 하여 그릇에 담고,

중간 불로 하세요

2 달걀 3개에 우유 3, 소금을 약간 넣어 잘 풀고 올리브오일을 적당히 두른 팬에 달걀을 붓고 젓가락으로 여러 번 휘저어 부드럽게 풀고,

장식으로 올릴 볶음 채소를 조금 남겨두세요

3 달걀이 반쯤 익었다 싶을 때 미리 볶아둔 채소를 한쪽에 올리고,

4 달걀이 다 익기 전에 반을 접어서 살짝 눌러주어 끝부분이 잘 아물려지게 하여 체다 슬라이스 치즈와 장식 재료를 올리면 끝.

특별 간식

패스트푸드점보다 맛있는

옥수수샐러드

패스트푸드점에서 먹을 수 있는 옥수수샐러드를 집에서 쉽고 간단하게 만들어 보세요.
상큼하고 톡톡 터지는 옥수수 맛에 흠뻑 반하게 될 거예요.
쌍둥이들이 패스트푸드를 외칠 때면 두부 스테이크와 함께 만들어주는 간식이에요.

 15분   2인분

주재료 옥수수(통조림) 1통, 피망·홍피망·양파 약간씩

드레싱 재료 식초 1, 레몬즙 1, 설탕 1, 소금 0.2, 올리브오일 2

 성실 주부가 귀띔하는 맛내기 비법
취향에 따라 핫소스와 후춧가루, 파슬리가루를 뿌려 먹으면 더 맛있어요.

1 옥수수 1통은 체에 밭쳐 물기를 빼고 피망, 홍피망, 양파는 잘게 다지고,

2 식초 1, 레몬즙 1, 설탕 1, 소금 0.2, 올리브오일 2를 한데 섞어 옥수수를 버무릴 드레싱을 만들고,

3 볼에 물기를 뺀 옥수수와 다진 채소, 드레싱을 넣고 골고루 섞으면 끝.

울트라 초간단

두부도넛

재료가 너무 간단해서 맛이 의심된다고요?
두부가 들어갔는데 두부 맛이 전혀 안 느껴지는 온 가족 영양 간식인 도넛이랍니다.
저는 계핏가루 듬뿍 넣은 설탕을 잔뜩 찍어 먹어요.

 25분   2인분

주재료 핫케이크가루 150~160g (종이컵 1+1/2컵 정도), 두부 1/4모 (150g), 튀김기름 적당량, 설탕 1, 계핏가루 0.2

성실 주부가 귀띔하는 맛내기 비법
두부와 핫케이크가루, 튀김기름만 있으면 간단하게 만들 수 있는 도넛이에요. 튀김기름의 온도를 너무 높게 하면 도넛의 겉면만 타기 쉬우니 불의 세기를 중간 불이나 약한 불로 하여 은근히 튀기세요.

두부와 핫케이크가루를 적당히 섞어 반죽한다고 생각하면 돼요

1 시판 핫케이크가루와 두부는 동량으로 준비하고,

2 두부 1/4모를 손으로 으깨고 으깬 두부에 핫케이크가루를 넣어가면서 손으로 모양을 만들기에 적당하게 반죽을 하고,

3 끓고 있는 튀김기름에 숟가락을 살짝 담가서 반죽을 조금씩 떼어가며 동그랗게 모양을 만들고,

숟가락에 기름을 묻히면 달라붙지 않아 좋아요

4 튀김기름의 불을 중간 불로 줄이고 도넛을 조심스레 가장자리부터 굴리듯이 하나씩 넣어 튀겨 설탕 1, 계핏가루 0.2를 묻히면 끝.

특별 간식

샤각샤각 소리가 더 맛있는
고구마튀김

바삭바삭한 튀김 꽃이 핀 튀김을 보면 살찌는 걱정은 어디로 가고 침부터 절로 삼켜지죠.
튀김 요리의 지존 타이틀을 거머쥔 일식집 튀김 비법을 알려 드릴게요.
세트 메뉴인 튀김용 간장 비법도 기분 좋게 공개할게요. 맛있게 만들어진 튀김은 먹는 소리부터가 달라요.

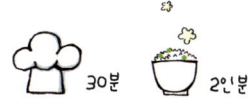

주재료 고구마(큰 것) 1개, 소금 적당량, 튀김가루 1/3컵, 튀김기름 적당량
튀김 반죽 재료 튀김가루 1컵, 녹말가루 2, 얼음물 1컵

> 튀김용 고구마는 큼직한 것으로 준비하세요

1 고구마 1개는 껍질을 잘 닦아서 0.5cm 정도의 굵기로 동그란 모양을 살려서 자르고,

2 자른 고구마는 도마에 겹치지 않게 펼쳐 놓고 소금을 솔솔 뿌려,

> 대충 젓가락을 이용해서 살살 풀어 주기만 하면 돼요

3 튀김가루 1컵에 녹말가루 2를 넣고, 얼음이 둥둥 뜬 얼음물 1컵을 붓고 살살 섞어 튀김 반죽을 만들고,

4 고구마는 따로 일회용 비닐 안에 튀김가루 1/3컵과 함께 넣고 흔들어 골고루 튀김가루를 묻히고,

5 고구마를 튀김 반죽에 넣고 튀김옷을 골고루 묻혀,

6 끓는 튀김기름에 넣어 중간 불이나 약간 강한 불로 노릇할 때까지 튀기면 끝.

성실 주부가 귀띔하는 맛내기 비법

일식집에서 맛보는 튀김을 만들려면 일단 튀김을 넣고 튀김 반죽을 손으로 흩뿌리듯 넣거나 반죽을 조금 부어서 젓가락으로 휘휘 저어 풀듯이 헤치면 튀김 반죽이 꽃처럼 퍼지게 돼요. 그때 튀기고 있던 고구마튀김을 휘 저어가면서 튀김옷을 붙여주면, 고구마튀김 겉면에 튀김 꽃이 붙게 된답니다. 간장 1, 맛술 1, 다시마 육수나 가다랑어포 육수 1, 레몬즙 0.5, 실파 썬 것을 약간 넣어 튀김 간장을 만들어 함께 내도 좋아요.

상큼함의 극치를 맛본다
방울토마토 샐러드

특별 간식

무늬는 과일인데, 속은 채소인 토마토. 토마토 주스와 과일처럼 먹어온 방울토마토 맛에 식상한 분들은 이 요리에 주목하세요. 상큼한 맛이 식전 입맛을 돋우거나 메인 요리와 곁들여 먹어도 좋아요. 보기만 해도 절로 풋풋해지는 샐러드랍니다.

 30분 2인분

주재료 방울토마토(큰 것) 30개, 굵은소금 0.5, 양파 1/4개, 파인애플 슬라이스(통조림) 2조각
드레싱 재료 올리브오일 2, 설탕 2, 사과식초 2, 레몬즙 1, 소금 0.3, 파슬리가루 1

작은 방울토마토는 양을 늘려 만드세요

양파는 그냥 넣어도 좋아요

1 방울토마토 30개는 십자 모양 칼집을 살짝 내어 굵은소금 0.5를 넣은 끓는 소금물에 잠깐 데쳐 껍질을 벗기고,

2 양파 1/4개는 잘게 다져 찬물에 담가 아린 맛을 제거한 후 키친타월에 올려 물기를 빼고,

3 파인애플 슬라이스 2조각은 잘게 자르고,

파슬리가루 대신 바질 말린 것을 사용하면 더 좋아요

4 올리브오일 2, 설탕 2, 사과식초 2, 레몬즙 1, 소금 0.3, 파슬리가루 1을 한데 섞어 넣고 설탕이 잘 녹을 때까지 저어 드레싱을 만들고,

5 큰 볼에 방울토마토와 다진 양파, 다진 파인애플을 넣고 드레싱을 붓고 살살 버무리면 끝.

성실 주부가 귀띔하는 맛내기 비법

방울토마토 샐러드는 만들어 냉장고에 차게 두었다가 먹어야 더욱 맛이 있어요. 먹기 하루 전날 만들어 놓아도 되는 음식이에요. 그리고 양상추, 피망 등의 채소에 방울토마토 샐러드 소스를 뿌려 먹어도 맛있어요.

특별 간식

브런치 메뉴로 딱 좋은
훈제연어 샌드위치

훈제연어를 한번 맛보고 나면
그 맛에 반해 가끔씩은 먹어줘야 하죠.
생연어는 특유의 비릿한 맛으로
거부감이 들지만 훈제연어는 부드러운
육질에 은은한 향이 나 괜찮아요.
크림치즈와 너무나도 잘 어울리는
훈제연어, 샌드위치로 먹어도
그 맛이 끝내주지요.
주말에 느지막히 일어나
온 가족의 브런치 메뉴로
폼 나게 만들어 보세요.

주재료 호밀식빵 2장, 훈제연어 슬라이스 3~4장, 오이피클 2개, 양파 1/4개, 양상추나 치커리·새싹채소 적당량씩

소스 재료 크림치즈·마요네즈·머스터드 적당량씩

25분 / 1~2인분

머스터드가 없다면 달콤한 맛의 허니 머스터드를 사용해도 돼요

1 크림치즈, 마요네즈, 머스터드를 준비하고,

양파의 매운 아린 맛이 싫다면 찬물에 담갔다가 키친타월에 올려 물기를 빼면 돼요

2 훈제연어 3~4장을 해동하고 오이피클 2개는 어슷하게 썰고 양파 1/4개는 얇게 썰고 채소는 씻고,

3 호밀식빵 2장은 팬이나 토스터에 살짝 구워 한쪽 면에 크림치즈를 듬뿍 바르고 또 다른 면에는 마요네즈와 머스터드를 바르고,

4 한 면에 치커리와 양파, 새싹채소를 듬뿍 올리고 또 다른 면에는 어슷썬 오이피클과 훈제연어를 골고루 펴서 올리고,

그냥 자르면 무너지고 흘러내리고, 망치기 쉬워요

5 랩으로 꽁꽁 싸서 모양이 흐트러지지 않게 잘 고정해 잠깐 두었다가,

6 랩을 씌운 채 삼각형 모양으로 자르면 끝.

성실 주부가 귀띔하는 맛내기 비법

훈제연어의 냄새가 싫은 분들은 미리 레몬즙을 살짝 뿌려두세요.

문성실의 집밥 먹고 살기 프로젝트

Part 7

진수성찬, 게 섯거라!
한 그릇 요리

가끔은 맛깔스런 딱 한 그릇 요리가 진수성찬 못지않을 때가 있어요. 좀 더 가볍게 맛보는 고기 요리, 입맛 없을 때 부치고 튀겨 먹는 부침과 튀김 요리 등 한 그릇 요리의 다양한 숙제는 계속됩니다.

한 그릇 요리

후루룩 후루룩 소리 내어 먹는
김치말이국수

얼음 동동 띄운 김치말이국수를 먹으면 입에서 절로 "캬아~" 소리가 나오지요. 더운 여름보다는 오히려 한겨울에 먹어야 더욱 맛있는 요리가 김치말이국수예요.

 25분   2인분

주재료 소면 2인분, 김치 2줌, 김치 국물 1컵, 오이 적당량

국물 재료 국물용 멸치 10마리, 다시마(10×10cm) 1장, 물 4컵, 청주 1, 소금 0.3

김치 양념 재료 설탕 1, 식초 1.5, 고추장 0.5, 참기름 1, 깨소금 1

성실 주부가 귀뜸하는 맛내기 비법

소면은 삶는 중간 끓어오를 때 찬물을 1~2번 부으면 쫄깃하고 맛있어요. 육수도 미리 준비해서 살얼음이 얼게 냉동실에 넣어두면 더 시원합니다. 혹 육수를 만드는 것이 번거롭다면 시판 냉면 육수 1봉지와 김치 국물 1+1/2컵, 식초 2, 연겨자 0.3, 소금을 약간 섞어 만든 국물에 국수를 말아 먹으세요.

1 국물용 멸치 10마리, 다시마 1장, 물 4컵을 넣고 팔팔 끓여 육수를 만들고 마지막에 청주 1을 넣어 비린 맛을 날리고 소금 0.3을 넣어 간하고,

2 체에 고운 면이나 베보자기를 받쳐 맑은 육수만 걸러내고,

3 송송 먹기 좋게 썬 김치 2줌에 설탕 1, 식초 1.5, 고추장 0.5, 참기름 1, 깨소금 1을 넣어 무치고, 멸치다시마 육수와 김치 국물 1컵을 섞어 냉동실에 잠시 넣어두고,

4 끓는 물에 소면 2인분을 넣고 삶아 찬물에 씻어 체에 받쳐 물기를 빼고 그릇에 소면을 담고 미리 만들어놓은 육수를 적당량 붓고 김치와 오이를 채썰어 장식하면 끝.

우리 맛 그대로 구수하게

된장칼국수

칼국수 하면 왠지 바지락이나 사골 육수에 끓여야 제 맛이 날 것 같잖아요.
된장으로 끓여 우리 맛을 그대로 살린 칼국수는 된장의 깊은 맛이 일품이에요.
여기에 청양고추를 송송 썰어 칼칼함을 더해보세요.

 20분　 2인분

주재료 칼국수 2인분, 애호박 1줌, 청양고추 3개, 실파나 대파 썬 것 3

국물 재료 국물용 멸치 20마리, 물 7컵

양념 재료 된장 4, 다진 마늘 0.3

성실 주부가 귀띔하는 맛내기 비법
칼국수는 된장국을 끓이면서 다른 불에 삶으면 돼요. 삶은 칼국수는 찬물에 헹구지 말고 바로 뜨거운 된장 국물에 넣으세요. 송송 썬 청양고추와 실파를 얹어 내면 더욱 맛있어요.

1 멸치 20마리는 검은똥을 빼고 물 7컵에 넣어 푹 끓여 멸치만 건져내거나 체에 밭쳐 맑은 육수만 따로 받아내고,

2 멸치 육수에 된장 4를 풀어 넣어 팔팔 끓이고,

3 반달 모양으로 썬 애호박 1줌과 청양고추 썬 것 3개분, 다진 마늘 0.3을 넣어 팔팔 끓이고,

4 칼국수 2인분을 삶고 체에 밭쳐 ③의 육수에 말아 내면 끝.

고추기름이 맛을 낸
매운 잡채볶음

불린 당면만 있으면 매콤한 즉석잡채를 뚝딱 만들 수 있어요.
두반장과 고추기름으로 칼칼하게 매운맛을 낸 잡채는 밥에 올려 덮밥으로 먹어도 좋아요.
아이들용 잡채볶음에는 고추기름을 빼고 베이컨, 파인애플 등을 넣어주면 좋아해요.

 20분 2인분

주재료 불린 당면 3줌, 마늘 3쪽, 피망 1/2개, 홍피망 1/2개, 양파 1/4개, 애느타리버섯 1줌, 물 1/2컵
양념 재료 고추기름 2, 식용유 1, 간장 2, 두반장 1, 맛술 2, 설탕 0.5, 깨소금 0.5, 참기름 1, 소금·후춧가루 적당량씩

1 당면은 미리 충분히 불리고 마늘 3쪽은 편으로 썰고 피망 1/2개, 홍피망 1/2개, 양파 1/4개는 채썰고 애느타리버섯 1줌은 결대로 찢고,

2 달군 팬에 고추기름 2, 식용유 1을 두르고 편으로 썬 마늘을 넣고 달달 볶아 향을 내다가,

3 채소와 버섯을 넣고 달달 볶고,

4 여기에 불린 당면 3줌을 넣고 간장 2, 두반장 1, 맛술 2, 설탕 0.5를 넣어 양념하고 물 1/2컵을 넣고 뒤적거리며 볶다가,

5 당면이 투명하게 익으면 깨소금 0.5, 참기름 1을 넣고 소금과 후춧가루로 간하면 끝.

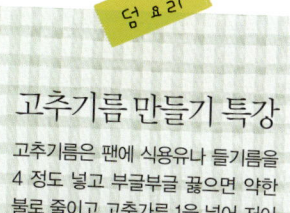

고추기름 만들기 특강

고추기름은 팬에 식용유나 들기름을 4 정도 넣고 부글부글 끓으면 약한 불로 줄이고 고춧가루 1을 넣어 저어가며 끓입니다. 기름에 붉은색이 우러나면 불을 끄고 고추기름을 맑게 걸러 식히면 돼요. 고추기름은 음식의 색이나 매운맛을 낼 때 조금씩 넣습니다.

 성실 주부가 귀띔하는 맛내기 비법

당면만 미리 불려 있다면 자투리 채소로 뚝딱 만들 수 있는 요리예요. 저녁 밥상에 올리려면 아침부터 넉넉한 물에 당면을 넣고 푹 불려주세요. 불린 당면을 오래 보관하려면 물에 넣은 상태로 밀폐용기에 담아 냉장고에 넣어두면 된답니다.

매워도 자꾸만 손이 가는
매운 볶음우동

뜨끈한 국물이 있는 우동 대신 매콤한 볶음우동이 먹고 싶을 때는 이렇게 볶아 먹지요.
밤참용이나 다이어트 주간이라면 우동의 양을 줄이고 버섯과 채소의 양을 늘리는 센스를 발휘하세요.
가끔 별미 삼아 먹기 좋아요.

한 그릇 요리

주재료 우동 면 1봉지, 애느타리버섯 1/2줌, 표고버섯 1개, 양송이버섯 2개, 양파 1/4개, 피망 1/3개, 당근 1/6개, 풋고추·홍고추 약간씩

양념 재료 고춧가루 1, 고추장 0.5, 참치액 2, 맛술 2, 다진 마늘 0.5, 물엿 0.5, 고추기름 2, 식용유 1, 물이나 멸치 육수 1/3컵, 참기름 0.5, 소금·후춧가루 적당량씩

1 애느타리버섯 1/2줌, 표고버섯 1개, 양송이버섯 2개는 먹기 좋게 썰거나 찢고 양파 1/4개, 피망 1/3개, 당근 1/6는 채썰고 풋고추와 홍고추는 어슷썰고,

2 고춧가루 1, 고추장 0.5, 참치액 2, 맛술 2, 다진 마늘 0.5, 물엿 0.5를 넣어 양념장을 만들고,

3 끓는 물에 우동 면 1봉지를 넣고 삶아 찬물에 헹궈 쫄깃하게 준비하고,

4 달군 팬에 고추기름 2, 식용유 1을 넣고 버섯과 채소를 넣어 달달 볶다가 물이나 멸치 육수 1/3컵을 붓고,

5 삶은 우동 면과 양념장을 넣고 뒤적거리며 볶다가,

6 어슷하게 썬 풋고추와 홍고추를 넣고 소금과 후춧가루로 간하면 끝.

성실 주부가 귀띔하는 맛내기 비법

아주 매운맛으로 먹고 싶다면 고추장을 빼고 고춧가루나 고추기름의 양을 늘리세요. 대신 간은 더 해주고요. 고추장의 텁텁함이 싫다면 빼도 돼요.

국물 없어도 맛있는 짬뽕

해물 볶음짬뽕

짬뽕은 보통 국물 맛으로 드시죠?
언젠가 중국집에서 먹어본 볶음짬뽕 맛에 반해서 만들어 보았어요.
해물과 매콤한 맛이 어우러져 별식으로 '딱' 이지요.

주재료 칵테일 새우 15마리, 낙지나 오징어(작은 것) 1마리, 홍합 1줌, 양파(중간 것) 1/2개, 피망 1/2개, 당근 1/5개, 애호박 1/5개, 생면 1봉지, 대파 1/3대, 멸치다시마 육수 1컵

양념 재료 고추기름 1, 식용유 1, 두반장 2, 굴소스 1, 맛술 2, 고춧가루 0.5, 다진 마늘 0.5, 후춧가루 적당량

1 칵테일 새우 15마리, 낙지 1마리, 홍합 1줌을 준비하고 양파 1/2개, 피망 1/2개, 당근 1/5개, 애호박 1/5개는 채썰고,

2 달군 팬에 고추기름 1, 식용유 1을 두르고,

3 먼저 채썬 채소를 넣어 볶다가 이어서 해물을 넣어 볶고,

4 두반장 2, 굴소스 1, 맛술 2, 고춧가루 0.5, 다진 마늘 0.5, 후춧가루를 적당히 넣어 양념하고 멸치다시마 육수 1컵을 부어 바글바글 끓이고,

5 끓는 물에 생면 1봉지를 넣고 익혀 찬물에 헹궈 쫄깃한 맛을 살려,

6 볶은 채소와 해물에 삶은 면을 넣고 재빨리 볶으면 끝.

성실 주부가 귀띔하는 맛내기 비법

생면은 채소를 볶기 시작할 때 다른 불에서 끓이면 좋아요. 뒤늦게 면을 삶으면 미리 볶아놓은 해물이 질겨지고 식어서 맛이 덜하니까요. 채소를 볶는 동시에 다른 불에서 물을 끓이면 두 가지 조리를 동시에 할 수 있답니다.

한 그릇 요리

맹숭맹숭한 면발과는 차원이 다른

비빔우동

보통 비빔국수는 소면으로 해서 드시죠?
오동통한 우동 면으로 만든 비빔우동은 입 안 가득 씹히는 포만감이 맛을 상승시켜요.
오늘 저녁, 비빔국수 대신 오동통 쫄깃한 비빔우동 어때요?

 20분   1인분

주재료 우동 면 1봉지, 채소(양배추·적양배추·상추·깻잎·당근·오이·무순 등) 적당량

비빔장 재료 고추장 2, 고춧가루 0.5, 식초 3, 설탕 1, 물엿 0.5, 맛술 1, 다진 마늘 0.5, 참기름 1, 깨소금 1

성실 주부가 귀뜸하는 맛내기 비법
비빔우동에는 삶은 달걀이나 메추리알을 함께 내면 더욱 든든하답니다.

1 상추와 깻잎, 양배추, 적양배추, 당근, 오이 등의 채소는 식성대로 준비해 채썰고,

2 고추장 2, 고춧가루 0.5, 식초 3, 설탕 1, 물엿 0.5, 맛술 1, 다진 마늘 0.5, 참기름 1, 깨소금 1을 한데 섞어 비빔장을 만들고,

3 끓는 물에 우동 면 1봉지를 삶아 면발이 쫄깃하도록 찬물에 헹궈,

4 볼에 삶은 우동 면과 채썬 채소를 넣고 비빔장을 적당히 넣고 비벼 그릇에 담아 내면 끝.

성실네 분식점 간판 메뉴

가정식 쫄면

분식점에 가면 꼭 있는 쫄면. 막상 집에서 만들려면 어려울 것 같아 겁부터 나죠?
이제부터 자신 있게 만든 쫄면으로 가정 분식점을 차려보세요.
주인은 나, 남편과 아이들은 쫄면을 주로 시키는 단골학생들이죠.

 30분   2인분

주재료 쫄면 2인분, 삶은 달걀 1개, 채소(콩나물, 양배추, 적양배추, 당근, 오이, 깻잎, 초절임무 등) 적당량

비빔장 재료 고추장 3, 고춧가루 0.5, 식초 3, 흑설탕 1, 물엿 1, 맛술 1, 다진 마늘 1, 사이다 3, 양파즙 2, 참기름 1, 깨소금 1

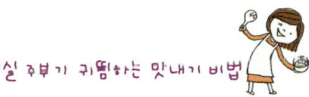
쫄면이나 냉면에 빠지면 서운한 초절임무는 무 썬 것 3줌, 굵은소금 0.5, 레몬식초 5, 설탕 2로 절이면 돼요. 미리 절여두었다가 냉장 보관해서 두고두고 드세요.

쫄면은 비빔장에 미리 버무려 그릇에 담아 내면 좋아요

1 삶은 달걀 1개는 반으로 자르고 콩나물은 데쳐 찬물에 헹구고 양배추, 적양배추, 당근, 오이, 깻잎은 가늘게 채썰고,

2 고추장 3, 고춧가루 0.5, 식초 3, 흑설탕 1, 물엿 1, 맛술 1, 다진 마늘 1, 사이다 3, 양파즙 2, 참기름 1, 깨소금 1을 한데 섞어 비빔장을 만들고,

3 끓는 물에 쫄면을 가닥가닥 풀어 넣어 삶고,

4 삶은 쫄면은 찬물에 여러 번 헹궈 체에 밭쳐 물기를 빼 접시에 적당히 담고 채소를 둘러 담은 후 비빔장을 끼얹고 삶은 달걀을 올리면 끝.

한 그릇 요리

스파게티계의 슈퍼 스타
토마토 소스 스파게티

스파게티 하면 토마토 소스를 최고로 치는 사람이 많죠. 토마토 홀로 만든 스파게티는
깔끔하면서도 왠지 절제된 맛이 나는 것 같아요. 한번 배워두면 만만해지는 토마토 소스 스파게티.
시판 스파게티 소스와는 또 다른 절제미를 한번 느껴보아요~

30분　2인분

주재료 스파게티 면 120g, 마늘 2쪽, 양파 1/4개, 주키니 호박 1/3개, 가지 1/2개, 애느타리버섯 1줌, 올리브오일 적당량, 토마토 홀 1통
스파게티 삶는 물 재료 물 10컵, 굵은소금 1, 올리브오일 1
소스 재료 케첩 2, 허브맛 소금 0.3, 스파게티 삶은 물 1/3컵, 파르메산 치즈가루 2

1 냄비에 물 10컵, 굵은소금 1을 넣고 끓여 물이 팔팔 끓으면 스파게티 면 120g을 넣어 8~10분간 삶아 뜨거울 때 올리브오일 1을 넣어 버무리고,

2 마늘 2쪽은 편으로 썰고 양파 1/4개는 잘게 다지고 주키니 호박 1/3개, 가지 1/2개는 먹기 좋게 자르고 애느타리버섯은 손으로 찢고,

3 달군 팬에 올리브오일을 적당히 두르고 마늘과 양파를 넣고 투명해질 때까지 달달 볶다가,

4 이어서 호박과 가지, 애느타리버섯을 넣어 볶다가 토마토 홀 1통을 모두 붓고,

5 케첩 2, 허브맛 소금 0.3, 스파게티 삶은 물 1/3컵, 파르메산 치즈가루 2를 넣고 바글바글 끓여 토마토 소스를 만들고,

6 ⑤에 삶은 스파게티 면을 넣고 골고루 버무리면 끝.

먹을 때 취향에 따라 핫소스나 파르메산 치즈가루, 허브를 곁들이면 맛있어요

성실 주부가 귀띔하는 맛내기 비법
토마토 홀은 마트에 가면 쉽게 구할 수 있어요. 깔끔한 토마토 소스의 스파게티를 먹고 싶다면 토마토 홀을 이용하세요.

느끼해도 사랑받는 메뉴
버섯크림 소스 스파게티

느끼한 시선을 내 남자에게 보내고 싶을 때 고소하고 느끼한
버섯크림 소스 스파게티를 만들어주면 어떨까요. 음식으로 신호를 보내기로 약속한다면….
매일 크림 소스 스파게티가 상에 올라갈지도 몰라요. 하하.

주재료 스파게티 면 160g, 양송이버섯 8개, 양파 1/2개, 피망 1/2개, 마늘 3쪽, 올리브오일 적당량, 칵테일 새우 20마리, 통후추(또는 후춧가루) 20알, 청양고추 1개, 파슬리가루 적당량
스파게티 삶는 물 재료 물 10컵, 굵은소금 1, 올리브오일 1
소스 재료 생크림 2컵, 우유 2컵, 파르메산 치즈가루 4, 소금 적당량

1 냄비에 물 10컵, 굵은소금 1을 넣어 끓여 물이 팔팔 끓으면 스파게티 면을 넣어 8~10분간 삶아 뜨거울 때 올리브오일 1을 넣고 살짝 버무리고,

2 양송이버섯 8개는 얇은 막 같은 껍질을 벗겨 적당한 크기로 썰고 양파 1/2개, 피망 1/2개도 먹기 좋은 크기로 썰고 마늘 3쪽은 편으로 썰고,

3 달군 팬에 올리브오일을 두르고 편으로 썬 마늘을 넣고 볶아 마늘 향을 내고,

통후추를 바로 넣지 말고 나중에 갈아서 넣어도 좋아요

농도가 너무 걸쭉하면 우유나 생크림으로 농도를 조절하세요.

4 ③에 양송이버섯과 칵테일 새우 20마리, 채소를 넣고 달달 볶다가,

5 생크림 2컵과 우유 2컵을 넣어 바글바글 끓여 통후추 20알, 다진 청양고추 1개분을 넣어 살짝 끓이고,

6 파르메산 치즈가루 4, 소금 적당량을 넣고 삶은 스파게티 면을 넣어 골고루 섞고 상에 낼 때 파슬리가루를 솔솔 뿌려 장식하면 끝.

성실 주부가 귀띔하는 맛내기 비법

크림 소스 스파게티는 레시피대로만 하면 그 맛이 엇비슷합니다. 즉 누가 해도 맛있다는 거죠. 스파게티를 맛있게 먹으려면 소스에 촉촉이 잠길 정도로 면의 양을 조절하며 넣으세요.

까만 건강 국수
검은콩국수

한 그릇 요리

국수계에도 건강 바람이 붑니다.
성실네 웰빙 국수는
몸에 좋은 검은콩으로 국물을 낸
검은콩국수예요.
무더위로 지친 한여름에는
검은콩국수가 보양식이죠.
노화방지 성분이 성인병을 예방하고
다이어트에도 효과적이니
검은콩이야말로 별 다섯 개
만점을 주고 싶은 식재료이지요.
시간이 있다면 시금치, 당근을
즙을 내어 밀가루 반죽에 색을 낸
수제 면을 말아 먹으면 더 맛있겠지요.

주재료 검은콩 1컵, 콩 삶을 물 4컵, 땅콩이나 견과류 적당량, 소면 3~4줌, 보충용 찬물 2~3컵, 소금 적당량

고명 재료 채썬 오이·검은깨 적당량씩

1 검은콩은 씻어서 5~6시간 동안 물에 담가 충분히 불리고,

2 불린 검은콩은 바락바락 씻어서 껍질이 70% 정도 벗겨지도록 여러 번 헹구는 과정을 반복하고,

3 어느 정도 껍질을 벗긴 검은콩은 큼직한 냄비에 담아, 물 4컵을 붓고 뚜껑을 덮고 삶아,

삶은 콩물은 버리지말고 냉장고에 넣어 차게 하세요

4 뚜껑 위로 콩물이 끓어넘치면 재빨리 뚜껑을 열고 4~5분간 더 삶아,

땅콩은 1숟가락 정도 넣어요

5 삶은 콩 1컵에 콩 삶은 물 1컵을 넣고 땅콩이나 잣, 깨 등을 함께 넣어 믹서에 곱게 갈다가 보충용 찬물 1컵을 부어 믹서에 남은 찌꺼기까지 곱게 갈고,

6 소면을 쫄깃하게 삶아 그릇에 담고 냉장고에 차게 둔 콩국물을 붓고 소금으로 간해서 오이와 검은깨를 먹음직스럽게 얹으면 끝.

성실 주부가 귀띔하는 맛내기 비법

콩 껍질을 다 벗기려고 무리하지 않아도 돼요. 반 정도만 벗기고 그대로 삶아서 믹서에 갈면 색깔도 곱고 영양 면에서도 훨씬 뛰어나답니다. 콩국물은 냉장고에 보관해도 금세 쉬기 때문에 먹을 양만큼만 만드세요. 냉장고에서도 만 하루 이상은 보관하지 마시고요.

포크에 척 휘감겨 올라오는
꼬들꼬들 라볶이

비가 오는 날이면 친정 엄마가 가끔 해주시던 라볶이예요.
조미료 대신 진하게 우린 멸치 육수로 만든 정성 플러스 사랑의 라볶이랍니다.
엄마가 내게 쏟아부은 정성을 이제는 식구들에게 쏟아보세요.

한 그릇 요리

 30분  2인분

주재료 라면사리 1개, 떡볶이 떡 2줌, 어묵 2줌, 양파 1/2개, 당근 약간, 대파 1대
국물 재료 물 5컵, 국물용 멸치 15마리
양념 재료 고추장 2.5, 고춧가루 1, 물엿 2, 다진 마늘 1, 설탕 0.3, 참기름 0.5, 통깨 0.5

1 냄비에 물 5컵과 손질한 국물용 멸치 15마리를 넣고 약 15분간 끓여 체나 면보자기에 밭쳐 맑은 육수만 받아내고,

2 멸치 육수를 내는 동안 라면사리 1개, 떡볶이 떡 2줌, 어묵 2줌, 양파 1/2개, 당근 약간, 대파 1대를 먹기 좋은 크기로 자르고,

3 멸치 육수 4컵에 고추장 2.5, 고춧가루 1, 물엿 2, 다진 마늘 1, 설탕 0.3을 풀어 넣고 팔팔 끓이다가 떡볶이 떡과 어묵을 먼저 넣어 익히고,

4 떡볶이 떡과 어묵이 충분히 익으면 이어서 라면사리를 넣어 끓이다가,

5 라면이 살짝 익으면 채소를 모두 넣어 익혀 참기름 0.5와 통깨 0.5를 뿌려 맛을 더하면 끝.

성실 주부가 귀뜸해주는 맛내기 비법

라볶이는 너무 조리지 말고 국물이 약간 자박해야 맛있어요. 성실네 라볶이 맛의 비결은 구수한 멸치 육수에 있습니다.
물 5컵에 멸치를 넣고 15분쯤 끓여 면보자기에 걸러내면 4컵 분량의 육수가 만들어져요.

한 그릇 요리

달콤함을 더한
콘 옥수수 스파게티

느끼하다 싶은 크림 소스 스파게티에 옥수수를 갈아 넣어 달콤함을 더한 스파게티예요.
여기에 비장의 재료인 청양고추로 마무리해서 달콤매콤한 맛으로 완벽하게 변신시켰답니다.
쫄깃쫄깃한 스파게티와 입 안에서 톡톡 터지는 옥수수 맛을 느껴보세요.

주재료 스파게티 면 80g(1인분), 옥수수(통조림) 1컵, 양파 1/2개, 소시지 1줄, 올리브오일 적당량, 다진 마늘 0.5, 청양고추 1개
스파게티 삶는 물 재료 물 7컵, 굵은소금 0.5, 올리브오일 1
소스 재료 생크림 1컵, 우유 1컵, 파르메산 치즈가루 1, 허브맛 소금 적당량

1 냄비에 물 7컵, 굵은소금 0.5를 넣고 끓여 팔팔 끓으면 스파게티 80g을 넣고 8~10분간 삶아 뜨거울 때 체에 밭쳐 올리브오일 1을 넣고 살짝 버무리고,

2 옥수수 통조림 1통은 체에 밭쳐 물기를 빼고 양파 1/2개는 잘게 썰고 소시지 1줄은 동그랗게 모양을 살려 자르고,

3 믹서에 옥수수와 우유 1컵을 넣어 갈고,

4 약하게 달군 팬에 올리브오일을 살짝 두르고 다진 마늘 0.5를 넣고 향을 내어 볶다가 잘게 썬 양파를 넣고 투명하게 볶고,

5 여기에 소시지를 넣어 볶다가 생크림 1컵과 갈아놓은 옥수수, 파르메산 치즈가루 1을 넣고 끓여,

6 자글자글 끓는 소스에 삶은 스파게티 면을 넣고 허브맛 소금을 살짝 뿌려 입맛에 맞게 간하여 접시에 담고 청양고추 1개를 송송 썰어 얹으면 끝.

2인분을 만들 때는 양을 소개한 레시피의 분량을 2배로 늘리면 되고요. 통조림 옥수수의 단맛이 싫다면 옥수수의 양을 줄이면 간단하게 해결됩니다.

한 그릇 요리

으랏차차 힘 내게 하는
낙지 얼큰수제비

수제비는 만들기는 힘들어도
집에서 반죽해서 끓여야 제 맛이죠.
얼큰한 국물에 낙지를 퐁당 빠뜨려서
먹는 수제비 맛,
천하에 부러울 것 없는 일미입니다.
수제비 반죽에 검은콩가루나
녹차가루를 넣으면 건강식이 되지요.
국물 맛은 국물용 멸치만 있으면 돼요.
낙지 한 마리 넣은 수제비 먹고
황소와 겨뤄보세요.

주재료 수제비 반죽 1덩어리, 낙지 2마리, 감자(중간 것) 1개, 양파 1/4개, 호박 1/5개, 대파 1/2대, 소금·후춧가루 적당량씩

수제비 반죽 재료 밀가루 2컵, 소금 0.2, 물 3/4컵, 식용유 1

국물 재료 물 7컵, 국물용 멸치 20마리

양념장 재료 고추장 0.5, 고춧가루 1, 다진 마늘 0.5, 국간장 1, 멸치액젓 1

이렇게 만든 반죽은 비닐 안에 담아 냉장고에 미리 넣어 두시면 돼요

1 밀가루 2컵에 소금 0.2를 섞고 3/4컵의 물을 조금씩 부어가며 반죽해서 반죽이 어느 정도 매끈해지면 식용유 1을 넣고 다시 반죽을 하고,

2 냄비에 물 7컵과 손질한 국물용 멸치 20마리를 넣고 끓여 멸치 육수를 진하게 우리고,

3 낙지 2마리는 머리에 칼집을 내어 내장과 먹물을 제거하여 굵은소금을 넣고 바락바락 문질러 여러 번 헹구고 감자 1개, 양파 1/4개, 호박 1/5개, 대파 1/2대는 먹기 좋은 크기로 썰고,

4 고추장 0.5, 고춧가루 1, 다진 마늘 0.5, 국간장 1, 멸치액젓 1을 한데 섞어 양념장을 만들고,

5 멸치 육수에 양념장을 풀고 감자를 넣어 팔팔 끓이다가 수제비 반죽을 얇게 펼쳐가면서 떼어 넣고,

6 수제비가 어느 정도 익으면 호박과 양파, 낙지와 대파 썬 것을 넣고 한소끔 끓여 맛을 보아 소금과 후춧가루로 간하면 끝.

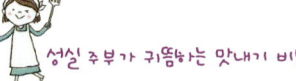

성실 주부가 귀띔하는 맛내기 비법

수제비 반죽은 한 번 할 때 많은 양을 해 냉장고에 보관해 두세요. 며칠 두고 먹어도 괜찮거든요. 걸쭉한 찌개나 전골에 조금씩 떼어 넣고 끓여 먹어도 수제비 골라 먹는 맛이 별미랍니다.

한 그릇 먹어야 비로소 여름을 넘기는
메밀국수

여름에 꼭 먹어야 제대로
여름을 날 것 같은 메밀국수.
국수를 삶으면
뜨거운 불 앞에 서 있어야 하니
만드는 사람은 고역이지만,
그렇다고 안 먹고 넘길 수 없죠.
메밀 소스도 직접 만들어서
식구들을 깜짝 놀라게 하세요.
단, 메밀국수는 찬 성질을 지니고 있으니
몸이 냉한 사람은
너무 자주, 많이 먹으면
몸에 해로워요.

 40분   2인분

주재료 메밀국수 2인분, 실파·무 간 것·김가루·연와사비 적당량씩
메밀 소스 재료 무(4×4cm) 1토막, 국물용 멸치 10마리, 마른 표고버섯 2개, 다시마(10×10cm) 1장, 물 4컵, 가다랑어포 2줌, 간장 1컵, 맛술 1컵, 설탕 4

1 냄비에 무 1토막, 손질한 국물용 멸치 10마리, 마른 표고버섯 2개, 다시마 1장을 넣고 물 4컵에 1시간쯤 담가두었다가 국물이 진하게 우러나도록 끓이고,

2 육수에 가다랑어포 2줌을 넣은 후 불을 끄고 약 10분간 우려,

3 체에 베보자기를 받쳐 맑은 국물만 받아내고,

4 냄비에 ③의 육수를 붓고 간장 1컵, 맛술 1컵, 설탕 4를 넣고 바글바글 끓여 메밀 소스 원액을 만들고,

5 메밀 소스를 식혀 원액 1컵에 얼음물 2컵을 넣어 시원한 메밀 소스를 만들고,

소스는 취향대로 희석해서 드세요

6 냄비에 물을 넉넉하게 붓고 메밀국수 2인분을 넣고 삶아 찬물에 헹궈 준비한 메밀 소스에 말아 내고 실파, 무 간 것, 김가루, 연와사비를 곁들이면 끝.

 성실 주부가 귀띔하는 맛내기 비법

이렇게 끓인 소스가 원액 소스가 되는 것이지요. 원액은 냉장고에서 2주 정도 보관할 수 있어요. 이 소스를 맛간장 대용으로 사용해도 좋답니다.

문성실의 집밥 먹고 살기 프로젝트

Part 8

음식으로 정을 나눠요! 선물 요리

집에서 요리를 하다 보면 지인들의 얼굴이 떠올라요. 그럴 때면 저만의 선물 요리 레시피 북을 펼치고 특별 요리를 만들어요. 야근하는 남편과 동료들을 위한 초코브라우니, 옆집 할머니가 좋아하시는 경주빵, 동네 세탁소 아줌마에게는 애플파이…. 착한 마음으로 요리하니 맛도 훨씬 좋은 것 같아요. 나누어 먹을 때 진가를 발휘하는 선물 요리로 정을 나눠요.

선물요리

진한 바나나 향이 입맛 돋우는
바나나 파운드케이크

우리집에서는 식빵 대신 건포도와 아몬드를 듬뿍 넣은 파운드케이크를 즐겨 먹어요.
밀가루 반죽하느라 팔은 녹초가 되지만, 바나나의 향긋함에 케이크를 굽는 내내 그 향에 먼저 매료되곤 하죠.
따뜻한 바나나 파운드케이크에는 고소한 흰 우유 한 잔이 제격이죠.

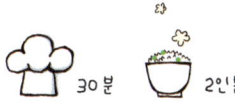

재료 17×9cm 파운드 틀 2개분
주재료 박력분 200g, 베이킹파우더 1작은술, 베이킹소다 1/2작은술, 소금 1/4작은술, 호두 1/2줌, 바나나(작은 것) 2개, 버터 100g, 설탕 100g, 달걀 2개, 우유 60g
장식 재료 건포도·아몬드 적당량씩

> 바나나는 껍질이 검은빛이 도는 걸 사용해야 향이 진하고 맛이 좋아요

1 분량의 박력분 200g, 베이킹파우더 1작은술, 베이킹소다 1/2작은술, 소금 1/4작은술은 미리 체쳐놓고 호두는 잘게 다지고 바나나 2개는 포크로 으깨서 준비하고,

2 실온에 놓아 말랑말랑해진 버터 100g을 볼에 넣고 설탕 100g을 조금씩 나눠가며 설탕이 다 녹을 때까지 젓다가,

3 달걀 2개는 버터와 잘 섞이도록 노른자부터 넣어 잘 풀고 그 다음 흰자를 넣어 계속 저어주고,

4 미리 체쳐둔 가루를 넣고 우유 60g을 넣어가면서 반죽을 섞고 바나나와 호두를 넣어 고루 섞어,

> 베이킹에 넣는 건포도는 럼에 절였다가 사용하세요

5 파운드 틀에 반죽을 넣고 공기가 들어가지 않게 탁탁 2~3번 치고 기름을 바른 고무주걱을 이용해 가장자리를 비스듬히 올리고 파운드케이크 위에 건포도나 아몬드를 적당히 뿌려 170℃로 예열한 오븐에 30~35분간 구우면 끝.

성실 주부가 귀띔하는 맛내기 비법

제가 자주 가는 제과제빵 재료를 판매하는 사이트를 알려 드릴게요. 이진진(http://www.ejinjin.com), 브레드가든(http://www.breadgarden.co.kr), 해피베이킹(http://www.happybaking.com). 베이킹 재료는 기본이고, 포장하는 재료까지 함께 구입할 수 있어요.

선물 요리

진한 사랑의 전령사
초코브라우니

사랑이 바로 이런 맛일까요?
진하면서도 쫀득한 맛의 케이크,
초코브라우니는 남편이
제일 좋아하는 케이크이기도 해요.
물리도록 먹는데도
먹을 때마다 맛있대요.
브라우니는 진한 우유나
커피와 함께 먹으면 좋아요.
아이스크림을 얹어도 별미고요.

재료 18cm 원형 틀 1개분, 머핀틀 2개분
주재료 초콜릿 180g, 버터 80g, 흑설탕 70g, 달걀 3개, 박력분 60g, 코코아가루 1큰술, 베이킹파우더 1작은술, 견과류(호두, 해바라기씨 등) 1컵

1 초콜릿 180g과 버터 80g을 볼에 넣고 중탕으로 녹여,

초콜릿은 제과제빵 쇼핑몰에서 파는 다크커버추어 초콜릿을 사용하세요

2 초콜릿과 버터가 어느 정도 녹으면 흑설탕 70g을 넣고 녹여,

시판 초콜릿을 사용할 경우에는 설탕의 양을 약간 줄이세요

3 다 녹았으면 불에서 내려 달걀 3개를 한 개씩 깨뜨려 넣고 거품기로 잘 섞고,

계피가루를 조금 넣으면 은은한 향이 나요

4 여기에 미리 체친 박력분 60g, 코코아가루 1큰술, 베이킹파우더 1작은술을 넣고 반죽을 골고루 섞어,

남은 반죽은 머핀틀 2개에 나눠 구워요

5 18cm 원형 틀에 녹인 버터를 붓으로 펴서 바르고 반죽을 부어,

6 반죽 위에 호두나 해바라기씨 등의 견과류 1컵으로 장식하고 공기층이 생기지 않게 탁탁 바닥에 2~3번 내리친 후 170℃로 예열한 오븐에 넣고 30~40분간 구우면 끝.

성실 주부가 귀띔하는 맛내기 비법

베이킹에 사용하는 견과류는 취향대로 넣되, 바삭한 견과류를 넣고 싶다면 마른 팬에 볶거나 전자레인지에 살짝 돌려 수분을 날려 사용하세요. 몸에 좋은 견과류이지만 오래 보관하면 산화되어 역한 냄새와 맛이 나기도 하거든요.

선물 요리

오밀조밀 앙증맞은
초콜릿 요구르트머핀

요구르트와 초콜릿 맛이 어우러진 촉촉한 미니 케이크.
오밀조밀한 게 흥부네 가족이 떠오릅니다.
선물하기에도 좋고 아이들 어린이집 간식으로 만들어줘도 좋답니다.

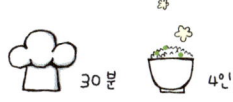

재료 머핀 10~12개분
주재료 박력분 200g, 코코아가루 3큰술, 베이킹파우더 1작은술, 소금 약간, 버터 100g, 흑설탕 100g, 달걀 2개, 플레인 요구르트 1통, 초코칩 2/3컵, 우유 40g
부재료 럼주 1큰술, 계핏가루 1/2작은술
장식 재료 버미셜리나 레인보우

1 박력분 200g, 코코아가루 3큰술, 베이킹파우더 1작은술, 소금을 약간 넣고 미리 체쳐두고 플레인 요구르트와 초코칩도 함께 준비하고,

2 실온에 꺼내놓아 말랑말랑해진 버터 100g에 흑설탕 100g을 넣어 설탕이 다 녹아 크림처럼 될 때까지 젓고,

3 달걀 2개는 노른자를 먼저 넣고 섞고 흰자도 넣어 계속 저어 크림처럼 되도록 섞고,

이때 취향에 따라 서럼이나 계피가루를 넣으세요

4 체쳐놓은 가루들을 넣고 밀가루가 보이지 않을 때까지 잘 섞어 플레인 요구르트와 우유 40g을 넣고 초코칩 2/3컵을 넣어 고루 섞이도록 반죽한 후,

버미셜리나 레인보우 등으로 장식하면 좋아요

5 반죽을 작은 일회용 베이킹 컵에 2/3 정도만 붓고 170℃로 예열한 오븐에 넣어 25~30분간 구우면 끝.

성실 주부가 귀띔하는 맛내기 비법

머핀은 베이킹에서 가장 쉽고 간단하게 만들 수 있어 초보자도 금세 따라할 수 있어요. 밀가루나 달걀 냄새를 역하다고 하는 사람들이 종종 있는데, 그럴 때는 달걀의 비린 맛을 없애주면서 향긋한 향을 더해주는 바닐라 오일이나 럼주 등을 사용하면 좋아요.

선물 요리

파이의 최고봉
피칸파이

호두파이보다도
더 고급스러운 피칸파이.
귀한 분들께 만들어 선물하면
감동 백배인 음식 선물이에요.
나들이갈 때, 아이들 간식으로도 좋아요.
달지 않고 고소한 맛이 어르신들에게
사랑받는 비결이에요.
예비 시어른들에게 인사 갈 때
만들어 가면 아마도 빨리
며느리 삼고 싶어 하실지도 몰라요.

 30분  4인분

재료 15cm 타르트 틀 2개분
파이 피 재료 박력분 300g, 소금 약간, 찬 버터 150g, 찬물 70g
필링 재료 물엿 80g, 흑설탕 80g, 달걀 3개, 계핏가루 0.3, 피칸 80g

1 박력분 300g에 소금을 약간 넣어 체에 치고 찬 버터 150g을 작은 주사위 모양으로 잘라 넣고 스크레퍼로 다져 잘 섞고,

2 소보로 상태가 되면 찬물 70g을 넣고 반죽을 대충 뭉쳐,

3 반죽을 냉장고에 30분 이상 넣어두고,

4 반죽을 휴지시키는 동안 물엿 80g과 흑설탕 80g을 섞어 불에 올려 녹이고, 다 녹으면 불에서 내려 식힌 후 달걀 3개를 하나씩 깨서 넣어 잘 섞고 계핏가루 0.3도 넣어 필링을 만들고,

5 식힌 반죽을 밀대로 0.5cm 두께로 밀어 파이 틀에 맞춰 넣고 포크로 찍어 송송 구멍을 내고,

6 피칸을 골고루 뿌리고 필링을 넘치지 않게 붓고 180℃로 예열한 오븐에 넣고 30~35분간 구우면 끝.

 성실 주부가 귀뜸놓는 맛내기 비법

파이 반죽은 오래 치대면 글루텐이 형성되어 바삭한 맛이 사라지거든요. 되도록 손이 닿지 않게 가볍게 반죽하고, 꼭 냉장고에 넣어 휴지시켜야 해요. 반죽은 많이 만들어 두었다가 냉장 보관하고 두고두고 써도 좋아요. 휴지는 1시간 이상 하면 좋으나 짧은 시간 휴지하려면 반죽을 평평하게 펴서 냉장고에 넣어두면 되지요.

선물 요리

달콤한 사과가 씹히는
애플파이

냉장고 어디선가 굴러다니는 사과가 눈에 띄면 애플파이로 승화시키곤 하죠.
생각보다 만들기 쉬우니 겁내지 말고 도전해 보세요.
사과와 계피 향이 참 잘 어우러져 독특한 맛을 선사합니다.

재료 파이 10개분
파이 피 재료 박력분 300g, 소금 약간, 찬 버터 150g, 달걀노른자 1개, 찬물 70g
필링 재료 사과(중간 것) 2개, 흑설탕 40g, 백설탕 60g, 계핏가루 1/4작은술, 레몬즙 1큰술
장식 재료 달걀노른자 적당량

1 소금을 약간 넣고 체친 박력분 300g에 찬 버터 150g을 작은 주사위 모양으로 잘라 넣고 스크레퍼로 다져 밀가루와 버터가 섞이게 하고,

2 소보로 같은 상태가 되면 달걀노른자 1개와 찬물 70g을 넣고 섞어 반죽을 한 덩어리로 만들고 반죽을 비닐에 싸서 냉장고에 30분 이상 넣어두고,

3 반죽을 휴지시키는 동안 팬에 잘게 자른 사과 2개분, 흑설탕 40g, 백설탕 60g, 계핏가루 1/4작은술, 레몬즙 1큰술을 넣어 바짝 조려 사과 필링을 만들고,

4 반죽을 밀대로 밀어 편 다음 10×10cm 정도의 크기로 잘라 한쪽은 칼집을 내고 다른 한쪽에는 사과 필링을 적당히 넣어,

5 반을 접어 포크로 가장자리를 모양을 내서 누르고,

6 180℃로 예열한 오븐에 넣고 25~30분간 구우면 끝.

피칸파이나 일반 호두파이처럼 동그랗게 파이 모양으로 만들어도 좋아요. 사과 필링은 충분히 식혀서 쓰세요.

경주에만 있는 게 아니야
경주빵

선물 요리

이렇게 생긴 빵을 황남빵이라고도 하고
경주빵이라고도 하죠.
뭐가 맞는지는 몰라도
일단 맛있으면 그만이죠.
경주에 가야 원조 맛을 볼 수 있어
서운했는데 이젠 집에서 만들어 보세요.
갓 구운 경주빵은 할머니들이
특히 좋아하세요.

 30분  4인분

재료 25개분
주재료 중력분 300g, 베이킹파우더 1/2작은술, 베이킹소다 1/4작은술, 분유 1큰술, 소금 1/4작은술, 설탕 2/3컵(100g), 물엿 2큰술, 달걀 2개, 팥 300g
장식 재료 달걀노른자 1개, 우유 1, 검은깨 약간

1 중력분 300g, 베이킹파우더 1/2 작은술, 베이킹소다 1/4작은술, 분유 1큰술, 소금 1/4작은술은 섞어 체에 치고,

2 설탕 2/3컵과 물엿 2큰술을 중탕으로 녹이고,

3 ②에 달걀 2개를 깨어 넣고 골고루 섞이도록 풀고,

반죽이 많이질어요

4 여기에 체에 쳐둔 가루를 넣고 날가루가 보이지 않게 주걱으로 잘 섞어 반죽을 냉장고에 넣어 30분간 휴지시키고,

손에 반죽이 묻으니 밀가루를 물혀가면서 반죽을 나누세요

5 팥 300g은 15g씩 떼어 둥그렇게 뭉치고 냉장고에 넣어둔 반죽도 25개 분량으로 나누고,

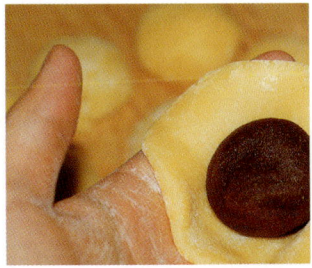

6 밀대로 살짝 민 반죽에 팥을 넣고 동그랗게 빚어 모양을 만들고,

7 반죽 위에 밀가루를 묻힌 계량 스푼으로 살짝 눌러 움푹 파이게 모양을 낸 후,

8 달걀노른자 1개와 우유 1을 섞어 솔로 잘 바른 다음 검은깨를 솔솔 뿌려 180℃로 예열한 오븐에 넣고 15~20분간 구우면 끝.

 성실 주부가 귀띔하는 맛내기 비법

팥 앙금은 아무것이나 사용해도 좋아요. 앙금이 없다면 빙수용 팥을 물기 없이 바싹 조리고, 거기에 삶은 밤을 섞어서 써도 좋답니다.

선물 요리

온 집 안에 진동하는 고소한 향
아메리칸 쿠키

아메리칸 쿠키는 반죽에
콘플레이크나 갖가지 견과류,
초코칩이나 오트밀 등을 넣고
구운 쿠키예요.
반죽을 뚝뚝 떼어 만든
투박하고 거친 맛이 나는 쿠키죠.
모양은 덜 화려하지만
맛만큼은 훌륭하지요.
집어 먹다 보면 한도 끝도 없이
자꾸만 먹게 되니 조심하세요.
커피나 홍차와 곁들여 먹으면 좋아요.

재료 15개분
주재료 박력분 130g, 베이킹파우더 1/2작은술, 버터 80g, 흑설탕 40g, 달걀 1개, 초코칩·아몬드·호두·오트밀 적당량씩

1 박력분 130g, 베이킹파우더 1/2작은술은 체쳐놓고 버터 80g은 실온에 두어 부드러워지면 거품기로 젓다가,

2 흑설탕 40g을 나눠 넣어가며 섞고,

3 달걀노른자 1개를 먼저 넣고 풀다가 흰자를 넣어서 크림화되게 잘 젓고,

4 체친 가루를 넣고 주걱으로 자르듯이 섞고,

견과류는 미리 전자레인지에 살짝 돌려 수분을 날려야 더 맛있어요.

5 어느 정도 섞이면 초코칩과 오트밀, 다진 호두와 아몬드를 취향대로 넣어 섞고,

6 숟가락과 포크를 이용해서 오븐 판에 둥글 넓적하게 모양을 내서 간격을 두어 올리고 180℃로 예열한 오븐에 넣고 12~15분간 구우면 끝.

성실 주부가 귀띔하는 맛내기 비법

쿠키 만들기 3~4시간 전에 버터와 달걀을 냉장고에서 꺼내 실온에 두세요. 말랑말랑한 부드러운 버터를 사용해야 쿠키의 맛과 모양이 제대로 살아난답니다. 가루를 섞을 때는 재빨리 섞어주어야 글루텐이 생기지 않아 바삭한 쿠키를 만들 수 있어요.

선물 요리

우지직 크랙이!~
초코볼쿠키

쿠키를 동그랗게 반죽해서 넣으면 어느새 익으면서 볼록한 쿠키가 만들어지는
버터 대신 초콜릿으로 반죽한 쫄깃한 쿠키예요. 자연스럽게 크랙이 간 모양이 아주 멋스럽지요.
한 김 식은 후에는 꼭 밀봉해서 보관하세요.

주재료 다크 커버추어 초콜릿 120g, 달걀 2개, 설탕 100g, 박력분 200g, 베이킹파우더 1작은술, 슈거 파우더 적당량

1 다크 커버추어 초콜릿 120g은 중탕으로 녹여 식히고,

2 초콜릿에 달걀 2개를 깨어 넣고 설탕 100g을 나눠 넣어가면서 크림색이 나도록 섞고,

3 베이킹파우더 1작은술, 박력분 200g을 체에 쳐서 넣고,

4 날가루가 보이지 않게 반죽을 섞어 냉장고에 넣어 약 1시간 동안 휴지시키고,

5 반죽을 냉장고에서 꺼내 동그랗게 모양을 빚고 슈거 파우더에 굴려,

6 180℃로 예열한 오븐에 넣고 12~15분간 구우면 끝.

성실 주부가 귀띔하는 맛내기 비법

다크 커버추어 초콜릿은 초콜릿의 기본 재료로 두툼하게 생긴 판 형태로 되어 있어요. 카카오 함유량이 많고 버터와 당분의 함유량이 낮아 쓴맛이 나지요. 슈거 파우더는 다른 말로 분당이라 하고, 쉽게 집에 있는 흰 설탕을 약간의 전분과 함께 믹서기에 곱게 갈아서 만들 수도 있어요.

선물 요리

사과의 달콤함을 살린
사과 오트밀쿠키

사과를 넣은 오트밀쿠키.
달게 조린 사과가 쿠키 맛을 좋게 해요.
사과가 맛있는 가을에
오트밀쿠키를 구워
예쁜 대나무 바구니에
담고 레시피를 함께 넣어
선물해보세요.
저는 언젠가 가을을 심하게 타는
친구에게 선물해
두고두고 고맙다는
인사를 받았어요.

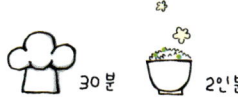

재료 미니 오븐팬 2판분
주재료 버터 90g, 황설탕 40g, 달걀 1개, 박력분 120g, 베이킹파우더 1/2작은술, 사과 필링 120g, 오트밀 50g
사과 필링 재료 사과(중간 것) 2개, 황설탕 7큰술, 계핏가루 1/2작은술, 레몬즙 1큰술

1 사과 2개는 잘게 썰어 황설탕 7큰술을 넣고 조리다가 마지막에 계핏가루 1/2작은술, 레몬즙 1큰술을 넣고 국물 없이 바짝 윤기 나게 조려 사과 필링을 만들고,

2 실온에 두어 부드럽게 된 버터 90g에 황설탕 40g을 조금씩 나눠가며 넣어 크림처럼 되도록 거품기로 잘 젓고,

3 달걀 1개는 먼저 노른자부터 볼에 넣고 젓다가 이어서 흰자를 넣고 크림처럼 부드럽게 되도록 잘 풀고,

4 미리 체에 쳐둔 박력분 120g, 베이킹파우더 1/2작은술을 넣고 가루가 보이지 않게 재빨리 섞고,

5 조린 사과 필링 120g과 오트밀 50g을 넣고 역시 재빨리 섞고,

6 오븐팬에 숟가락과 포크를 이용해 일정한 모양으로 간격을 두어 쿠키 반죽을 올린 후 170℃로 예열한 오븐에 넣고 12~15분간 노릇하게 구우면 끝.

성실 주부가 귀뜸하는 맛내기 비법

사과 필링은 반드시 식힌 후에 쿠키 반죽 안에 넣어야 해요. 뜨거울 때 넣으면 버터가 녹아 푹 퍼지는 쿠키가 만들어지거든요. 사과 필링 남은 것은 냉장 보관했다가 쿠키나 머핀, 애플파이 등을 만들 때 사용하면 좋아요.

선물 요리

어르신들께 선물하고 칭찬받는

호두강정

그냥 먹으면 몇 개 못 먹는 호두를
강정으로 만들면 한 컵도
거뜬히 먹을 수 있어요.
아이들 영양 간식으로도 최고랍니다.
명절이나 연말 또는 연초에
어르신들께 선물하면 너무 좋아하세요.
적당한 순간 튀김기름 팬에서
건져내는 타이밍이 맛과 모양을
좌우하지만, 호두강정만큼
간단한 요리도 드물죠.

 30분 2인분

주재료 호두 3컵(200g), 굵은소금 1, 튀김기름 적당량
시럽 재료 설탕 4, 물 4, 소금 약간

1 호두 3컵은 끓는 물에 굵은소금 1을 넣고 5분 정도 끓여 호두의 아린 맛을 없애 체에 밭쳐 물기를 빼고,

2 설탕 4, 물 4, 소금 약간을 팬에 넣고 설탕이 녹을 때까지 젓지 말고 끓여,

3 설탕 시럽에 데친 호두를 넣고,

4 반짝반짝 윤이 나게 바짝 조리고,

5 조린 호두를 130~140℃의 튀김기름에 튀기고,

6 튀긴 호두를 바람이 잘 통하는 서늘한 곳에서 식히면 끝.

 성실 주부가 귀뜸하는 맛내기 비법

호두를 강한 불로 튀기면 금세 타므로 주의하세요. 기름에 잠겨 있을 때보다 꺼내면 색깔이 더욱 진해진다는 것도 잊지 마세요. 또 튀긴 호두를 식힐 때 키친타월에 꺼내면 달라 붙으니 유의하시고요. 오븐팬이나 넓은 접시를 이용하면 좋답니다.

Index

ㄱ

가정식 쫄면	303
감자 어묵국	74
감자 참치샐러드	262
감자조림	121
감자탕	92
검은콩국수	308
경주빵	330
고구마 찹쌀도넛	266
고구마순 고등어조림	162
고구마순무침	163
고구마순볶음	124
고구마튀김	286
고기완자조림	172
고등어 김치찜	123
고등어통조림 김치찜	122
고사리나물	126
고추 마늘피클	206
고추기름 만들기 특강	297
고추볶음	127
고추잡채	232
교촌치킨	238
국수 만두전골	116
굴 된장국	75
김국	76
김치 연두부국	86
김치 오징어부침개	264
김치 참치덮밥	50
김치 콩나물국	77
김치말이국수	294
김치참치 달걀말이	129
깍두기	202
깐소두부	130
깻잎 고기전	168
깻잎 오징어채무침	196
깻잎절임	197
꼬들꼬들 라볶이	310
꼬마쥐포볶음	191
꽃게 된장찌개	103
꽃게무침	181
꿀간장 닭조림	192

ㄴ

낙지 얼큰수제비	314
낙지덮밥	52
남대문 갈치조림	164
녹두부침개	246
느타리버섯 양념구이	153

ㄷ

단호박셰이크	263
달걀 채소오믈렛	283
닭고기 통마늘조림	188
닭다리 양념구이	171
닭매운탕	94
닭죽	97
도라지나물	133
도라지초무침	135
도토리묵 김치무침	282
동태 무조림	190
동태전	165
동파육	234
돼지갈비찜	218
돼지고기 김치말이찜	120
돼지고기 생강조림	174
된장찌개	102
된장칼국수	295
두부 고추장조림	128
두부 쇠고기조림	157
두부덮밥	54
두부도넛	285
두부볶음밥	70
두부선	160
두부스테이크	271
두부장아찌	161
떡갈비	213
뚝배기 달걀찜	158

ㄹ

립 바비큐	224
립강정	256

마늘조림	278
마늘종무침	132
마늘종장아찌	207
마른 새우 고추장볶음	178
마른 취나물	144
매운 김치알밥	51
매운 김치콩나물국	83
매운 뭇국	87
매운 볶음우동	298
매운 잡채볶음	296
매운 콩나물국	83
매콤달콤 불닭	236
메밀국수	316
멸치 고추장볶음	179
명란 두부젓국	78
명란초밥	65
모둠 채소구이	136
모둠피클	209
무나물	137
미나리 고추장무침	138
미나리김치	204
미니초밥케이크	68
미역줄기볶음	182

바나나 파운드케이크	320
방울 토마토샐러드	288
배추 들깻국	85
배추김치	200
뱅어포구이	180
버섯 육개장	108
버섯무침	152
버섯샐러드	154
버섯크림 소스 스파게티	306
보쌈과 무생채	220
봄동겉절이	204
북어 콩나물국	79
북어구이	170
불고기와 채소무침	212
브로콜리 된장무침	189
비빔만두	268
비빔우동	302

사과 오트밀쿠키	336
삼치데리야키	187
삼치조림	167
상추겉절이	139
새송이버섯 호박볶음	183
새송이버섯덮밥	56
새송이버섯전	166
새싹비빔밥	55
새싹채소 연두부 샐러드	156
새우 마늘볶음밥	58
새우탕	89
새우튀김	276
새우튀김 샐러드	258
색색 구절판	242
소갈비찜	214
쇠고기 대파국	80
쇠고기 오이볶음	186
쇠고기장조림	176
순두부 명란알탕	88
순두부 바지락찜 찌개	110
신당동떡볶이	269

아메리칸 쿠키	332
아욱국	81
안심스테이크	216
알감자조림	140
애느타리버섯찌개	112
애플파이	328
애호박 새우젓볶음	141
애호박 새우젓찌개	111
양장피	248
양파장아찌	208
어묵탕	99
연두부 해물탕	107
연어말이쌈	235
오렌지탕수육	226
오므라이스	60
오이 양파무침	142
오이지무침	143
오징어 도라지초무침	134

오징어 섞어찌개	104
오징어순대	279
오징어채볶음	175
옥수수샐러드	284
왕새우구이	252
우리집 샤브샤브	114
웨지감자	225

조개젓무침	205
조갯국	84
조기찜	250
쪽파 김무침	146

참치 고추장찌개	105
참치 맛살롤	64
참치스테이크	254
참치쌈장	151
참치회덮밥	63
참치회무침	281
찹쌀탕수육	228
채소부침개	272
청포묵무침	184
초간단 월남쌈	244
초코볼쿠키	334
초코브라우니	322

초콜릿 요구르트머핀	324
치즈롤가스	230

콘옥수수 스파게티	312
콩 땅콩 멸치볶음	194
콩나물 매운볶음	147
콩나물 파채무침	195
콩나물무침	148
콩나물비빔밥	62
콩장	149

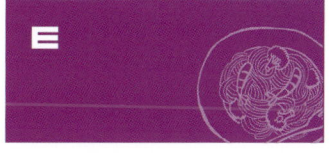

토마토 소스 스파게티	304
특제 갈비탕	90

파김치	203
팥죽	274
표고버섯잡채	155
피칸파이	326

한국식 해물짬뽕	100
한방 삼계탕	96
해물 볶음짬뽕	300
해물 순두부찌개	106
해물 콩나물찜	240
해파리냉채	253
호두강정	338
호박잎쌈	150
호박죽	273
홍합 미역국	82
홍합 미역죽	82
홍합탕	98
훈제 연어샌드위치	290
훈제연어 양상추카나페	280
흑미 고구마밥	67
흑미김밥	66

B.E.L.T샌드위치	270
LA돼지갈비	222

문성실의 아침 점심 저녁

1판 1쇄 발행 2007년 5월 30일
1판 32쇄 발행 2015년 3월 16일

글과요리, 사진 문성실

발행인 양원석
본부장 송명주
디자인 유혜영
일러스트 김효진
해외저작권 황지현, 지소연
제작 문태일, 김수진
영업마케팅 김경만, 곽희은, 이영인, 김민수, 장현기,
　　　　　　 윤기봉, 송기현, 정미진, 우지연, 이선미

펴낸 곳 ㈜알에이치코리아
주소 서울시 금천구 가산디지털2로 53, 20층 (가산동, 한라시그마밸리)
편집문의 02-6443-8850　　**구입문의** 02-6443-8838
홈페이지 http://rhk.co.kr
등록 2004년 1월 15일 제2-3726호

ⓒ문성실, 2007
Printed in Seoul, Korea

ISBN 978-89-255-0992-1 (23590)

※ 이 책은 ㈜알에이치코리아가 저작권자와의 계약에 따라 발행한 것이므로
　 본사의 서면 허락 없이는 어떠한 형태나 수단으로도 이 책의 내용을 이용하지 못합니다.
※ 잘못된 책은 구입하신 서점에서 바꾸어 드립니다.
※ 책값은 뒤표지에 있습니다.

RHK 는 랜덤하우스코리아의 새 이름입니다.